中国精算师资格考试用书

健 康 保 险

Health Insurance

主编 陈 滔
主审 蔡端绵

中国财政经济出版社

图书在版编目（CIP）数据

健康保险/陈滔主编．—北京：中国财政经济出版社，2011.5
中国精算师资格考试用书
ISBN 978－7－5095－2829－7

Ⅰ.①健…　Ⅱ.①陈…　Ⅲ.①健康保险—计算方法—中国—资格考试—自学参考资料　Ⅳ.①F842.62

中国版本图书馆 CIP 数据核字（2011）第 053160 号

责任编辑：陈　冰　　　　责任校对：黄亚青
封面设计：耕者设计　　　　版式设计：兰　波

中国财政经济出版社出版

URL：http：//www.cfeph.cn
E－mail：cfeph@cfeph.cn

社址：北京市海淀区阜成路甲 28 号　邮政编码：100142
发行处电话：88190406　财经书店电话：64033436
北京财经印刷厂印刷　　各地新华书店经销
787×1092 毫米　16 开　16 印张　381 000 字
2011 年 5 月第 1 版　2011 年 5 月北京第 1 次印刷
定价：58.00 元
ISBN 978－7－5095－2829－7/F・2397
（图书出现印装问题，本社负责调换）
本社质量投诉电话：010－88190744

中国精算师资格考试教材

编审委员会

总　　序

ZONG XU

精算起源于保险业，是保险公司经营不可或缺的核心技术之一。保险公司只有运用精算技术进行保险产品定价、准备金评估、风险管理等，才能在科学基础上实现保险业务的稳健经营，有效防范风险。

我们常说的精算，包括三个方面，即：精算理论技术、精算规则和精算师资格认证。

精算理论是对保险业务经营中各种不确定因素和风险规律的认识，精算技术以精算理论为指导，是精算工作中对各种不确定因素和风险进行识别、评估、定价、处置等所采用的方法、技术，包括所使用的数学模型、数学工具等。随着保险业经营实践的发展和人们认识的深化，精算理论技术也在不断发展。精算理论技术属于学术研究的范畴，可以存在不同的观点和流派，各种不同观点和流派之间的讨论、交流，可以促进精算理论技术的发展。

精算规则，是保险监管机关制定或认可的关于精算工作应当遵循、遵守或采用的原则、方法、标准、制度等规范。制定精算规则，以精算理论技术为基础，又要综合考虑一定时期的经济环境、保险业发展状况和风险特征、精算技术力量、监管政策的要求等多种因素。

精算工作需要专业人员从事，精算师就是具备精算的知识、技能，从事精算工作的专业技术人员。虽然精算师的从业范围不限于保险业，但主要还是在保险及相关行业就职（如对保险公司的精算报告进行审核的会计师事务所，为保险公司服务的精算咨询公司等）。在保险公司中，精算师责任重大。因此，必须经过资格认证，才能担任精算师（如同律师、注册会计师需要资格认证）。在国外，精算师资格的取得一般有两种方式：一种是通过专业资格考试取得，另一种是经过学历教育后取得，但主流是通过考试取得。在发达国家，精算师有自己的专业团体——精算师协会，一般由精算师协会组织资格考试，对通过考试的人授予精算师资格。

精算理论技术、精算规则、精算师资格认证三者相互联系，密不可分：精算理论技术是基础，制定精算规则、考试认证精算师，均以精算理论技术为基础，精算规则是精算师从事精算实务的直接依据。

我国自1980年恢复办理国内保险业务之后，曾长期缺乏精算专业人才，既没有制定精算规则，也没有建立自己的精算师资格考试认证制度。1988年南开大学在北美精算协会的支持下开办精算专业教育，此后国内又有多所大学开办精算专业教育，培养了一批精算人才。由于当时中国没有精算师资格认证制度，这些国内学习精算的人员主要是考取北美和英国等国外的精算师资格。1992年，国内的保险市场对外开放，外资保险公司进入国内市场，一些具有国外资格的精算师开始到国内工作。

1995年颁布并施行的《中华人民共和国保险法》中，要求寿险公司必须聘用经金融监管部门认可的精算专业人员，建立精算报告制度。《保险法》首先要求寿险公司聘用精算师、建立精算报告制度，是因为：第一，精算起源于寿险业务经营，精算技术在寿险业的应用较为成熟；第二，寿险业务期限长，风险更具隐蔽性，对精算技术的运用更为迫切和重要；第三，在精算专业人员严重不足、精算规则空白的条件下，同时要求寿险业和非寿险业聘用精算专业人员、建立精算报告制度，难以实现。

为此，当时的保险监管部门——中国人民银行保险司于1997年10月启动了“中国精算制度建设”研究项目，决定建立中国的精算师资格考试认证制度，并逐步制定精算规则。中国的精算师资格考试认证制度，主要借鉴北美精算协会的考试体系，把精算师资格分为准精算师和精算师两个阶段，分别设立考试课程，通过准精算师考试课程的，授予准精算师资格，在获得准精算师资格基础上，再通过精算师资格考试的课程，授予精算师资格。在课程设置、考试内容、难度等方面，均力求达到与发达国家的精算师考试相当的水平。在制度设计、拟定考试大纲、教材编写过程中，得到国际精算团体的大力支持和帮助。1998年11月，中国保监会成立之后，继续推进精算制度建设。2000年，中国精算师资格考试开考，与此配套的教材也陆续出版发行。中国保监会1999年发布了关于寿险公司的精算规定，建立了寿险公司精算规则体系的基本框架。

2002年10月《保险法》进行了第一次修改，于2003年1月1日起施行。修改后的《保险法》把聘用经金融监管部门认可的精算专业人员，建立精算报告制度的要求扩大到非寿险公司。因此，经过论证、筹备后，自2004年开始进行非寿险精算师的资格考试认证，称为中国精算师（非寿险方向），与此相适应，以前的精算师则称为中国精算师（寿险方向）。同时关于非寿险精算的规则也由中国保监会陆续制定发布。

2007年，中国精算师协会成立，组织精算师资格考试是协会的重要职能之一。协会设立了考试教育委员会，负责精算师资格考试和后续教育事宜（此前是由中国保险行业协会的精算工作委员会负责精算师资格考试）。

中国精算师资格考试施行10年来，通过考试认证了一批中国精算师和中国准精算师，取得了一定成绩，积累了一定经验。目前已在北京、上海、天津、广州等15个城市设立了考试中心，并在香港、加拿大滑铁卢大学设立了2个海外考试中心，每年春秋两季举办考试。

随着国内保险市场的发育、精算技术的发展及国际精算界的变革，原有的考试体系已不完全适应。为此，中国精算师协会于2009年决定对中国精算师资格考试认证体系进行调整，并于2011年实施。调整的基本内容是：精算师资格考试仍分为准精算师和精算师两个阶段；在准精算师阶段，不再区分方向，对原寿险和非寿险两个方向的考试课程进行整合，考生通过8门必考的准精算师考试课程，并经过职业道德培训后，可获得中国准精算师资格；精算师则继续分为寿险和非寿险两个方向，有3年以上工作经历的准精算师，通过5门精算师考试课程，并经过职业道德培训后，可获得中国精算师（寿险方向）或中国精算师（非寿险方向）的资格，5门精算师考试课程，既有必考的，也有选考的，具体科目，因寿险和非寿险方向有所不同。

对于在旧考试体系下已经通过的考试科目，如何转换为新考试体系的相应科目，也进行了研究，制定了转换规则。

为编写新考试体系的教材，中国精算师协会成立了教材编审委员会。教材编写力图贯彻国际性、先进性和实用性三个原则。国际性是指，鉴于中国精算师协会已正式申请加入国际精算师协会，因此精算师资格考试必须符合国际精算师协会的要求，达到国际精算师协会的标准。所以，在课程设置、课程内容、必考科目等方面，均以国际精算师协会的要求为标准。先进性是指，尽可能把精算理论技术的最新成果包括在这套教材之中。实用性是指，教材内容紧密联系国内保险业的实际，考虑国内精算人员需要掌握的知识和技能。

教材的具体编写实行主编负责制。教材编审委员会研究、协调、决定教材编写中的重大事项，确定各门课程的主编和主审人员，指定协调人对若干相关课程的内容调整、取舍和进度进行协调。教材初稿完成后，不仅由主审进行审阅，而且组织保险公司的相关人员进行试读，提出修改意见。教材的主编、主审、试读人员，都是在保险业、精算界具有业务专长、经验较为丰富、具有一定影响力的人员。可以说，这套教材的编写，是集中了行业的智慧和力量，凝结着组织协调人员、编审人员、试读人员的心血。

尽管如此，我们仍不认为这套教材已经尽善尽美。由于经验不足、认识水平有限，也由于时间仓促，教材在某些方面还显粗糙，还存在许多可改进、待完善之处。我们希望在教材投入使用之后，听取专家、考生和社会各界人士的意见，以便将来作进一步修订。

回顾中国精算师资格考试10年来的历程，是在保险监管机关的领导下，在保险业、有关高等院校及社会各界的积极参与下，在国际精算组织的支持下，不断发展、完善，取得进步的。在此，我谨代表中国精算师协会，对多年来关心、支持、参与、帮助中国精算事业发展的有关领导、专家和广大的精算专业人员表示真诚的敬意和感谢！

中国精算师协会　会长

2010 年 11 月 15 日

编写说明

BIAN XIE SHUO MING

作为中国精算师资格考试高级科目《健康保险》（F10）的考试教材，本书力图为精算人员建立有关商业健康保险的知识体系，使其熟悉并掌握健康保险的基本原理、主要产品和经营管理中的关键环节。通过本书，读者还能在了解国内外健康保险实践的基础上训练对各类健康保险产品进行定价、准备金计算和其他精算评估工作的思路和方法，不断培养自身使用合适技术和工具解决当前健康保险实践中面临的有关精算问题的能力，成为一名合格的精算师。

本书在编写过程中严格执行了中国精算师协会教材编审委员会确定的编写原则。由于健康保险业务本身专业性强、涉及面广，同时国内商业健康保险业务发展还不够成熟，因此，本书在内容上既立足于国内健康保险业务和精算工作的现状，又紧跟国外健康保险和精算技术的发展，结合失能收入和长期护理保险、健康保险经营风险控制和健康保险精算监管等内容作了适当超前的叙述和讲解，对社会健康保险精算和健康精算师等最新趋势也作了相应描述；但本书的重点依然是探讨国内当前各类健康保险计划在成本估计、价格确定和财务状况评估等方面涉及的基本精算方法和思路；在讨论深度上对一些较复杂的精算技术工具采用了附录或阅读材料的方式加以呈现，希望有需要的读者能很好地加以利用；对那些没有定论、还在研究中的内容则完全没有涉及。

在教材写作过程中，首先要感谢项目协调人李秀芳老师和审核人蔡端绵总经理的指导和帮助，经过各位参编人员一年多的辛苦工作，特别得益于李达安先生的统筹和督促，终于使本书如期完成。本书主编由西南财经大学保险学院陈滔教授担任，参加编写的人员及分工如下：陈滔教授编写第一、二、三、四、八、九章，华东师范大学统计与精算系仇春涓博士参与编写第二章，西南财经大学保险学院马绍东博士参与编写第三、四章，中国人民健康保险股份有限公司产品开发部乔利剑副总经理参与编写第二、三、四章，泰康人寿保险股份有限公司产品管理部曾卓副总经理编写第五章，东南大学医疗保险系张晓主任编写第六章，中国人民健康保险股份有限公司产品开发部乔善波总经理、理赔部陈睿总经理和泰康人寿保险股份有限公司健康保险运营管理部万莉慧总经理共同编写第七章，太平人寿保险有限公司产品市场部赵志夏参与编写第八章，和中国保监会四川监管局刘明霞博士参与编写第九章。最后，还要感谢中国精算师协会秘书处和中国财政经济出版社编辑的鼎力支持与配合。

本书是工作在国内健康保险实践第一线的精算人员和有志成为健康保险精算师的广大精算学生进行专业学习和技能训练的宝贵资料。同时，保险公司、保险监管机构甚至社会保险机构中从事健康保险业务管理的专业人士及相关工作人员也是本书的重要读者。此外，本书还可作为高等院校保险精算方向本科和研究生的教材和参考书。

由于健康保险业务在国内开展时间不长，健康保险精算及健康保险精算师在国内也不够成熟，本书讨论的主题在很多方面都带有探索和尝试性质，加上时间仓促和作者水平有限，错漏之处在所难免，恳请广大读者批评指正。

陈　滔

2011 年 4 月

目　录

第一章　健康保险与健康保险精算

学习目的

通过本章的学习，读者应该能够：

- □ 掌握健康保险的概念、原理和常见的商业健康保险产品
- □ 熟悉健康保险精算师的主要工作以及职责与使命
- □ 了解商业健康保险在国外的历史、现状及其在国内的发展

§1.1　健康保险的产品与分类

1.1.1　健康保险的概念和原理

1. 健康保险的概念和定义

健康保险由“健康”和“保险”两个名词组成，顾名思义，健康保险是利用保险工具来解决人们因健康问题导致损失的一种经济手段。传统的健康保险主要强调应对由于疾病或者意外事故造成健康伤害导致的经济损失。根据世界卫生组织对“健康”的定义，健康不仅是指无病，而且是指人的心理、生理以及社会适应方面的一种完好状态。因此，除了受伤和患病外，由于衰老造成的功能不健全及活动能力受限也应当属于健康受损的状态。从风险管理的角度讲，健康保险是对各类健康风险进行转移和共同分担。通常，人们面临的健康风险包括因伤病必须接受医疗救治产生大额医疗费用而又无力承受的风险、因伤病导致工作能力丧失或降低所带来的收入损失风险和因衰老导致生活不能自理而又无法承受高额护理费用的风险，健康保险就是有效分散上述风险的一种有利工具。

健康保险的概念说来简单，但要使该经济手段正常发挥作用仍需要多方的支持与配合。首先要有大量面临健康风险威胁并愿意转移风险的个体，同时，转移的健康风险需要一个承担者，它既可以是公营机构，也可以是非营利的私营机构或保险公司。其中由保险公司提供的商业健康保险最强调精算的应用，是本书讨论的重点，故以后除非特指，健康保险都仅指商业健康保险。

实际上，关于什么是商业健康保险，目前国内外理论和实务界还未形成统一的认识。如有人认为健康保险就是医疗保险，还有人认为健康保险

包含意外伤害保险。万幸的是，从实践的角度目前已有解决方案，因为中国保监会2006年8月颁布的《健康保险管理办法》已对商业健康保险有了明确定义，即：**商业健康保险是指保险公司通过疾病保险、医疗保险、失能收入损失保险和护理保险等方式对因健康原因导致的损失给付保险金的保险。**该定义虽仍有待斟酌之处，但通过列举产品类型的方法来定义商业健康保险，倒不失为一个平息争论的可行方案，因此，除特别说明外，本书中的商业健康保险都沿用此定义。

2. 健康保险的基本原理

健康保险是健康风险从个体向群体的转移和共同分担。转移风险的基础是事先支付（pre - payment）转移风险的成本，即保险费（premium），风险转移的后果是健康损失的共同承担，即每个参保个体均得到健康保险保障（coverage），其中遭受健康损失的个体能得到相应的经济补偿（称"保险金给付"，benefit）或得到相应的救治及护理服务，此时得到经济补偿的是提供各类健康维护（healthcare）服务的机构。这就是健康保险的基本原理。因此，当我们界定一个产品、一项服务或者一个计划是否属于健康保险的范畴时，要看其是否同时符合以下条件：存在部分或全部健康风险的转移、事先支付转移风险的成本、健康损失由群体共同承担。

既然健康保险的实质是将个体面临的健康风险转移至群体来共同承担，而风险转移和分担的前提是预先支付保费，故风险的承担机构需要准确估计健康风险的转移成本并合理确定健康保险的缴费费率。风险转移与共同分担所需的健康保险基金正是利用对疾病及意外风险在人群中发生规律的掌握来实现的，其数理基础依然是概率论与大数法则。要对健康风险进行数量刻画并估计其转移成本，需要搜集足够的数据，还要对上述数据进行分析，去粗取精，去伪存真，这有赖于对数据进行系统的整理分析。要对健康保险运行过程进行有效的监督管理，就必须对健康保险基金的财务状况进行动态评估，包括基金管理者的未来责任，为履行未来责任所提留的准备金是否足额等；还要掌握变化的社会经济环境对健康保险的影响并评估其反应能力，如进行灵敏度测试等。随着现代科学技术的发展，这些工作越来越多地借助于计算机、数据库并由精通数量分析工具、擅长对未来财务风险进行分析与控制的专业人士——精算师（Actuaries）来完成。

1.1.2 健康保险的分类和特征

1. 健康保险的分类

健康保险可以根据其各方面的性质加以分类，如之前就提到过的根据筹资方式和提供机构不同分为公营（public）和私营（private）健康保险，还可根据投保者是个人或集体分为个人（individual）和团体（group）健康保险，这些在精算实践中常用的分类方法都是精算师需要加以了解的。

（1）公营健康保险和私营健康保险。

• **公营健康保险**，是以国家或政府来组织筹资或以公共财政为主要财务资助来源的健康保险，包括以税收为基础的国家健康保险和按收入一定比例强制征收保险费的社会健康保险两类。英国、加拿大等是国家健康保险模式的代表，其税收是主要筹资来源，而每个公民都免费享受政府统一购买的公营或私营健康维护服务。社会健康保险起源于19世纪的德国，至今已被世界上很多国家所采用。这种制度模式中，雇主和雇员被强制按收入的一定比例缴纳保险费来建立健康保险基金，用于补偿伤病者接受救治的花费和在此期间的收入损失。我国现行的城镇职工基本医疗保险制度实际是社会健康保险和医疗储蓄账户相结合的混合模式。

• **私营健康保险**，是个人或团体通过自愿缴纳保险费从私营机构（保险公司、互助团体或其他非营利性民间机构）获取的健康保险，其中由保险公司提供的商业健康保险有较大影响。在我国，经营私营健康保险的机构主要是保险公司，但社会医疗保险经办机构、职工保险互助会、重大疾病及少儿互助基金等也提供多种类型自愿投保和非营利性的补充健康保险计划。

实际上，在社会和商业健康保险之间，还有一类自愿或整体投保的社区健康保险，即整个社区的成员都参加某一健康保险计划，每人缴纳相同的保费，这类健康保险在许多发展中国家或低收入国家有较好的应用，我国当前城镇居民基本医疗保险和新型农村合作医疗实际上就是一种政府补贴保费的社区健康保险。

（2）个人健康保险和团体健康保险。

• **个人健康保险**，是以单个自然人为投保人的健康保险，是一种能将收取的保费和被保险人实际的风险状况基本相对应的私营健康保险，它是许多欧洲国家私营健康保险的主要形态。

• **团体健康保险**，是以团体法人为投保人，团体成员作为被保险人的健康保险，其中最常见的是雇员—雇主型的团体健康保险，即由雇主为雇员购买的团体健康保险。

以商业健康保险市场最发达的美国为例，虽然医疗费用保险和失能收入保险都有团体和个人业务的形式，但大多数医疗费用保险都是团体健康保险，而高保额失能收入保险则主要以个人健康保险的形式承保。个人和团体健康保险在销售、承保和合同管理甚至在精算上都有明显的差异，所以本书还将团体健康保险单独分章介绍。

实际上，目前国内市场上的健康保险都是以第三方付费和事后补偿（indemnity）为特征的传统健康保险，其特点在于：被保险人、保险人和健康服务提供方之间关系松散；保险人往往是被动的事后付费方；被保险人一般可以自由地选择医生和医院。这一系列特点使保险人难以控制实际的医疗花费，从而难以有效控制保险赔付成本。在国外，一种新型健康保险形式——管理保健型健康保险正从美国被广泛介绍到欧、亚和拉丁美洲等地区。其主要特点是：保险人和健康服务提供方紧密结合，甚至有时保险人同时也是健康服务提供方；被保险人对健康服务机构的选择性低，换来的是可以缴纳较低的保费；对健康服务提供方的补偿更多采用按人头预付的方式，有利于医疗服务的成本控制。

2. 健康保险的特征

健康保险作为人身保险业务中一个重要组成部分，与人寿和意外伤害保险相比，除了保险责任完全不同外，还有以下一些特征：

（1）承保风险上的特征。健康风险相对于其他人身风险来说，具有损失频率高、难以准确估计损失和控制给付的特点，其影响因素也较其他保险复杂，逆选择和道德风险都更严重。此外，健康保险的风险还来源于健康服务的提供者，因为服务的数量和价格在很大程度上由服务提供者决定，作为支付方的保险公司很难控制。

（2）产品形态上的特征。健康保险的产品形态复杂多样，既有对被保险人因疾病或意外伤害治疗的合理花费提供补偿的医疗费用保险，也有针对被保险人罹患重大疾病而提供高额保障的重大疾病保险，还有致力于为被保险人因伤病导致收入损失提供补偿的收入损失保险和为因衰老导致生活不能自理提供护理费用补偿的长期护理保险。复杂多样的产品形态可以满足人们多样的健康保障需求，也使精算工作变得更加复杂。随着人们健康意识的不断增强和医疗卫生事业的不断发展，健康保险的产品种类还将进一步丰富。

（3）合同条款上的特征。健康保险合同的一般条款虽与寿险合同基本相同，但往往比寿险要复杂得多。因为在保单有效期内可能会出现超过一次的理赔，保险金的索赔额差异也较大，理赔认定带有一定的主观性。因此，健康保险合同中有较多的名词定义，有关保险责任部分的条款也显得比较复杂，有些条款与寿险是一致的，如保险合同构成条款、宽限期条款、复效条款、不可抗辩条款、理赔支付条款等；有些条款与寿险相似但不完全一致，如续保条款等；还有一些条款是健康保险合同中特有的，包括既往症除外条款、免赔额条款、共保条款和重复投保及保险金协调给付条款等。此外，在健康保险合同中还常有等待期条款（等待期内一般不能获得保险金的赔偿）。

（4）保险期限上的特征。健康保险既有长期险种也有短期险种。但总的来说，除重大疾病保险外，健康保险还是以一年期的短期合同为主。特别是医疗费用保险，由于医疗服务成本不断上涨，保险人很难计算出一个长期适用的费率。而一般的个人寿险合同则主要是长期合同，在整个缴费期间可以采用一个均衡的保险费率。我国的健康保险在发展初期，各个保险公司推出的大多也是一年期的短期险种。随着保险行业的发展和健康保险市场的不断完善，能提供长期保障的保证续保型健康保险逐渐受到市场的重视。

（5）保险金给付上的特征。与人寿保险不同，健康保险赔付金额在总的保险金限额内通常是不确定的。一般说来，健康保险有定额给付和根据实际费用进行补偿两种给付方式，但即使是定额给付，除部分重大疾病保险外，也不同于人寿保险。如住院补贴保险中对住院日额是采用定额方式，但由于住院天数的变化，赔付金额最终还是不确定的，更何况被保险人每年住院的次数也不确定，而根据实际费用进行补偿的赔付方式更使得健康保险的赔付金额在总的保险金限额内是完全不确定的。

（6）经营管理上的特征。健康保险的经营对象是意外伤害和疾病发生的风险，其影响因素要较人寿保险复杂得多，逆选择和道德风险也较寿险严重。为此，健康保险的核保和理赔都比人寿和意外伤害保险严格得多。此外，健康保险业务的管理涉及不少医学上的专业问题，精算人员在进行风险评估和保险费计算时，除了要依据以往的统计资料外，还要获得医学专家的帮助。最后，在健康保险的风险控制中，有不少外部因素是很难有效控制的。因为健康服务是由保险公司和被保险人以外的机构提供的，服务的数量和价格在很大程度上也由他们决定，所以要真正做好健康保险经营风险的控制，保险公司必须与健康服务机构进行有效合作，这与人寿保险和意外伤害保险的经营也有显著不同。

1.1.3　主要的健康保险产品

目前国际上比较通行的健康保险产品分类是根据保障范围的不同，将其分为医疗费用保险（medical expense insurance）、重大疾病保险（dread disease/critical illness insurance）、失能收入保险（disability loss Income Insurance）和长期护理保险（long term care）四种，这种按产品形态或业务种类（business line）的分类方式也符合保监会的相关要求，因此我们在后面讨论健康保险精算时将继续采用这种产品分类方式。

1. 医疗费用保险

医疗费用保险是提供医疗费用保障的保险，是健康保险中最重要的一种业务形式。医疗费用保险中补偿的医疗费用通常包含医生的门诊费用、药费、住院费用、护理费用、医院杂费、手术费用和各种检查费用。各种不同的医疗费用保单所保障的费用一般是其中一项或若干项之组合。医疗费用保险主要是短期型产品，根据具体的产品，保障范围可以限定为某一特定医疗服务方式的基本给付，也可以是包含各项医疗费用的综合产品。

2. 重大疾病保险

重大疾病保险是当被保险人患有保单列明的某一类严重疾病，或进行指定的大型手术（或因意外事故致残）时，保险人给付定额保险金的一种健康保险业务。重大疾病保险中列出的各类重大疾病的共同特点就是对人的生命危害大和治疗费用高。重大疾病保险主要是个人长期业务，一些重大疾病保险含有死亡给付责任，而重大疾病的给付责任只是作为死亡责任的提前给付。在当前的国内健康保险市场上，重大疾病保险是最重要的疾病保险产品，占据了几乎全部疾病保险的市场份额，所以我们将其分章介绍，而其他的疾病保险产品，如癌症保险等将在团体健康保险章节中简单介绍。

3. 失能收入保险

失能收入保险又称“收入保障保险”（income protection insurance），**是提供保险金来弥补被保险人因生病或受伤而失能，从而失去或减少收入来源的一种健康保险。**收入的补偿通常采用按月支付固定津贴或原有薪资一定比例的方式进行给付，但失能期间被保险人必须在医生的监护下才能领取失能收入保险金。根据给付期间的不同，可分为短期失能收入保险和长期失能收入保险两大类。

4. 长期护理保险

长期护理保险又称“老年护理保险”，是对被保险人因功能丧失，无法完成基本的日常生活活动（如穿衣、移动、行动、如厕、进食和洗澡等），**需要入住康复中心或在家中接受他人护理时的种种费用给予补偿的一种健康保险。**保险金可按发生额给付或按固定金额给付。保险金的给付期限有1年、数年和终身等几种选择，同时也规定有30天、60天、90天、100天等多种免责期。

§1.2 国内外健康保险的历史与现状

1.2.1 国外健康保险的起源和发展历程

1. 健康保险的起源

欧洲是健康保险的发源地。中世纪晚期，手工业者自发成立了“行会”组织，会员定期缴纳会费，筹资帮助生病的会员渡过难关，在会员遭遇工伤事故时提供收入补偿。此后因为工业化的发展使产业工人大量增加，此类组织不断发展壮大，由一定人群扩大到一个行业，到19世纪末由政府出面扩大到全社会的大多数劳动者，社会医疗保险即由此脱胎形成。

真正意义上的商业健康保险是在19世纪初各类保险公司产生以后才出现的。最初商业性保险机构主要经营疾病保险。1848年英国铁路运输部门成立“伦敦铁路旅客保险公司”，第一次对铁路运输意外伤害提供保险，以保护在运输期间发生的严重伤害和意外死亡。随后，英国的其他公司纷纷仿效此类保险并使给付覆盖了住院、内外科治疗和看护费用，这是医疗费用保险的开端。早期的健康保险主要是个人险，1911年美国首次开发了针对团体的健康保险，伦敦保证和意外保险公司为蒙哥马利·伍德公司的雇员签发了第一份雇员工作能力丧失收入保险单。此后，团体健康保险在美国被迅速推广。

2. 商业健康保险在国外的发展历程

20世纪30年代的经济危机之后，美国的医疗保险得到了长足发展。到20世纪50年代中期，已有7 700万人投保了住院医疗费用保险，6 000万人投保了手术费用保险。失能收入损失保险创立于19世纪末，最早于1884年由英国医疗疾病社提出，一年以后爱丁堡世纪保险公司发售个人失能保单。虽然最早的健康保险是对特定疾病的保障，但现代意义的重大疾病保险产品却是1982年才在南非出现的，此举也揭开了商业健康保险产品创新的序幕。到20世纪70~80年代，随着老龄化和对老年护理需求的增加，一种更新的健康保险产品——长期护理保险也出现了。

从经营方式上看，在商业健康保险发展初期，保险人一般是在被保险人接受健康服务后为其花费提供现金补偿。随着业务的不断发展，越来越多的私营健康保险开始采用直接对服务提供方进行补偿的方式，相当于代表所有被保险人向健康服务机构直接购买各类健康服务。近年来，由于医疗费用上涨导致保险费的不断提高使得管理保健组织提供的新型健康保险开始受到重视，专门的健康管理和第三方服务计划也被广泛应用。

1.2.2　国外商业健康保险的现状和未来趋势

1. 国外商业健康保险的现状

从发达国家的情况看，不管是私营健康保险占主导的美国，社会健康保险占优势的德国，还是实现国家健康保险的英国，商业健康保险都有较好的发展。

（1）私营保险模式下的商业健康保险。私营健康保险在美国的国民健康保障计划中发挥着主导作用，主要由两类组织提供，一是非营利性健康保险组织如蓝盾、蓝十字和凯泽（Kaiser）等；二是营利性的商业保险公司如安泰（Aetna）、联合保健（UHG）、沃波特（Wellpoint）和华安诺（Humana）等，业务可分为综合性健康保险和补充性健康保险两类。商业健康保险除了服务于有购买力的个人和团体外，还对政府提供健康保障领域的资金管理服务，也为大中型团体及其他保险公司提供自保方案、账单管理、数据管理等第三方管理服务。

（2）国家保健服务体系下的商业健康保险。采用国家保健服务模式的国家和地区都具有覆盖全体国民的健康保障体系，但即使这样，私营或商业健康保险也有相当的发展。如采用国家卫生服务模式的英国还存在大量私营医疗机构，其收入主要来自于商业健康保险（63%）。商业健康保险也是针对有购买力的人群，其商业健康保险保障内容大部分与公营健康保险计划重叠，但可供商业健康保险被保险人选择的医疗机构更多、服务范围更广、服务水平更高。

（3）社会保险占主导下的商业健康保险。德国的健康保障体系由社会保险制度主导，商业健康保险的角色是社会健康保险的补充，但根据两者的竞争关系，又分为替代性质的健康保险和补充性质的健康保险，如政府规定年收入在一定水平之上的人可以不参加社会保险而从商业健康保险寻求保障，故商业健康保险主要定位于有购买力的人群，在对医疗费用提供充分补偿的基础上，为其提供灵活的诊疗安排、就医指导，兼顾保险销售和服务功能。目前德国有几十家保险公司在经营商业健康保险业务，覆盖范围达到了总人口的10%左右。

2. 国外商业健康保险的未来趋势

不管是发达国家还是发展中国家，健康保险作为一种重要的健康筹资形式越来越显示出重要性。随着人类社会的不断进步，人们对健康服务的需求不断增加，政府提供的公营健康保险越来越难以满足这种需求，这为商业健康保险的发展提供了潜在机会和广阔的空间。

（1）健康保险成为控制医疗费用上涨的重要手段。对于经济增长来说，曾使一些福利国家为之骄傲的社会保障制度成为一件太昂贵的东西。欧盟各国社会福利开支已占国内生产总值的40%左右，有些北欧国家甚至超过了50%。与此同时，医疗科技发展和人口老龄化带来健康服务成本的提高更是雪上加霜。在这种社会经济环境下，福利国家和社会保障制度受到攻击和批判，迫使这些国家向社会保障主要支出之一的医疗保障开刀，大力发展商业健康保险，控制医疗费用上涨。

（2）健康保险走专业化经营的道路。健康保险和寿险在本质上有许多不同，商业健康保险的庞大规模和高水准服务对精算、核保和风险管控要求较高，保险公司必须有一套完整的专业化技术体系。在德国，法律规定健康保险必须与寿险分离，彼此独立经营，最大的几家专业健康险公司各自拥有独立的运作体系。在美国，健康保险业务规模、份额最大的几家公司也是只做健康险的专业公司。在监管方面，健康险也是独立于财产险和寿险的。在保险公司方面，各保险公司不断强化自身的专业化管理能力，同时根据市场需求不断调整为客户提供的产品和服务，并以此来巩固和强化市场竞争力。

（3）管理保健型健康保险逐渐受到青睐。以美国为代表的管理保健型健康保险之所以有效，关键在于保险公司和健康服务机构间建立了良好的合作关系，甚至保险机构自己就拥有健康服务机构。管理保健型健康保险由于按事先协商的标准支付费用，健康服务提供者承担了一定的风险，费用超支的部分由其自己承担，盈余也归其所有，因而更多地意识到成本的概念，有节约费用的激励。目前，管理保健型健康保险已成为世界各国健康保险市场上受到推崇的风险和成本控制方式。

总体来讲，单凭公营健康保险自身很难完全满足全体国民的健康服务需求，必须依靠私营健康保险的帮助。因此，目前在整个世界范围内公营健康保险制度面临深刻的改革，相应地，商业健康保险也会随着公营健康保险的改革而不断调整。由于健康维护成本不断上涨，使公营和私营健康保险的费率都不得不经常进行调整，而对健康服务成本的准确估计又很难做到，这些都使健康保险中的精算工作充满了挑战性。

1.2.3　健康保险在中国的发展

1. 健康保险在中国的发展历程

20 世纪 80 年代初，随着各类人身保险业务的恢复，原中国人民保险公司开始在国内部分地区试办商业健康保险业务，如中国人民保险公司上海分公司 1982 年开办的“上海市合作社职工医疗保险”。随后中国人民保险公司在总部设立了健康保险部，开发健康保险产品，提供健康保险业务。1988 年，又开办了合资企业中国职工健康保险，保险责任包括门诊和住院医疗。1991 年，中国人民保险公司在国内首先开办“中小学生和幼儿园儿童住院医疗保险”。随后太平洋保险公司开办了大学生平安附加住院医疗保险产品。此后，中国人民保险公司和中保人寿保险公司推出的团体住院费用保险及按病种定额给付的疾病保险产品在开拓商业健康保险市场方面也做了很好的尝试。1994 年，随着寿险个人营销体制被引入大陆，包括癌症、脑中风和心肌梗塞等保障的个人重大疾病保险产品开始进入市场。在此后的几年里，中外寿险公司在定额给付的疾病保险和附加住院医疗保险的基础上，进一步开发出住院津贴保险和住院费用保险等一系列作为主险销售的个人健康保险产品，很好地配合了正在全国范围内推行的城镇职工基本医疗保险改革，也深受广大群众的欢迎。1997 年后，定额给付型、费用报销型及综合型医疗保险（含住院、门诊医疗责任）开始推向市场，健康保险走向多样化。这一阶段保险公司由于经验数据匮乏、产品开发技术不成熟、风险控制经验欠缺，提供的健康保险责任比较简单，保障水平有限。各公司对健康保险业务的发展缺乏总体思路，健康保险核保、理赔等业务管理基本上仍沿用原有的寿险业务管理体系。

1998年12月，国务院颁发了《国务院关于建立城镇职工基本医疗保险制度的决定》，随着城镇职工基本医疗保险制度在各地的推行，国内的商业健康保险业务进入快速增长期，除了前述的各类产品形态外，与城镇职工基本医疗保险制度衔接的高额医疗费用保险及包括住院和门诊医疗的综合保障型医疗保险产品纷纷出现。为支持我国商业健康保险的发展，1999年中国保监会颁布了《健康保险精算规定》。2000年后，健康保险业务快速发展，“保证续保”、非传统门诊医疗保险开始出现，农村医疗保险市场开始探索。2002年12月26日保监会印发了《关于加快健康保险发展的指导意见》，提出了健康保险专业化发展的思路。2003年1月1日后由于财产保险公司的加入，商业健康保险的经营主体迅速增加，非传统门诊保险、分红型重大疾病保险和农村健康保险等新产品不断出现，个别公司开始涉足失能收入损失保险和长期护理保险领域。2005年以后，中国人民健康保险公司、平安健康保险公司、昆仑健康保险公司和瑞福德健康（现称“和谐健康”）保险公司等专业健康保险公司的出现，更标志着我国健康保险市场已经出现专业化经营的趋势。出于统一标准、规范市场主体行为、保护投保人和被保险人利益等目的，2003年，中国保险行业协会制定了《关于经营健康保险业务的自律公约》，2006年9月保监会颁布了国内第一部规范商业健康保险的部门规章《健康保险管理办法》，商业健康保险的发展开始步入规范化的轨道。2007年行业协会又针对重大疾病保险这一特殊健康保险险种颁布了《重大疾病保险疾病定义使用规范》，改变了保险业重疾险产品对“重大疾病”既没有统一定义，也没有核心病种，保障范围和除外责任千差万别的混乱状态。这一阶段，商业健康保险业务增长迅速，健康保险产品更为丰富，保险公司对该类业务的性质和特征认识也逐渐加深，在经营风险控制等方面也积累了一定的经验，但对于医疗费用风险的控制能力与手段依然落后。

2009年4月，中共中央、国务院发布的《关于深化医药卫生体制改革的意见》（中发〔2009〕6号，以下简称《医改意见》）中提出：“加快建立和完善以基本医疗保障为主体，其他多种形式补充医疗保险和商业健康保险为补充，覆盖城乡居民的多层次医疗保障体系”，进一步明确了商业健康保险是多层次医疗保障体系的有机组成部分。随后，中国保监会根据《医改意见》的规定制定颁布了《关于保险业深入贯彻医改意见积极参与多层次医疗保障体系建设的意见》（保监发〔2009〕71号），详细地解读了《医改意见》中提到的关于发展商业健康保险，促进基本医疗保险事业发展，保障和改善民生的精神，进一步为商业健康保险的发展指明了方向。

新医改在明确商业健康保险在医疗保障体系中的作用、提倡政府购买医疗保障服务和控制医疗费用等方面，对商业健康保险的发展有积极的一面，但基本医疗保险覆盖面的扩大和自负比例降低对我国商业健康保险的发展也带来一定挑战。

2. 中国商业健康保险的现状与问题

从权威部门的统计数字可以看出，中国商业健康险的保费收入已从2000年的65.5亿元增加到2010年的677.5亿元，当年的赔付额也达到了264亿元（见表1-1）。市场的供给主体有近百家保险公司，寿险为主，其次为财险和健康险公司，在售的健康保险产品达上千款，个人产品主要是医疗费用保险和重大疾病保险，团体产品则主要是包含门诊费用基金在内的医疗费用和社会保险给付限额以上的补充医疗费用保险。商业健康保险主要购买者是中高收入阶层的城镇居民和一些效益较好的企业职工，保险公司也在努力为新农合和城镇基本医疗保险及医疗救助计划提供业务经办服务。当然，目前我国商业健康险发展仍处于初级阶段，因为国际经验表明，在发达国家成熟的保险市场上，健康险保费收入占总保费的比例一般在30%左右，但我国商业健康险保费占总保费的比例还没有超过7%，远低于发达国家水平，商业健康险在我国国民健康保障体系中的作用和地位还有待进一步发挥和提升。

表1-1　　2000—2010年我国健康保险保费收入和赔付情况

年度	保费收入（亿元）	赔付额（亿元）	占总保费比例（%）
2000	65.5	12.9	4.1
2001	61.6	33.5	2.9
2002	122.4	49.9	4.0
2003	241.9	69.9	6.2
2004	259.9	89.1	6.0
2005	312.3	107.9	6.3
2006	376.9	125.1	6.7
2007	384.2	116.9	5.5
2008	585.5	175.3	6.0
2009	574.0	217.0	5.2
2010	677.5	264.0	4.7

我国的社会医疗保险改革也经过了许多年头，但一个覆盖全体国民的基本医疗保险体系还未能完全建立，巨大的保障缺口预示出我国商业健康保险的巨大市场潜力。近年来的多项保险市场调查都显示，我国的城镇居民已将健康保险列为购买商业保险的首选，购买意向超过养老险、寿险和

意外险。多数被调查者都表示在参加社会医疗保险之外，应购买一些商业医疗保险，但这些调查也同样显示仅有不多的消费者购买了商业健康保险。其原因不仅是居民的购买能力有限，保险公司在商业健康保险产品与服务上也没有做好相应的准备。当前，随着新医改方案的实施，商业健康险业务的发展现状同国家医疗保障制度改革及卫生环境的变化已形成强烈的反差，也无法满足广大群众对商业健康保险的真实需求。

实践证明，商业健康保险的发展要受到社会经济状况、基本医疗保险制度、医疗卫生体制、监管政策和法律法规等诸多因素的影响。国外经验也表明，不管是发达国家还是发展中国家，问题的关键不是要不要商业健康保险，而是如何组织以及如何将商业健康保险计划和社会保险系统有机结合的问题。而在国内，商业健康保险在国民健康保障体系中的角色和作用如何发挥仍有待进一步明晰。比如，即使是补充医疗保险，也是社会保险管理机构、保险公司和工会等非营利性组织都可经营，分工不清，效率不高。此外，健康保险因其保障风险本身的特殊性使其经营也有独特的技术和人才要求，而我国当前商业健康保险经营管理的核心技术和人才严重不足，经营管理水平不高，经验更是缺乏，行业中具备专业健康保险知识的精算人员、核保人员和核赔人员奇缺。最后，健康险专业化经营是国际上通行的做法，而我国当前的健康险专业化之路却并不平坦，专业的健康保险监管体系尚未建立，整个行业对商业健康保险的经营思路和赢利模式还缺乏共识，即使专业健康险公司在这方面也还没有成功的经验。当然，目前各公司的健康保险市场占有率并不能说明什么，只有解决了这些关键问题，商业健康保险的发展才有后劲，才能做到健康和可持续地发展。

3. 中国商业健康保险的未来与展望

当前，整个世界都在讨论健康保障及其改革，不管是发达国家还是发展中国家，民众对健康服务的需求都在不断增加。在筹集整个社会的各种资源以满足人们不断增加的健康服务需求时，单靠社会健康保险自身确实很难完成，必须依靠商业健康保险的帮助。我国新医改方案的实施为商业健康险的发展提供了契机，但保险公司一定要积极开拓市场，将潜在的机遇尽快转化为现实的“生产力”，不能等待整个健康保险市场成熟后再发展，而应不断尝试，逐步探索适应中国市场的健康保险经营模式，不断提高自身的经营和管理水平，创新开发适合中国实际和消费者需求的健康保险产品和服务，以使其在整个国民健康保障体系中发挥更大作用，反过来推动政府出台更多有利促进商业健康保险本身的发展政策措施。

从我国当前的经济社会环境和商业健康保险的发展水平来看，商业健康保险虽在解决部分人群高层次医疗服务需要方面的作用是其他制度安排无法比拟的，但在短时期内，国内商业健康保险要实现真正意义上的自主经营和全行业赢利还面临很多困难。过去商业健康保险已在一些地方的新型农村合作医疗计划管理和城镇职工医疗保险制度补充中进行了一系列有益的尝试，涌现出了“厦门模式”、“江阴模式”、“洛阳模式”等诸多模式。未来，中国商业健康保险更应抓住新医改方案落实的契机，本着积极稳妥的原则，加强与地方政府和相关机构的沟通与合作，除做好与社保补充业务市场的开拓外，还应积极发展基本医疗保险或各类补充医疗保险的委托管理业务，不断扩大和增强商业健康保险的覆盖面和渗透力。

我国未来的国民健康保障体系必然是包括社会医疗保险、商业健康保险和其他健康筹资补偿机制的多元化体系，虽然商业健康保险不一定会在其中起主导作用，但由于商业健康保险在产品设计、精算技术、费用控制和理赔管理方面都有其他组织无法比拟的优势，故它在上述体系中的重要性和独特作用是毋庸置疑的。当然，未来商业健康保险提供的可能是包括健康保险计划、健康管理计划、医疗服务筹融资及健康保险基金管理在内的一体化服务，服务对象也可同时包括医院、保单持有人、雇主和政府。

§1.3 健康保险精算

1.3.1 健康保险精算与健康保险精算师

1. 健康保险精算及其独特性

本书中我们将**健康保险精算**定义为：**以应用数学和数理统计学为手段，对健康保险业务经营和健康保险计划管理活动的各个环节进行数量分析并解决相关实际问题的工具。**它是精算师必备的专业知识，也是其在健康保险业务实践中的重要应用。健康保险精算既有非寿险精算的特征，又有寿险精算的特征。如对大多数短期健康保险合同来说，其理赔分布也是短尾的，定价工作更多地体现在年度费率的制定及其调整上，经营的财务风险也主要表现为费率恶性竞争带来的风险。而对长期健康保险产品来讲，精算师又必须对长期风险进行估价和管理，而且被保险人的健康状况在保险期限内会逐渐恶化。正是由于健康保险本身的特点造就了健康保险精算的独特性。

健康保险精算不同于寿险精算，相对于死亡风险，健康风险有高度的复杂性和变异性。健康保险给付也不像寿险那样可以事先确定，特别是医疗费用保险。健康保险经营过程同时受到很多因素的影响，逆选择和道德风险明显，使得健康保险精算中许多假定都需要不断调整。健康保险精算也不同于非寿险精算，虽然短期健康保险精算也始终把伤病发生率、损失幅度以及损失控制作为它的研究重心，但健康保险产品不是单纯的年度产品，加上各类健康保险产品责任的复杂性和环境中充满了影响健康保险经营的风险因素，使得健康保险精算变得复杂而困难。

在北美精算体系中，人寿与健康保险精算师是一类，但由于健康保险业务特别是医疗保险业务以短期团体业务为主，非寿险精算学会也一直介入健康保险精算工作，特别是员工福利计划中的健康保险精算工作。在英国和欧洲的精算体系中，由于私营健康保险的发展受到公营健康保险的制约，健康保险精算专业化的动力并不明显，除德国外，对健康保险业务的监管一般都参照非寿险方式。因此，健康保险精算也较多地被划分为非寿险精算的内容，但随着健康保险业务的不断发展，长期医疗费用保险、收入保障保险和长期护理保险的出现都使大家认识到健康保险精算的长期特征。逐渐地，人们开始认同健康保险精算有其独特性，不能简单地被归入寿险精算和非寿险精算。

2. 健康保险精算师

健康保险精算师是在健康保险实践领域负责提供实质性技术支援的专业人士，其工作领域涉及费率制定、准备金计算、公营健康保险计划的设计和监管方面的议题。具体来讲，健康保险精算师需要为保险公司确定健康保险产品费率和制定准备金政策，其职责包括建立定价和准备金计算的稳定模型，建立准备金最低标准和产品收益率指标，并为可能的并购和业务剥离提供评估依据和战略支撑等。

过去，在整个世界范围内，虽然精算师很早就开始涉及健康保险领域，但相对于其他保险业务，健康保险对精算和精算师的关注非常有限。近年来，在发达国家，健康保险精算工作逐渐受到人们的重视，对健康保险精算师的需求也呈现逐渐增加的趋势，越来越多的保险公司开始雇用专门的健康保险精算师或增加有关健康保险精算的顾问开支。同时，许多社会健康保险机构和健康基金也开始在内部成立精算部门并建立自己的精算队伍。

目前，为加强健康保险精算领域的理论研究和实务交流、推动健康保险精算事业的发展，国际上最有影响的几个精算组织都成立了专门的健康保险委员会，如北美精算学会下的健康分委会（Health Section，SOA）、美国意外险精算学会下的健康和管理保健委员会（Committee on Health and Managed Care Issues，CAS）、美国精算学会下的健康实务委员会（Health Practice Council，AAA）、英国精算学会下的健康和保健委员会（Health and Care Committee of FOA）、澳大利亚精算学会下的健康实务委员会（Health Practice Committee，IAAust）和国际精算学会下的健康分委会（IAAHS）等。随着上述组织的建立和组织框架内的交流与讨论，特别是一系列专题研讨会和后续教育的进行，健康保险精算师的专业知识和技能不断增加，素质不断提高。同时，随着精算技术的进步，更多的新方法和模型被引入健康保险精算领域，通过运用与修正，极大地提高了健康保险精算师处理复杂问题的能力和信心。

常有人错误地认为精算师作为一种专业人士，应该是所谓的“专才”，其实不然。作为一名健康保险精算师，更应是具有多学科专业知识和多方面专业技能的“多面手”。健康保险精算师除了应具备经济学、会计学、数学和统计学的专业知识外，还应该有一定的健康相关常识，要熟悉医疗服务过程，了解卫生管理学、医学、社会学方面的专业知识。因此，国外常将健康保险精算师定义为具有上述专业素养和精算师的职业道德，能解决健康领域与财务风险有关问题的专业人士，其实质是健康精算师（health actuaries）。

1.3.2　健康保险精算的主要内容

传统的健康保险精算工作局限在保险公司内部，主要是利用其专业技能为健康保险产品定价和保障设计以及各类责任与负债评估和财务模型建立等提供支持与帮助。

1. 健康保险产品定价

针对不同产品并根据其特点制定出合理、准确和具有市场竞争力的价格是健康保险业务经营的基础，因此，建立并随时修正恰当的健康保险费率和费率表是健康保险精算中最基本的工作。需要注意的是，费率计算和产品定价是不同的，健康保险费率计算的关键是对未来成本的准确估计，而产品定价则要考虑更多的因素，如市场目标、竞争和法律约束等。健康保险定价精算师应该与核保人员及市场部的同仁共同开发新产品及制定定价策略，以适应市场需求，从而确保保险公司获得适当回报。

2. 健康保险精算评估

精算师是风险评估方面的专家，而且已经在许多重要的资本项目中发挥了非常重要的作用，在各类健康保障计划的评估中也应发挥作用。实际上，除产品定价外，计算各类健康保险准备金并在此基础上评估健康保险业务的债务和财务状况也是健康保险精算师日常工作的重要内容。

总体来看，健康保险精算评估主要有三方面的内容：

一是负债评估，主要是各类健康保险责任准备金的计算与分析；

二是资产负债评估，主要是考察长期健康保险未来资产现金流是否可以匹配负债的现金流，即基于现金流量视角的评估；

三是资本适足性评估，它不是基于存量视角的分析，即不但要保证资产可以完全覆盖负债的评估，还应有足够的自有资本为旧业务的恶化和新业务的扩张做出充分的准备。

在当前国内健康保险实践中，由于特定的国情和健康保险发展的特定阶段，健康保险精算工作不仅包括合理的定价、赔款准备金等各类精算价值评估和分析，还包括为应付费率市场化的冲击、公司上市及业务发展的迫切要求等各方面工作所做的各项努力。近年来，国外健康保险精算师的工作越来越多地进入监管和社会健康保险计划管理等公共领域，其原因是因为商业健康保险业务经营的专业性和复杂性，要求监管者要有强有力的技术手段对此类业务进行专业化的监管，其中，健康保险精算监管既是重要的监管内容，又是重要的监管手段。而对社会健康保险来讲，健康保险精算既是其制度建设中一个非常重要的方面，也是保证上述制度正常运行，并保障其财务稳定的重要工具。

1.3.3 健康保险精算师面临的挑战与使命

1. 健康保险精算师面临的挑战

健康保险制度建立的核心是通过集中投保人所缴纳的保险费建立保险基金用于补偿被保险人因疾病或意外事故所造成的健康损失。健康保险业务经营和制度建立是从收取保险费开始的，只有保险费的不断流入，才能保证健康保险计划的连续性；也只有对健康保险基金面临的各项债务和资产风险进行合理的评估和分析，才能使建立的健康保险基金足以在任何情况下应付相应的赔偿责任并维持经营活动所需的费用。今天，在私营健康保险领域，精算师正和其他健康保险专业人士一道致力于解决医疗费用保险、收入保障保险、重大疾病保险和长期护理保险中的有关数量问题。在公营健康保险中，健康保险精算师也早已开始涉及国民健康保障计划的财务管理等领域。在当前各国政府努力寻求新形势下社会保障问题的改革方案时，精算师更应发挥其应有的独特作用。

从发达国家健康保险精算发展的趋势来看，未来健康保险精算的职业化和专业化将更加明显，同时，工作领域会更宽，在政府部门和公共领域将越来越多地发挥作用。当前，从世界范围内来看，由于健康保险本身面临的危机，使为各类健康保险计划财务风险负责的健康保险精算师面临更严峻的挑战。为应对未来的挑战，健康保险精算师必须能将他们的分析技能与医生、护士和其他卫生技术人员的知识相结合来提高各类公营和私营健康保健服务（包括预防、门诊和住院治疗）的质量和效率。具体的领域包括康复和预防、疾病管理、服务提供方的质量管理、治疗的关键路径分析、循证医学以及微观和宏观的财务模型等。只有这样，才能进一步拓宽精算师在健康领域的工作范围，实现健康保险精算师向健康精算师的转变。由于在健康保障体系中，健康服务提供方和卫生科技企业总是力图不断寻求利润，而健康保障体系本身则总是力图降低成本，这种永恒的矛盾使得健康精算师的工作极具挑战性，当然，解决上述问题也是健康精算师的职责所在。

2. 健康精算师的责任与使命

从几个发达国家的经验看，虽然整个商业健康保险市场年度盈亏变动很大，但总有一些保险公司的健康保险业务处于盈利状态，这主要归功于其采取了良好的精算管理策略和有一大批合格的健康保险精算师。他们的工作不仅是商业健康保险产品的费率计算和定价，还对健康保险准备金的计算和偿付能力进行评估，搜集和整理健康保险理赔数据并利用数量分析的方法对其进行深入分析，对健康保险业务进行精算监督以保护被保险人的利益和保证市场的公平竞争等。此外，健康保险精算师能够为政府对商业健康保险的监管提供帮助，许多发达国家的保险监管部门都规定保险公司调整健康保险产品价格时必须由精算师出具证明，对健康保险业务的准备金、长期债务和财务状况评估也都要求由独立的精算师完成。需要注意的是，健康保险精算师的工作不仅限于商业保险领域，从发达国家的经验看，在社会健康保险或其他政府主办的强制性健康保险中，健康保险精算师也发挥了非常重要的作用。如果健康保险精算师能够正确运用其专业知识并加强交流与合作，他们的建议对如何协调私营健康保险与政府开办的强制性健康保险的相互关系以及整个世界范围内健康保障体系的构建都有指导作用。

目前，国内的健康保险事业已发展到了一个新的阶段，城镇职工基本医疗保险系统已经覆盖了所有的城镇劳动力。在中央和地方政府的大力支持下，城镇居民基本医疗保险和新型合作医疗计划也即将完成扩面任务。但我们也应清醒地意识到，与全体国民对健康保险的迫切需求相比，无论是社会健康保险制度建设还是商业健康保险的发展都还不能令人满意，这里有市场环境和法律、政策缺失的原因，但健康保险经营和管理所必备的专门技术和人才缺乏问题也不容忽视。由于健康保险本身的专业性和复杂性，需要多学科和大量的专业人士来共同支撑，其中熟练掌握各种数量工具的精算师是必不可少的，而实际情况是健康保险精算师的规模和水平与国外先进水平相比仍有较大差距。因此，加快国内健康保险精算发展成为当前亟待解决的一个问题。

本章小结

健康保险是为被保险人因伤病导致的医疗费用和收入损失提供补偿的商业保险形式。按照保障范围、实施方式、保险金给付方式、医疗服务过程等不同标准可将健康保险分成不同的类型，在各种分类方法中，最常见的还是根据保障范围的不同将健康保险分为医疗费用保险、收入损失保险、重大疾病保险和长期护理保险。商业健康保险的起源晚于人寿保险和财产保险，但其发展迅速、产品多样，在满足民众健康保障需求方面的作用独特，在发达国家的保险市场上都有重要的地位，无论精算技术发展和精算师的作用都有较好发挥。中国的商业健康保险目前还处于发展的初级阶段，这对精算师的工作提出了更大的挑战，需要认真学习领会健康保险精算的内容和手段，为商业健康保险发展提供技术支持。

关键词

健康保险　商业健康保险　社会健康保险　健康保险精算
健康保险精算师

思考题

1. 如何正确理解健康保险的概念和定义？
2. 健康保险有什么主要特征？
3. 健康保险有哪些分类方法？
4. 常见的商业健康保险产品有哪几种？
5. 国外健康保险的发展给我们什么启示？
6. 中国当前健康保险发展中的主要问题是什么？
7. 健康保险精算有哪些有别于寿险和非寿险精算的地方？
8. 什么是健康精算师？
9. 健康保险精算工作的主要内容是什么？
10. 健康保险精算师当前面临的挑战有哪些？

第二章　医 疗 保 险

学习目的

通过本章的学习，读者应该能够：

□ 掌握医疗保险的概念、特征和产品分类

□ 熟悉常见的医疗损失分布，掌握医疗损失分布拟合方法

□ 掌握各类医疗保险产品的定价和准备金提取方法

§2.1　医疗保险概述

2.1.1　医疗服务与医疗保险

1. 医疗服务的特征和形式

（1）医疗服务的特征。现代社会，人们对健康需求的实现要依赖各种恢复健康或者促进健康的专业活动，即健康维护服务（Health Care），包括医疗服务、预防服务、保健服务和康复服务等，其中最重要的无疑是救助生命和治疗疾病的各种医疗服务。医疗卫生实践中常将医疗服务定义为：医疗服务机构对患者进行检查诊断、治疗康复和提供预防保健、接生、计划生育等方面的服务，以及与这些服务有关的提供药品、医疗用具、病房住宿和伙食等的业务。医疗服务属于服务业这个范畴，具备服务的共性，但又有以下区别于其他服务行业的特征：

① 医疗服务的专业性强：从医疗服务人员来看，他们需经过多年严格的医学教育，具备相应的专业知识和技术水平，才能为医疗消费者提供某一种类型的医疗服务；从医疗服务流程来看，医疗服务的流程复杂多变，分工细，涉及多学科、多部门，需要医疗机构内部各个方面的广泛配合与协作才能共同完成任务；从医疗设备设施和医学技术来看，医学总是处于科学技术的前沿，医疗机构的设备设施通常都具有高科技的特征。

② 医疗服务提供方主导：由于医疗服务具有高度的专业性，医疗服务提供方和接受方存在信息不对称，医疗服务提供方通常处于主导地位，而消费者并不具备专业的医疗知识，需求带有较大的被动性，因此医疗服务提供方作为服务对象的代理人作出决策。这样，医疗服务提供方的决策就成为服务接受方能否合理选择医疗服务项目的关键所在。

③ 医疗服务的差异性大：医疗服务的每一项措施都是针对一个具体的人，而人体是一个复杂系统，每一个人都存在着个体差异，这就决定了医疗服务模式和服务手段具有个性化的特点。由于存在个体差异，同一患者在不同时期或者同一种疾病的不同患者，在临床症状、生理体征、生化指标、心理状况等方面都有可能不同，所以在检查、治疗、用药、剂量方面会存在很大差异。服务接受方高度的个性化差异直接影响医疗服务的费用、质量和效果。

④ 医疗服务的高风险性：第一，从服务对象看，医疗服务的供给涉及人的健康和生命，每一个服务对象都具有特殊性，存在个体差异；第二，由于疾病谱是不断变化和发展的，难以预测其趋势和结果，比如有些疾病早期临床表现与中期和晚期截然不同；第三，从医学本身看，医学科学的发展也有一定的局限性，疾病的诊断和治疗有其模糊性和经验性，一些治疗手段和药品还存在一定的毒副作用。

⑤ 医疗服务费用支付多源性：人在一生中都有可能遇到难以预测的突发性重大疾病风险，个人和家庭往往难以在短期内筹措并支付高额的医疗费用，需要通过政府再分配或者医疗保险来解决支付问题。实质上医疗服务的接受者并不是按照医疗消费的实际花费进行支付，这是医疗服务消费的独特之处，它改变了医疗服务供给方和服务接受方的消费行为，最终会影响医疗服务的质量、数量以及医疗服务的费用。

（2）医疗服务的形式。

① 门诊医疗服务：它是为那些去医院或者诊所寻求治疗但不需要整晚待在医院里的患者提供的一种医疗服务。传统的门诊流程通常包括排队挂号、预诊分诊、相应科室候诊，再经过医生预诊，如果诊断明确不需要进一步化验和检查，医生则根据病种和病情开处方，病人交费、取药或经门诊治疗后离院；如果诊断不明确则需要作进一步的检查，待诊断明确后患者取药、离院。门诊医疗服务是医院医疗服务的重要内容之一，也是检验医院医疗服务质量的重要窗口。

② 住院医疗服务：相对于门诊医疗服务而言，住院医疗服务是提供给患者至少超过一个整晚住院治疗的医疗服务形式，一般是针对比较严重的疾病或者伤残患者。住院医疗服务发生的频率小于门诊医疗服务，但是费用却远远高于门诊医疗服务，通常我们用住院次数、住院天数、次均住院费用等指标来衡量住院医疗服务的提供和利用。

③ 康复医疗服务：康复医疗的根本目的在于促进身体病、伤、残疾后身体的康复进程，设法使患者受限或丧失的身体机能最大可能地恢复正常，使其能够正常地学习、工作和生活。

④ 急救医疗服务：急救医疗服务是指在紧急情况下，在合适的地域内

提供人员、器械设备等，对重伤病人和急症病人进行院前救治的医疗服务，它还包括对病人的现场处理和将转运途中治疗情况提供给医院工作人员等项目。

2. 医疗保险的概念、特征和保障内容

（1）医疗保险的概念与特征。医疗保险是提供医疗费用保障的保险。当被保险人因疾病或者意外事故而发生医疗费用支出时可以得到经济上的帮助。保险金的给付通常是补偿被保险人由于住院、门诊诊疗或享受其他相关服务所发生的一切费用，一般包含门诊费用、住院费用、药品费用、手术费用、护理费用、医院杂费和各种检查费用等。在实际中，根据具体产品的不同，保障范围也有所不同。从精算的角度看，医疗保险的特征如下：

① 医疗保险金的给付具有补偿性：补偿是对被保险人因疾病或意外事故导致的伤残医治所发生的医疗费用支出和所发生的其他费用损失给予经济上的补偿。

② 医疗保险的保险费计算和责任保险金的提存方式与其他保险不同：由于医疗保险的补偿性，保险人预期赔付是不确定的，所以保费计算与责任准备金的提取依赖于对将来医疗保险损失的准确预测。

③ 医疗保险索赔率的预测难度大，费用难以控制：每个人都会遇到疾病风险，有的人甚至会多次遇到这种风险，但医疗保险索赔率波动大，较难预测，每个人每次医疗开支也会存在较大差距。因此，医疗保险相对于其他保险项目来讲，其风险的预测和费用的控制是一个重要问题。

（2）医疗保险的保险责任。

① 保险期限和责任期限：保险期限是指保险人对保险合同约定的保险事故所造成的损失承担给付保险金责任的时间段。如果被保险人在保险期内患病但在保险期内还未治愈，从患病之日起不超过责任期限内所支出的医疗费用也由保险人提供补偿保险金，医疗保险的责任期限一般可定为90日、180日、360日不等，以180日居多。

② 保障项目：被保险人患病治疗过程中，医疗费用涉及的范围很广，既有治疗疾病的直接费用，如药费、手术费，又有与治疗疾病无关但患者必须支出的费用，如假肢费、整形费。一般来说，保险人均会列入保障范围的费用有：药费、手术费（包括麻醉师费和手术室费）、诊断费、专家会诊费、化疗费、输血输氧费、检查费（包括心电图、CT、核磁共振等）、拍片透视费、理疗费、处置费、换药费及X光疗费、放射疗费等。有些费用是否属于保障范围，则视保险单的具体规定而异，如住院床位费、家属陪护费、取暖费、异地治疗交通费等。另外，还有一些费用是作为除外责任的，如病人的膳食费、滋补药品费、安装假肢假牙假眼费、美容性整形

整容费、器官移植的器官费用等。但对于上述费用，不同保险人提供的医疗保险，其保障范围和除外责任范围也不一定相同。

（3）医疗费用分摊方式。医疗费用分摊条款是医疗保险常用条款之一，通常采取免赔额和比例给付两种形式。除此之外，还有限额给付法和免责期限（即在合同生效的最初一段时间内，保险人对被保险人发生的保险事故不负赔付责任，以减少带病投保现象，降低保险人的经营风险）等方式。目前国内常用的医疗费用分摊方式有：

① 免赔额：是指在保险事故导致的损失中由被保险人自己承担的金额。被保险人发生的医疗费用在免赔额以下的部分由自己承担，超额部分由保险人补偿。具体形式包括每次事故固定金额免赔、每次事故固定比例免赔、日历年度固定金额免赔和日历年度固定比例免赔。

② 比例给付：保险人对超过免赔额的部分按照约定的比例给予补偿，如80%，剩余的20%则由被保险人承担。

③ 限额给付：不论被保险人在保险期限内一次患病还是多次患病，保险人只对该限额内的医疗费用予以补偿，当实际医疗费用超过规定限额后，超额部分不予补偿。它可能是一个终身限额，也可能是一次医疗行为的总限额；可能是某一类医疗费用的限额，也可能是住院医疗的每日限额。

（4）保证续保条款。该条款是指在前一保险期间届满后，投保人提出续保申请，保险人必须按照约定费率和原条款继续承保的合同约定。含有保证续保条款的医疗保险产品，应当明确约定保证续保条款的生效时间。含有保证续保条款的医疗保险产品不得约定在续保时保险人有调整保险责任和责任免除范围的权利。目前，市场上的医疗保险的保证续保条款可以分为三类：

一是首年保证续保条款，含有首年保证续保条款的保险产品，只要被保险人通过首年的投保审核，便可直接享有保证续保权，续保时，保险人不得因被保险人的健康状况发生变化而拒绝其继续投保，或者对个人提高保险费，增加除外责任，但是保险人有时会规定一个保证续保权终止额度，超过了这个额度，就不再保证续保了。

二是准保证续保条款，少数公司推出了投保 3 年后可以申请保证续保的医疗保险，即消费者投保的前 3 年，保险人年年核保，如果被保险人通过核保，便可在 3 年后申请每年保证续保。这样，保险人可以避免道德风险，消费者也能获得长期、稳定的保障。

三是每 5 年保证续保条款，目前，大部分医疗保险将保证续保期限设置为 5 年，即如果消费者连续投保（或续保）医疗保险产品满 5 年，经保险人重新审核并同意继续承保后，保证续保期间将再延续 5 年。

2.1.2 国外医疗保险的主要险种

国外医疗保险的险种种类繁多，以美国为例，根据保障的费用项目和补偿内容的不同，一般将医疗费用保险分为以下三种：

（1）**基本医疗保险**（Basic Medical Insurance）。又称“普通医疗保险”（General Medical Insurance），负责补偿被保险人因疾病或意外伤害所导致的基本医疗花费，保障限额较低，一般在几万元左右，基本的保险责任有住院医疗费用保障和手术医疗费用保障。

（2）**综合医疗保险**（Comprehensive Medical Insurance）。又称“大病医疗费用保险”（Major Medical Insurance）。它能对合理、必须的常规医疗费用进行补偿，不管在项目范围还是补偿程度上都远远超过基本医疗保险。所谓“合理、必须的常规医疗费用”是一个相对的范畴，具有变动性、地域性和阶段性特点，在不同时期、不同地区有不同的标准和内涵。为了确定某一地区特定医疗服务项目的合理、必须的常规费用，保险人经常需要利用全国性的医疗服务费用数据，针对不同地区分别编制这一费用标准。保险人一般将该标准作为该医疗服务费用的最高给付额，但当实际花费低于这一标准时，则按照实际医疗费用给付。综合医疗保险有很明显的费用分担机制，多数综合医疗保险都采用免赔额和比例给付这两种费用分担机制，其保险责任一般包括：

① 住院床位费：综合医疗保险对住院床位费的补偿一般是双人间病房的床位；

② 检查检验费：包括各种实验室检查、X 光检查和超声波等仪器检查费用的补偿；

③ 手术费：包括对手术费、麻醉费和手术室费用的补偿；

④ 诊疗费：综合医疗保险能对各类诊断和治疗费用进行补偿，除了医生诊断费和一般的药物治疗以及护理费用外，还包括各种物理治疗费、氧气费和输血费等；

⑤ 药费。

（3）**补充医疗保险**。基本医疗保险和综合医疗保险都可以作为社会医疗保险的替代品，但当投保人只需要特定的医疗费用保障时，补充医疗保险（Supplemental Medical Insurance）就应运而生了。常见的补充医疗保险产品有：

① 住院津贴保险（Hospital Indemnity Insurance）：又称“住院补贴保险”，其保险金的给付不以被保险人的实际住院费用为基础，而是根据住院日数按日给付住院津贴，或根据手术等治疗项目的使用次数按次给付治疗津贴。

② 补充型高额医疗费用保险（Supplemental Major Medical Expense Insurance）：是补充医疗保险的一种重要形式，是补偿基本医疗保险支付限额以上的医疗花费的一类医疗保险。补充型高额医疗费用保险的投保人是已

有公营或私营基本医疗保险保障的团体或个人，保险责任是对基本医疗保险支付限额以上，合理、必须的医疗费用按一定的比例进行补偿。

③ 特殊疾病医疗保险（Specified Disease Insurance）：以被保险人罹患特定疾病为保险事故，当被保险人被确诊为患有某种特定疾病时，保险人对被保险人治疗该病的医疗费用进行补偿，以满足被保险人的经济需要。特殊疾病医疗保险可以仅承保一种特定疾病，也可以承保若干种特定疾病。

④ 特种医疗费用保险：特种医疗费用保险一般包括牙病、处方药、眼科检查和视力矫正、器官移植和意外伤害医疗保险。

2.1.3 国内医疗保险的主要险种

在国内，医疗保险根据其给付性质分为费用补偿型医疗保险和定额给付型医疗保险。

1. 费用补偿型医疗保险

费用补偿型医疗保险是指根据被保险人实际发生的医疗费用支出，按照约定的标准确定保险金数额的医疗保险，其给付金额不得超过被保险人实际发生的医疗费用金额，其产品责任与主要条款见表 2－1。

表 2－1　国内个人费用补偿型医疗保险产品的责任与主要条款

险　种	费用补偿型医疗保险
投保范围	出生 30～60 天以上，55～65 周岁以下的身体健康者，有的险种可续保至 70 周岁。
保险期限	一般为 1 年。
等待期	一般为 30 天、60 天、90 天，续保无须经过等待期。
缴费方式	一次性缴清。
保险责任	因意外伤害或因疾病住院诊疗，住院之日起发生的符合当地基本医疗保险管理部门规定的各项医疗费用（有些高端医疗保险产品不受国家医保限制（不限医院、不限用药类别）），一般包括药品费、住院费、治疗费、检查费和材料费。有的公司对住院前后一定天数（一般 15～30 天）的门诊费用也按一定比例给付保险金（参加社保的被保险人，一般是在扣除社保、公费医疗或其他途径已经补偿的部分后，按比例给付保险金）。
免赔额	无（未参加社保的被保险人，通常设有 300～500 元不等的免赔额）。
最高限额	每次住院天数一般为 90～180 天，给付最高限额一般为合同约定的保险金额。
除外责任	一般包括投保人对被保险人的故意杀害或伤害；被保险人的故意犯罪或拘捕；被保险人斗殴、醉酒、自杀或故意自伤等情形。
保证续保	各公司规定不同。有的约定连续续保若干年后，拥有保证续保的权利；有的公司则没有进行相关的说明。

目前国内市场上的普通住院医疗保险产品大部分是补偿型的，一般有一定的比例给付，给付时要求及时准确地确定医疗费用。意外伤害医疗保

险一般作为意外伤害保险的附加责任，个人和团体都可以投保，也采取补偿的方式给付医疗保险金，一般规定有90天或180天的责任期限。门诊医疗保险多以附加险形式出现，也以补偿型居多，但多为团体形式。目前国内大多数高额医疗费用保险也是费用补偿型的，其起付线一般为城镇职工基本医疗保险的“封顶线”。近来市场上还出现了所谓的高端医疗保险，是专门针对高端人群设计的超高保额并突破社会医疗保险限制的补偿型医疗保险产品（补偿比例为100%）。

2. 定额给付型医疗保险

定额给付型医疗保险是指按照约定的数额给付保险金的医疗保险。保险人按照被保险人住院天数以及手术项目给付保险金，保险金的数目依住院天数以及手术项目的不同而定。这种给付方式一般不需要提供医疗费用单据，保险人只要按照合同规定的补贴标准，对投保人进行赔付，而且和其他社会医疗保险的给付并不发生矛盾，其产品责任与主要条款见表2－2。

表2－2　　国内个人定额给付型医疗保险产品的责任与主要条款

险　种	定额给付型医疗保险
投保范围	出生30～60天以上，55～65周岁以下的身体健康者，有的险种可续保至70周岁。
保险期限	一般为1年。
等待期	等待期一般为30天、60天、90天，续保无须经过等待期。
缴费方式	一次性缴清。
保险责任	• 一般包括一般住院日额保险金、重大疾病住院日额保险金和其他保险金给付责任。 • 一般住院日额保险金：因意外伤害或疾病在“定点医院”住院治疗，从超过免赔天数（通常0～3天）开始获得日额保险金，累计给付天数一般最高为180天。 • 重大疾病住院日额保险金：因患重大疾病，经医院诊断必须住院治疗，按实际住院天数给付，累计最高给付天数通常为180天。 • 其他保险金给付责任包括器官移植保险金、手术医疗保险金、手术麻醉意外定额、康复疗养保险金、重症监护病房保险金、急救交通补贴保险金等。
除外责任	一般包括投保人对被保险人的故意杀害或伤害；被保险人的故意犯罪或拘捕；被保险人斗殴、醉酒、自杀或故意自伤等情形。
保证续保	各公司规定不同。有的约定连续续保若干年后，拥有保证续保的权利；有的公司则没有进行相关的说明。

目前国内市场上的定额给付型的保险常被称为“住院津贴/补贴保险”，被保险人因疾病经医院诊断必须住院治疗的，在扣除免赔天数（一般为3天，意外伤害医疗保险通常没有免赔天数）后开始给付住院日额保险金。手术医疗保险金通常按保单内约定的各项手术的最高给付额定额给付，当

被保险人经医院诊断必须住院治疗且施行器官移植手术者，还可按合同规定给付器官移植保险金。由于保险人能够对定额给付型医疗保险产品进行较好的风险控制，该类产品成为目前国内商业健康保险市场上比较成熟的、销售较好的医疗保险产品。

§2.2　医疗保险损失分布

医疗保险的被保险人接受医疗服务后可以获得部分或者全部医疗费用的补偿，这部分被补偿的医疗费用叫做“医疗保险损失”。对医疗保险损失成本的估计和对其损失分布的探究是医疗保险精算的基础。为此，本节将系统讨论医疗费用和医疗保险损失分布的相关内容。

2.2.1　常见的医疗保险损失分布

从风险计量的角度来讲，医疗保险中的医疗费用支出是因疾病或意外伤害造成的不确定损失。如果能够准确估计年损失总额的概率分布，就能得到保费计算时所需的诸多参数，如损失发生的概率、每年的平均损失、损失额的波动范围等。所以，研究医疗保险的损失分布或实际医疗费用的分布是进行医疗保险精算的基础。实际上，医疗费用与给付额是两个不同但又密切相关的概念，医疗费用通常指被保险人发生健康损失的实际大小，是由于疾病或意外而就医发生的门诊、住院、药物、医学检验等的成本；而给付额则指保险人按承保合同规定的保险责任所支付的实际费用。

在医疗保险中，通常规定有免赔额、自付比例和封顶线，即损失超过一定数额，保险人才赔付，但仅赔付一定的比例，且有最高赔付额的规定。而当损失在免赔额以下时，保险人不予赔付。若记 X 为医疗费用总额，其分布函数为 $F(x)$，密度函数为 $f(x)$，Y 为保险人支付的实际赔款，其分布函数记为 $F_Y(x)$，密度函数 $f_Y(x)$，则赔付额 Y 应该是对实际损失变量 X 的一种修正，在免赔额为 d、赔付比例为 h、封顶线为 u，有两种记录赔付额的方法：

$$Y=\begin{cases}0, & X\leqslant d\\ hX, & d<X\leqslant u\\ hu, & X>u\end{cases}\tag{2.1}$$

以及

$$Y=\begin{cases}0, & X\leqslant d\\ h(X-d), & d<X\leqslant u\\ h(u-d), & X>u\end{cases}\tag{2.2}$$

当理赔额采用相对免赔额即式（2.1）的形式时，Y 的分布函数为：

$$F_Y(y)=P(X\leqslant y/h)=\begin{cases}F_X(d), & y=0\\ F_X(y/h)-F_X(d), & hd<y\leqslant hu\\ 1, & y>hu\end{cases}\tag{2.3}$$

若 $F_Y(x)$ 可导，Y 的密度函数可通过求导得到：

$$f_Y(y)=\begin{cases}F_X(d), & y=0\\ \dfrac{1}{h}f_X(y/h), & hd<y\leqslant hu\\ 0, & y>hu\end{cases}\tag{2.4}$$

当理赔额采用绝对免赔额即式（2.2）的形式时，则有：

$$\begin{aligned}F_Y(y)&=P(X\leqslant y/h+d)\\&=\begin{cases}F_X(d), & y=0\\ F_X(y/h+d)-F_X(d), & 0<y\leqslant h(u-d)\\ 1, & y>h(u-d)\end{cases}\end{aligned}\tag{2.5}$$

及

$$f_Y(y)=\begin{cases}F_X(d), & y=0\\ \dfrac{1}{h}f_X(y/h+d), & 0<y\leqslant h(u-d)\\ 0, & y>h(u-d)\end{cases}\tag{2.6}$$

这样，当医疗费用损失变量 X 的分布拟合出来之后，就可得到给付额 Y 的分布函数和分布密度。

1. 几种常见的医疗保险损失分布

从以往的研究经验和研究成果可知，医疗保险损失分布是非正态、右偏的，带有一条长长的“尾巴”。这条长长的“尾巴”代表着高额的赔付，这将影响保险人财务的稳定，所以其尾部特征是保险人尤其重视的。又由于这条尾巴经常呈现“厚尾”的形态，医疗保险精算通常采用双参数和多参数的分布模型来拟合医疗费用损失大小，其中伽玛（Gamma）分布、对数正态（Log Normal）分布、帕累托（Pareto）分布、广义帕累托分布、韦伯（Weibull）分布和布尔（Burr）分布应用比较广泛（具体的各分布的介绍请参考一般的概率统计教材）。

伽玛分布属于右偏型的，其尾部比指数分布要厚，因此在一些健康保险精算文献中，精算师们用它来拟合索赔额大小数据，且效果比较令人满意。对数正态分布的密度函数趋于零的速度慢于伽玛分布，因此具有比伽玛分布更厚的尾部。在拟合高额损失数据偏多的数据时，对数正态分布的拟合效果比伽玛分布理想，且对数正态分布具有可乘性，这一性质对后面的叠加模型用处很大。很多文献表明，医疗费用数据用对数正态分布拟合都有较好的效果。帕累托分布收敛于指数分布。相对于伽玛分布而言，帕累托分布的右偏程度更明显（尾部不一定很厚），因此经常对比较大（超过均值）的损失数据有过拟合现象。而广义帕累托分布是三参数的，所以在理论上更容易找到较好的拟合。韦伯分布的特点为：当 $\tau>1$ 时，它趋于零的速度很快，即尾部很薄，在一定条件下发生特大赔付的概率很小。当 $\tau=1$ 时，退化成指数分布。布尔分布在社会医疗保险中经常用到，帕累托分布是布尔分布的特例。事实上在精算实践中，我们还是很难找到与医疗保险损失匹配得非常好的单个理论分布，这时候可以用两个或多个理论分布的加权来拟合（可参考文献：Jacques Rioux and Stuart Klugman（2006）. Toward a Unified Approach to Fitting Loss Models. North American Acturial Journal，10（1）：63 –83.）。

2. 各分布尾部厚度的比较

当我们用参数分布去模拟医疗保险损失额度时，给出发生高额医疗费用损失的概率是非常重要的。一个分布的尾部越厚，我们越要对大的损失有所防备。通常用来比较医疗保险损失分布尾部厚度的方法有下面几种：

（1）正的原点矩或者中心矩存在的越多，尾部厚度就越薄。对一个伽玛分布而言，所有的正的原点矩都是存在的；但是对一个帕累托分布而言，只有 k 阶矩才存在，其中 $k<\alpha$。因此 α（α 为帕累托分布的形状参数）越小，尾部越厚。要比较两个分布的尾部厚度时，我们可以求解两个生存函数之比的极限，或者相对密度函数之比的极限，极限趋于无穷大意味着在分母位置的分布尾部厚度更大。如比较参数为 θ 的指数分布与参数为 α 和 θ 的伽玛分布时，指数分布与伽玛分布的密度函数之比为：

$$\frac{\Gamma(\alpha)\frac{1}{\theta}e^{-x/\theta}}{x^{\alpha-1}\theta^{1-\alpha}e^{-x/\theta}}=\Gamma(\alpha)\theta^{2-\alpha}x^{1-\alpha} \tag{2.7}$$

如果 $\alpha<1$，显然其极限趋于无穷大，所以，伽玛分布的尾部更厚；如果 $\alpha>1$，则得出的结论相反。通过这样的方法我们可以知道，当 $x\to\infty$ 时，帕累托的密度函数比伽玛分布的密度函数更大。例如，一个 $\alpha=3$、$\theta=10$ 的帕累托分布，与 $\alpha=1/3$、$\theta=15$ 的伽玛分布，它们有相同的均值 5 和方差 75，伽玛分布的图形以一条直线的方式下降，与指数分布的图形类似；而帕累托分布的图形下降得更缓慢，对伽玛分布而言，α 越小，尾部就越厚。尽管如此，$\alpha=1/3$ 的伽玛分布的尾部要比 $\alpha=1/3$ 的帕累托分布的尾部更薄。

（2）风险率函数递增，尾部越薄；风险率函数递减，尾部越厚。风险率函数 $h(x)=f(x)/S(x)$，其中 $f(x)$ 为概率密度函数，$S(x)=1-F(x)$ 为生存函数。对伽玛分布而言，可以得出，如果 $\alpha=1$，$\lim\limits_{x\to\infty}h(x)=1/\theta$，这与指数函数的风险率函数是相等的；如果 $\alpha>1$，$h(x)$ 递增；$\alpha<1$，$h(x)$ 递减。对帕累托分布而言，

$$h(x)=\frac{f(x)}{S(x)}=\left(\frac{\alpha\theta^{\alpha}}{(x+\theta)^{\alpha+1}}\right)\left(\frac{x+\theta}{\theta}\right)^{\alpha}=\frac{\alpha}{x+\theta} \tag{2.8}$$

当 $x\to\infty$ 时，此风险率函数递减。

对韦伯分布而言，风险率函数为 $h(x)=\frac{\tau x^{\tau-1}}{\theta^{\tau}}$，所以当 $\tau>1$ 时，$h(x)$ 递增；反之亦然。所以 τ 越大，尾部越薄。

（3）平均余命函数（Mean Residual Life Function）递增意味着尾部越厚；反之亦然。指数函数的平均余命函数是一个常数，而帕累托分布的平均余命函数是线性递增的，因此帕累托分布的尾部更厚而指数分布的尾部则中等。可以证明，风险率函数递减，则平均余命函数递增；风险率函数递增，则平均余命函数递减。反过来却不一定成立，即平均余命函数递增，风险率函数却不一定递减。

掌握了几种常见的理论分布的特征以及各分布尾部的比较后，对于医疗保险损失数据，我们可以先算出样本数据的某些特征（比如样本矩、样本众数、样本分位数、样本平均余命函数等），然后根据样本数据的特征，选取相对可能的理论分布。

2.2.2 医疗保险损失分布的拟合方法

1. 对样本数据的直观描述

拿到数据后的第一步就是对样本数据作大致的描述。描述性统计包括统计资料的搜集以及对搜集到的资料用图表和一些概括性的数字作说明的统计方法。常用的描述性统计方法需要计算样本的各种数字特征，包括样本均值、中位数、方差、偏度、峰度、任意的分位数和众数等，另外还可画出直方图以及经验分布图等。在对医疗保险损失进行分布拟合之前，我们必须先大致判断样本数据服从何种分布，然后用其最接近的分布方式对其进行拟合和参数估计。

（1）频率分布直方图。在直角坐标系中，横轴表示样本数据，纵轴表示频率与组距的比值，将频率分布表中各组频率的大小用相应矩形面积的大小来表示，由此画成的统计图叫做“频率分布直方图”。在频率分布直方图中，每个矩形面积恰好等于样本值落在该矩形对应的分组区间内的频数，所有矩形面积之和等于频数总和1，频率分布直方图中小矩形的面积近似反映样本数据落在某个区间内的可能性的大小，故它可以近似地描述样本数据的分布状况。

（2）经验分布图。经验分布就是累积频率，相应于 $f_n(x)$（频率折线）的累积频率函数记为 $F_n(x)$，称为“经验分布函数”。$F_n(x)$ 是 x 的跳跃增函数，在每个无重复值 x_i 处跳跃 $\frac{1}{n}$，$0\leqslant F_n(x)\leqslant 1$。当 $X_2,X_2,\cdots,X_n$ 是某总

体 $X \sim F(x)$ 的独立同分布样本时，统计学上可以证明 $F_n(x)$ 依概率收敛于 $F(x)$，所以当 n 比较大时，可以用 $F_n(x)$ 近似代替 $F(x)$。

2. 分布的初步拟合

（1）直观图形法。用 $P-P$ 图和 $Q-Q$ 图可以较直观地判断样本是否较好地服从某一分布。

①$P-P$ 图。$P-P$ 概率图是根据变量的累积比例对所指定的理论分布累积比例绘制的图形，它是一种直观的探查样本数据是否与某个概率分布的统计图形一致，如果被检验的数据符合所指定的分布，代表样本数据的点分布在一条直线上。与 $P-P$ 图同步的，有趋势 $P-P$ 图，该图反映的是按理论分布计算的理论值和实际值之差的分布情况，即分布的残差图。若数据服从理论分布，则数据点将较均匀的分布在 $Y=0$ 这条直线上下。

②$Q-Q$ 图。$Q-Q$ 图与 $P-P$ 图的原理和用法基本一致，也可以用于分布的检验，所不同的是，$Q-Q$ 概率图采用的是变量数据分布的分位数与指定分布的分位数之间的曲线来进行检验。

（2）参数估计。在直观的判断医疗费用数据的分布形态后，采用现有的分布形式对其进行拟合，初步选定分布函数类型之后，需要确定该分布中的参数从而得到确切的分布。对分布的参数估计通常有矩估计法（包括变换矩估计法）、极大似然估计法、分位数法、最小距离法、最小 χ^2 法、贝叶斯估计以及 MCMC 方法，这些估计的基本方法在一般的统计教科书上都可以找到。

（3）非参数估计。当数据较少或参数方法拟合的效果不满意时，我们可以求助于非参数估计的方法。非参数方法始于直方图法，后来发展为 Rosenblatt 法、k－邻近法、Parzen 核密度估计法等，其中理论发展最完善的是核密度估计方法。若令 X_2，…，X_n 表示样本 f 的观察值。核密度估计中的核定义为任意的一个光滑的函数 K，满足

$$K(x)>0, \int K(x)dx=1, \int x\,K(x)dx=0 \text{ 且 } \sigma_K^2 \equiv \int x^2\,K(x)dx>0$$

最常见的核有两种，一是叶帕涅奇尼科夫内核（Epanechnikov Kernel），即：

$$K(x)=\begin{cases}\frac{3}{4}(1-x^2/5)/\sqrt{5}, & |x|<\sqrt{5}\\ 0, & \text{其他}\end{cases} \tag{2.9}$$

二是高斯核（Gaussian Kernel），也可称为正态核：$K(x)=(2\pi)^{-1/2}e^{-X^2/2}$。若给定一个核函数 K 和一个正数 h，称 h 为带宽，核密度估计定义为：

$$\hat{f}_n(x)=\frac{1}{n}\sum_{i=1}^{n}\frac{1}{h}K\left(\frac{x-X_i}{h}\right) \tag{2.10}$$

带宽决定了数据的平滑度。当 h 趋近于0，各点之间的权重由于距离的

影响而出现大的落差，因而$\hat{f}_n(x)$是 n 个以样本点为中心的尖脉冲的叠加，就好像是一个充满噪声的估计。当 h 趋近于无穷时，$\hat{f}_n$ 接近为均匀密度函数。

图2－1、图2－2表明，当带宽取太小时，变量 X 的密度图出现了四个众数（峰），而带宽取太大时则可能将数据应有的双峰现象被“光滑”为单峰了。可见核密度估计既与样本有关，又与核函数及带宽的选择有关。在给定样本后，一个核密度估计的好坏，取决于核函数及带宽的选择是否得当。往往有一个跟样本量相关的最优的带宽，在估计出最优的带宽后，就可以通过样本对总体的密度进行估计。

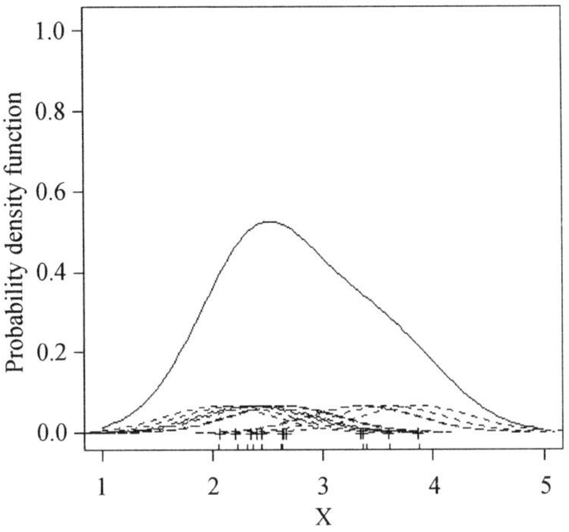

图2－1 带宽太大时核估计图

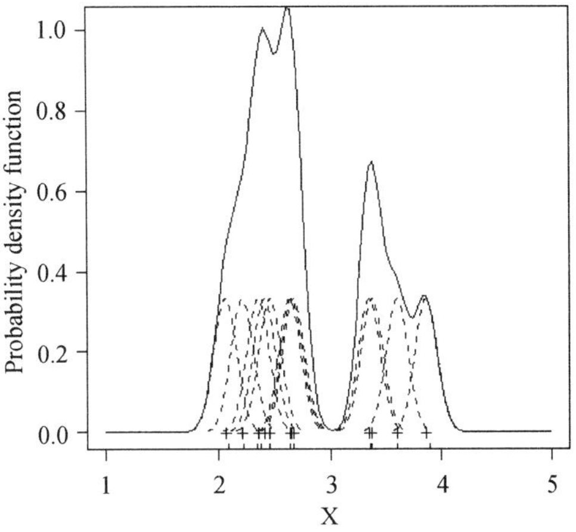

图2－2 带宽太小时核估计图

3. 拟合优度检验

在参数估计出来之后还要进行拟合优度的检验，即判断一组样本观测值与某个已知分布函数是否吻合的方法。并在此基础之上，还需要比较几种分布模型拟合的优劣。所以说拟合优度检验既是参数估计的开始，又是参数估计的结尾，扮演着不断循环的角色。目前常用的拟合优度检验有 χ^2 检验、K－S 检验和 A－D 检验等。其中 K－S 检验和 A－D 检验又叫做“基于经验分布函数的拟合优度检验”，因为其检验统计量是基于样本经验分布函数$F_n(x)$与所拟合参数分布函数之间的差异而建立起来的。具体检验方法可以参见有关文献（茆诗松：《统计手册》，科学出版社 2003 年版）。

4. 高额医疗费用损失分布的处理

高额医疗费用保险是医疗费用保险中的一种特殊形态，它通常有一个较大的免赔。假设医疗费用为随机变量 X，那么高额医疗费用保险承保的责任可以用 $X-u\,|\,X>u$ 来表示，u 为高额医疗费用保险的起付线，我们要

研究 $X-u|X>u$的分布。如果有了医疗损失 X 的分布，那么我们可以比较容易地得到高额医疗保险损失的分布。

如用 Y 来表示 $X-u|X>u$，则

$$Y=\begin{cases}0, & 0<X<u \\ (X-u), & u\leqslant X<R+u \\ R, & R+u\leqslant X<\infty\end{cases} \tag{2.11}$$

式中，R 为高额医疗费用保险的赔偿限额，u 为起付线，Y 的分布函数 $F_Y(x)$ 当 $x>0$ 时为：

$$\begin{aligned}F_Y(x) &= P(Y\leqslant x)=P(X-u\leqslant x|X>u)\\ &=\frac{P(X-u\leqslant x,X>u)}{P(X>u)}\\ &=\frac{F(x+u)-F(u)}{1-F(u)}\end{aligned} \tag{2.12}$$

概率密度函数为：

$$f_Y(x)=\frac{d}{dx}F_Y(x)=\frac{f(x+u)}{1-F(u)},X>0 \tag{2.13}$$

平均损失额为：

$$\begin{aligned}E[Y] &= \int_u^{R+u}(x-u)f_u(x)dx+R(1-F_u(R+u))\\ &=\int_u^{u+R}(x-u)\frac{f(x)}{1-F(u)}dx+R\left(1-\frac{F(R+u)-F(u)}{1-F(u)}\right)\\ &=\frac{E[X;R+u]-E[X;u]}{1-F(u)}\end{aligned} \tag{2.14}$$

式中，$E(X;u)$为有限期望函数，定义为 $E[X;u]=\int_{-\infty}^{u}xf(x)dx+u[1-F(u)]$。可见 $E[X;u]$ 是 u 的一个函数，对非负随机变量 X，$E[X;u]$ 对任意$u>0$都存在，此时定义可以改为 $E[X;u]=\int_0^u xf(x)dx+u[1-F(u)]$，有限期望函数 $E[X;u]$ 是 u 的增函数，当 X 的数学期望有限时，$\lim_{u\to+\infty}E[X;u]=E[X]$。

2.2.3 医疗费用增长及其预测方法

近年来，医疗费用一直呈现逐年上升的趋势。2007 年美国的医疗卫生总费用2.2 万亿美元，人均7 421 美元，占美国 GDP 的 14 .2%；2008 年达到了 2.5 万亿美元，人均 8 160 美元，占 GDP 的比例上升到了 17.6%。就我国而言，表 2－3 显示，从人均医疗费用来看，门诊费用和住院费用均有不同程度的增长。而且除个别年份外，医疗费用的增长都超过了同期消费物价指数的增长。

表 2-3 我国卫生部门综合医院门诊和住院病人人均医疗费用及涨幅情况

年份	2002	2003	2004	2005	2006	2007	2008
门诊病人人均医疗费用（元）	99.6	108.2	118	126.9	128.7	135.8	146.5
住院病人人均医疗费用（元）	3579.7	3910.7	4284.8	4661.5	4668.9	4964.4	5463.8
门诊病人人均医疗费用上涨%	6.4	8.6	9.1	7.5	1.4	5.5	7.6
住院病人人均医疗费用上涨%	10.9	8.7	9.6	8.8	0.2	6.3	9.5
同期消费物价指数增长%	-0.8	1.2	3.9	1.8	1.5	4.8	5.9

资料来源：根据卫生部网站 http：//www.moh.gov.cn/中公布的 2002—2008 年中国卫生事业发展情况统计公报整理而得；同期消费物价指数增长根据中经网统计数据库整理而得。

随着社会经济发展、居民医疗卫生服务需求的增加和医疗服务技术的进步，医疗费用的增长成为一种必然的趋势。分析医疗费用的增长，预测其增长速度则是长期医疗费用保险精算定价和准备金提取的依据。常用来预测医疗费用增长的方法有：

1. 回归分析

回归分析预测法是通过研究分析一个因变量对一个或多个自变量的依赖关系，从而通过自变量的已知或设定值来估计和预测因变量均值的一种预测方法。即是在分析自变量和因变量之间相关关系的基础上，建立变量之间的回归方程，并将回归方程作为预测模型，根据自变量在预测期的数量变化来预测因变量。当我们对医疗费用未来发展状况和水平进行预测时，如果能将影响医疗费用的主要因素找到，并且能够取得其数量资料，就可以采用回归分析预测法对其发展趋势进行预测。在用回归分析预测法对医疗费用进行预测时，必须找到影响医疗费用的主要因素，大量研究文献表明，年龄、性别、就医医院的级别、有无医保、住院天数、所在科室、是否手术等对医疗费用增长有重要影响，将这些因素作为自变量、医疗费用作为因变量，依据它们的历史统计资料进行计算，即可建立多元线性回归模型。利用模型计算医疗费用的预测值并对预测值进行综合分析，即可确定最后的预测值。

2. 时间序列

迄今为止，对医疗费用按时期变动进行解释或预测，是通过某个单方程回归模型或联立方程回归模型进行的。然而，如果其波动的主要原因可能是我们无法解释的因素，则利用结构式模型来解释医疗费用的变动就比较困难或不可能，因为要取得相应的量化数据，并建立令人满意的回归模型是很困难的。有时，即使能估计出一个较为满意的因果关系回归方程，但由于对某些解释变量未来值的预测本身就非常困难，甚至比预测被解释变量的未来值更困难，这时因果关系的回归模型及其预测技术就不适用了。在这些情况下，我们可采用另一条预测途径：通过医疗费用时间序列的历史数据，得出关于其过去行为的有关结论，进而对时间序列未来行为进行推断，预测未来的变化趋势。

如果保险人有足够单位时间数量的损失数据，也可以先用参数估计的方法拟合每年的损失分布，然后对每年损失分布的参数做一个时间序列模型去预测下一年度的参数，从而得到下一年度的损失分布及其我们需要的特征值（具体方法可参考文献：Vasileios Keisoglou（2005）. Application of Statistical Methods in the Determination of Health Loss Distribution and Health Claims Behaviour. Technical Report. Department of Mathematical Statistics at Stockholm University）。

如果我们的数据形态既有横截面的数据，又有时间序列（纵向）的数据，那么我们也可以尝试面板数据的分析方法。面板数据的分析方法可以参见某些计量经济学的教材［比如：Jeffrey M. Wooldridge(2004). Introduction Econometrics: A Modern Approach（Third Edition). 清华大学出版社］。

§2.3 医疗保险精算

2.3.1 医疗保险定价与费率调整

1. 医疗保险保费厘定的主要内容

（1）保费厘定所需的统计资料。在进行医疗保险保费厘定时，为了对疾病发生率和疾病持续时间等作出一个合适的假定，精算师必须依靠一定的既往统计资料。这些可利用的统计资料分为：

①外部资料：医疗保险精算中所用的外部资料，是指来自保险机构外部的一切与保险业务有关的资料。目前国内精算实践中可利用的外部资料主要有各种公开发表的有关疾病发生率、各类疾病的实际医疗费用、平均住院天数、意外伤害发生率、平均住院费用、次均门诊费用等统计资料。而在北美，保险公司最通常的外部资料是各大咨询公司搜集的行业数据。他们的数据较公共数据更具有可信性，也往往更准确。由于在新产品开发中，外部资料往往是唯一可用的数据，因此，利用外部资料时，必须注意审查资料的可信度和权威性，还要注意资料的观察基础是否与厘定时的情况一致，即该资料所属地区和人群的基本特征是否与被保险人群相同，资料的可移植性如何及搜集方法是否恰当等。

②内部资料：医疗保险精算中可利用的内部资料，是指反映保险机构内部各地区、各部门和各类医疗保险业务经营状况的资料，包括各类保险业务的承保人数、保险费收入、申请索赔的人数、人均申请索赔次数、次均赔付金额以及据此测算出的其他相关数据和指标等。由于外部资料通常不能完全满足精算的需要，测算结果的可信度也较差，如果保险人自己拥

有足够的内部资料以供保费厘定之用，那么会大大增加结果的可信度。当然对于新产品的开发，保险人只能利用外部资料，但是在产品经营过程中，做好医疗保险经营过程中相关业务数据的积累和统计分析是保险精算中非常重要的一项工作。

（2）纯保费的计算。

①风险保费的计算：医疗保险的风险保费，是恰好补偿预期承保风险成本的保费，未包括安全附加和管理费用。假设个体在单位时间内索赔的次数为 N，每次赔付的数额为 X_i，并且假设 X_i，$i=1$，2，…独立同分布，X_i 与 N 也是独立的，那么该个体面临的未来总损失（赔偿）$S=X_2+X_2+\cdots+X_N$，根据净保费原理，医疗保险纯保费应等于未来赔偿的预期。即

$$p_{net}=ES=E(\sum_{i=1}^{N}X_i)=E(N)E(X) \tag{2.15}$$

计算医疗保险的简单纯保费时，需要估计 EN 和 EX。如果我们简单地假设其分别为 p 和 $\bar{x}$，则纯保费 p_{net} 就是两者的乘积，即：

$$p_{net}=p\times\bar{x} \tag{2.16}$$

这里将赔付频率和次均赔付额分别考虑是由于在多数情况下，影响赔付频率和赔付额的因素往往是不同的，分别考虑有利于赔付率和赔付额的准确估计。

②安全附加的计算：在计算人寿保险的保费时，由于计算保费所用的生命表是根据大量人群的统计数据得来的，安全附加费的重要性较小。而在医疗保险的保费时，由于很难得到符合精算要求的发病率和医疗费用数据，经常需要考虑附加一定的安全费用。所以，在医疗保险纯保费的计算过程中，还要根据具体情况在简单纯保费的基础上加一定的安全附加费。通常，安全附加费是在简单纯保费的基础上加上10% ~30%的安全系数。

③保险因子的计算：保险因子（Insurance Factor）反映的是引进保险机制后使被保险人医疗需求和费用增加或减少的效应，简记为 $f(R)$，表示补偿比例为 R 时的医疗费用是无保险（即补偿比例 $R=0$）时医疗费用的 $f(R)$ 倍。只有当保险人使用的不是保险损失数据时，才需要考虑保险因子的因素。

④医疗费用上涨（Trend Factor）的计算：是指下一年医疗服务成本比上一年增加的比例，它反映的是由于药品价格上涨、医疗服务价格调整等原因导致的医疗服务费用增涨的幅度。需要注意的是有时即使是同样的产品，因为免赔额不同，医疗费用的年增加系数也会不同，免赔额越高，增加系数越高。

（3）附加保费的计算。除了补偿预期赔付的纯保险费外，各类保险机构还需要一定的费用开支和业务花费，因此，保险机构必须额外收取一笔费用来弥补招揽业务和日常管理的费用支出；对保险人而言，还需留有一

定的利润空间，所有这些都必须由投保人来承担，这就是附加保费。商业医疗保险中的营业费用是用于印刷单证、招揽业务、支付雇员工资和定点医院管理、进行核保和理赔管理、客户访问等多项业务开支的总和。实际应用中常将其确定为总保费的一个比例，称为“营业费用率”。它的确定需要各保险人对实际营业费用进行分析并对未来的费用情况进行准确预测，还需要考虑营业税和保险保障基金等的缴纳比例等。目前国内各商业保险人进行医疗保险产品定价时，个人医疗保险业务的营业费用率一般定为20%，团体医疗保险业务的营业费用率一般定为15%左右。保险人在确定附加保费时往往还将预计的合理利润隐含于其中。

2. 短期医疗保险保费计算过程

（1）一年期医疗保险保费计算时的精算假设。

①伤病发生率（Morbidity）：伤病发生率是医疗保险定价中最重要的一项假定。实际上对伤病发生率的假定包括伤病发生概率和每次伤病发生后平均的损失幅度的假定两部分。在医疗保险中，伤病发生概率一般是指一年内被保险人发生伤病的概率，包括门诊率与住院率，而每次伤病发生后平均损失幅度是指在一年内被保险人发生门诊或住院的次均费用。具体地说，伤病发生率是指门诊率、住院率、次均门诊和住院费用。以住院率为例，卫生部在组织国内卫生服务总调查基础上公布我国城乡居民住院发生的频率和次均住院费用等统计指标，这些统计资料常被国内各保险人在医疗保险定价时作为住院率的假定，表2－4是据2008年人群调查资料得到的不同性别和年龄城乡居民的住院率。

表2－4　　我国不同性别和年龄人群的住院率（‰）

年龄	城市		农村	
	男	女	男	女
0～4	30	37	110	68
5～14	12	12	27	19
15～24	11	28	23	85
25～34	18	89	31	116
35～44	29	36	42	61
45～54	50	54	58	73
55～64	92	101	93	90
65～	216	174	139	120

说明：摘自全国卫生服务总调查分析报告（2008）。

由表2－4可见，住院率有明显的城乡差异，不管城市还是农村，性别和年龄不同，住院率也各不相同，反映了性别和年龄对住院率的影响。总的来看，大多数年龄组的女性住院率都较男性为高，其中15～24岁和25～

34 岁组女性的住院率远高于同龄男性，是由于怀孕、分娩、流产和计划生育手术等导致的医疗服务造成的。由于大多数商业医疗保险均不包含生育责任，故利用上表数据计算住院医疗保险的保险费时需对女性 15 ~ 24 岁及 25 ~ 34 岁组的住院率加以修正。由于保险人群的住院率要高于普通人群，在对医疗保险人群的住院率作假设时，还要在此数据基础上作进一步调整。此外，不同年龄段的平均住院天数也有一定差异，表 2 - 5 是 2008 年成都市某医院城市居民不同年龄住院病人的平均住院天数。

从表 2 - 5 可见，高龄组都较低龄组的平均住院天数为高，0 ~ 4 岁组的住院率较高，但平均住院天数却小于相邻组段，这是由于 5 岁以下儿童住院原因多以急性感染性疾病为主，容易治愈，住院时间较短。高龄组平均住院天数较高，是因为因慢性病导致住院较多，住院时间相对较长的缘故。

表 2 - 5　2008 年成都某医院不同年龄患者的平均住院天数

年　龄	平均住院天数
0 ~ 4	7.97
5 ~ 14	9.31
15 ~ 24	11.71
25 ~ 34	11.8
35 ~ 44	12.16
45 ~ 54	12.24
55 ~ 64	12.56
65 ~	14.81

表 2 - 4 和表 2 - 5 仅是利用外部资料对住院率与住院天数的一个展示，如果保险公司数据足够多的话，可以建立保险公司内部的住院率与平均住院天数表，且可以作更细的风险分类。除了性别和年龄，另外一些风险因素是被保险人的职业、所在地区、婚姻状况以及吸烟、饮酒和膳食等生活习惯、业余爱好、社会经济水平、气候和居住条件等。以上各类风险因素中最重要、需要用以分类计算保险费的因素是性别和年龄；相对不重要的有职业、地区差别以及既往病史、生活习惯、社会经济水平等，这些因素多在核保过程中加以考虑。

②安全附加和利润率的假设：在医疗保险定价时，除了假定一个比较保守的伤病发生率，精算师还引入了安全附加（Safety Loading）来避免可能遇到的实际给付金额超过预期值的情况。合理的利润对于保险人的健康发展是必不可少的，所以还需加入有关利润或收益的假定。

③费用率：费用率是医疗保险定价中另一项非常重要的假定。实际工作中费用常被划分为佣金和其他销售费用、承保和保单维持费用、用于雇员工资、办公场所租金等的固定费用以及税金等。其他影响定价的因素还有保障类型、保障程度和给付限制、逆选择的大小、道德风险、核保方式、除外责任的有无、免赔额和比例给付的大小、无赔款优待的有无、医疗费用上涨以及国家的法律法规等，这些影响因素的作用也要在保费计算和调整时加以考虑。

（2）一年期个人医疗保险保费的计算过程。一年期个人医疗保险保费的计算首先是根据风险因子水平计算风险保费。如保费计算以年为单位，则年人均风险保费为预期赔付发生频率和每一赔付的平均赔付额之乘积。故定额日额为100元的定额住院医疗保险的风险保费计算公式为：

$$风险保费 = 住院率 \times 平均住院天数 \times 100 元 \tag{2.17}$$

以表2－4中城市居民的住院率（为扣除女性怀孕、分娩等对住院率的影响，将女性25～34岁组的住院率校正为35.01‰）和表2－6中第（2）栏列出的平均住院天数计算，不同性别和年龄的风险保费见表2－6的第（3）、（4）栏。

表2－6　不同性别和年龄的风险保费

年　龄	平均住院天数	风险保费（元）	
（1）	（2）	男（3）	女（4）
0～4	7.97	23.91	29.49
5～14	9.31	11.17	11.17
15～24	11.71	12.88	32.79
25～34	11.80	21.24	105.02
35～44	12.16	35.26	43.78
45～54	12.24	61.20	66.10
55～64	12.56	115.55	126.86

在上述风险保费的基础上，加上一定的安全附加（如取为风险保费的30%）和费用率（如取为总保费的30%）即可得到不同性别和年龄者投保上述保险产品时的总保费，如0～4岁组男孩的总保费：

$$P_{male,0\sim4} = 23.91 \times (1+0.3) \div (1-0.3) = 44.40(元)$$

仿此可得男女不同年龄段的费率，见表2－7。

表2－7　不同性别和年龄的总保费

年　龄	总保费（元）	
	男	女
0～4	44.40	54.77
5～14	20.74	20.74
15～24	23.92	60.90
25～34	39.45	195.04
35～44	65.49	81.31
45～54	113.66	122.76
55～64	214.60	235.60

以上仅以一年期定额给付型住院医疗保险的保费计算为例说明了商业医疗保险的保费计算过程，实际应用中情况要复杂得多。当计算一年期费用补偿型住院医疗费用保险的保险费时，风险保费的计算公式可简单表达为：

$$风险保费 = 住院率 \times 平均住院费用 \tag{2.18}$$

故住院费用保险的保费计算时还涉及平均住院费用的估计，计算平均住院医疗费用时可采用上节医疗保险损失分布的拟合方法。此外，由于医疗保险的条款中经常采用等待期、免赔额、比例给付、责任限额、责任期限等技术来控制风险，上述因素对赔付发生率和每次预期赔付额的影响也要加以考虑。

3. 长期医疗保险保费计算过程

在长期和终身医疗保险中，经常采用平准保险费率。在这类产品的定价过程中，精算师不仅要估计目前的保险金给付额，而且要估计在整个保险合同有效期内的所有保险金给付的总额，确定合适、准确的平准保费。

（1）医疗保险平准保费计算的基本原理。医疗保险的平准保费又称“均衡保费”或“平衡保费”（Flat－rate Premium），即被保险人在保险合同有效期内每年都缴付等额的保险费，保费不随年龄的增长而增长。这要求计算保费时要对保险期内所有可能的赔付逐年建立准备金以应付将来的赔付支出。计算平准保费时，不仅要考虑应付目前赔付的风险成本，还要考虑应付将来随被保险人年龄增加而增加的保险金支出。因此，长期和终身型医疗保险平准保费的计算较一年期医疗险要复杂得多。简言之，计算医疗保险平准保费时要考虑以下几个基本要素：

①伤病发生率：与一年期医疗保险的精算一样，被保险人群的疾病率也是保费计算所需的重要因素之一。它在医疗保险中一般表现为门诊率、住院率、次均门诊以及住院费用。

②死亡率（Mortality）和预定利率：这里的死亡率指被保险人在不同年龄时的死亡概率，它可以从生命表中直接查得。在长期和终身型医疗险的保费计算时，由于不需要考虑死亡给付责任，要防止的是被保险人“活的过久”的风险，故考虑与寿险生存年金的计算一样，利用养老金业务生命表。表2－8为中国保监会2005年颁布的“中国人寿保险业经验生命表”中养老金业务男表的部分内容。

表2－8　中国人寿保险业经验生命表养老金业务男表（节选）CL3（2000—2003）

x	q_x	l_x	d_x	L_x	T_x	e_x
0	0.000627	1000000	627	999687	79741450	79.24
1	0.000525	999373	525	999111	78741763	78.29
2	0.000434	998848	434	998632	77742653	77.33
3	0.000362	998415	361	998234	76744021	76.37
4	0.000311	998053	310	997898	75745787	75.39
…	…	…	…	…	…	…
60	0.006989	922903	6450	919678	20950469	22.20
61	0.007867	916453	7210	912848	20030791	21.36
62	0.008725	909243	7933	905277	19117943	20.53
63	0.009677	901310	8722	896949	18212667	19.71
64	0.010731	892588	9578	887799	17315718	18.90
…	…	…	…	…	…	…
101	0.386119	9915	3829	8001	17602	1.28
102	0.415626	6087	2530	4822	9601	1.08
103	0.446094	3557	1587	2764	4779	0.84
104	0.477308	1970	940	1500	2015	0.52
105	1	1030	1030	515	515	0

表中，q_x为x到$x+1$岁间的死亡概率，l_x为x岁时仍生存的人数，d_x为死亡人数，L_x为生存人年数，T_x为累计生存人年数，e_x为x岁时的简约平均余命。

同寿险平准保费的计算一样，计算医疗险的平准保费也需要用到预定利率。在包含死亡给付责任的医疗保险中，保险人一般会使用非养老金业务表。

表 2－9　不同投保年龄被保险人群的退保率（节选）

投保年龄 x	退保率 w_x
…	…
16	0.17203
17	0.1667
18	0.16145
19	0.15628
20	0.1512
…	…
76	0.00067
77	0.00038
78	0.00017
79	0.00004
80	0

摘自：Laus Bohn. Die Mathematik Der Deutschen Privaten Krankenversicherung. Verlag Versicherungswirtschaft E. V.，Karlsruhe，1980

③退保率（Lapse Rate）：这里的“退保”是指除被保险人死亡以外的其他原因使保险合同失效（即离开被保险人群）的事件，退保率指上述事件发生的概率。由于退保，保险人一方面可能未来得及摊销前期的展业成本，另一方面可能会面临未到期责任准备金积累不足的风险，因此，在医疗保险平准保费的计算过程中必需对各年龄的退保率及其变化趋势有一个比较准确的估计，实际应用中退保率可依据各保险人的经验而定，也可用一般寿险合同的退保率来代替。国内目前对退保率考虑较少，保险人仅在做利润测试时考虑。表 2－9 为国外某被保险人群在不同年龄时的退保率。

④医疗费用增长趋势：在长期和终身医疗保险定价中，需要对被保险人将来可能的给付进行估计，这就必须了解医疗费用的增长趋势。实际操作中，通过引入趋势因子来对预期的医疗费用进行纠正，这个趋势因子实际上就是医疗费用增长情况。国内医疗费用的增长情况也是非常明显的，从表 2－3 可以看到，每年医疗费用以接近 10% 的速度在增长。由于目前国内的保险监管机构已经颁布了全国统一的保险业用寿命表并规定了精算时的最高预定利率，故各保险人在进行长期或终身型医疗险平准保费计算时，差异主要体现在疾病率和趋势因子的假定上。

（2）医疗保险平准保费的计算过程。有了以上四方面的基础数据，就可以进行医疗保险平准保费的计算了，下面我们结合实际例子简要说明终身型医疗险年均净保费的计算过程。

①年金现值 a_x 的计算：若 l_x 为 x 岁时仍生存的被保险人总数，上述被保险人在 x 到 $x+1$ 岁间死亡的概率为 q_x，退保概率为 w_x，则到 $x+1$ 岁时保险合同仍有效的被保险人共有 $l_{x+1}=l_x(1-q_x-w_x)$ 人，其中 $0\leqslant x\leqslant\omega$，$\omega$ 为被保险人能生存且不退保的最大年龄。如果我们已有准确的分年龄的伤

病发生率表和退保率数据以及生命表可以利用，假定 i 为预定利率，则贴现率 $d=1/(1+i)$，年金现值为 a_x，根据收支平衡原则有：

$$\frac{x\text{岁投保时被保险人}}{\text{所缴保费现值}}=\frac{\text{预期保险金}}{\text{总给付额现值}} \tag{2.19}$$

若仅考虑一个单位元，假定医疗保险金均在年初支付。以上原则可用公式表达为：

$$l_x a_x = l_x \cdot 1 + l_{x+1} \cdot 1 \cdot d + \cdots + l_\omega \cdot 1 \cdot d^{\omega-x} \tag{2.20}$$

式中 $l_x \cdot 1$ 可看成是投保当年向 l_x 个被保险人每人给付 1 单位元保险金所需保费的现值，$l_{x+1} \cdot 1 \cdot d$ 是次年向 l_{x+1} 个被保险人每人给付 1 单位元年保险金的保费现值，$l_\omega \cdot 1 \cdot d_{\omega-x}$ 是最后一年向每个生存且合同有效的被保险人给付 1 单位元保险金所需保费的现值。

上式两边均乘以 d^x，则有：

$$l_x \cdot d^x \cdot a_x = l_x \cdot 1 \cdot d^x + l_{x+1} \cdot 1 \cdot d^{x+1} + \cdots + l_\omega \cdot 1 \cdot d^\omega \tag{2.21}$$

故年金现值 a_x 为：

$$a_x = \frac{l_x \cdot 1 \cdot d^x + l_{x+1} \cdot 1 \cdot d^{x+1} + \cdots + l_\omega \cdot 1 \cdot d^\omega}{l_x \cdot d^x} \tag{2.22}$$

式中，$l_x d^x$ 常简记为 D_x，在寿险精算中被称为“转换函数”，设

$$N_x = \sum_{\xi=0}^{\omega-x} D_{x+\xi} \tag{2.23}$$

则若以转换函数表示，a_x 计算公式为：

$$a_x = \frac{N_x}{D_x} \tag{2.24}$$

假定预定利率为年复利 2.5%，不考虑退保率，用表 2－8 计算出各年龄男性被保险人领取单位年金在投保时所需的保费现值 a_x，见表 2－10。

②平准保费 p_x 的计算：若被保险人在保险期限内每年需给付的医疗保险赔付不是 1 单位元，而是 k_x 元，据收支平衡原则有：

$$l_x \cdot A_x = l_x \cdot k_x + l_{x+1} \cdot k_{x+1} \cdot d + \cdots + l_\omega \cdot k_\omega \cdot d^{\omega-x} \tag{2.25}$$

式中，k_x 为每一被保险人在 x 岁时的预计赔付额（即年平均医疗花费）。则每过一年以被保险人生存且保单有效为条件，每人赔付 k_x 元保险金所需保险费在 x 岁投保时的现值 A_x 可由下式算得：

$$A_x = \frac{l_x \cdot k_x + l_{x+1} \cdot k_{x+1} \cdot d + \cdots + l_\omega \cdot k_w \cdot d^{\omega-x}}{l_x} \tag{2.26}$$

若记 $O_x = D_x \cdot k_x$，记

$$U_x = \sum_{\xi=0}^{\omega-x} O_{x+\xi} \tag{2.27}$$

A_x 的计算公式可简化为：

表 2-10　　长期医疗险单位年金现值 a_x 的计算　　（金额单位：元）

x	q_x	l_x	D_x	N_x	a_x
0	0. 000627	1000000	1000000	34884420. 69	34. 8844
1	0. 000525	999373	974998. 049	33884420. 69	34. 7533
2	0. 000434	998848	950718. 219	32909422. 64	34. 6153
3	0. 000362	998415	927127. 422	31958704. 42	34. 4707
4	0. 000311	998053	904187. 124	31031577	34. 3199
…	…	…	…	…	…
16	0. 000351	994694	670050. 785	21538579. 74	32. 1447
17	0. 000396	994345	653478. 631	20868528. 96	31. 9345
18	0. 000446	993951	637287. 662	20215050. 33	31. 7204
19	0. 000497	993508	621466. 763	19577762. 66	31. 5025
20	0. 00054	993014	606007. 702	18956295. 9	31. 2806
…	…	…	…	…	…
60	0. 006989	922903	209760. 706	3614823. 035	17. 2331
61	0. 007867	916453	203214. 331	3405062. 329	16. 7560
62	0. 008725	909243	196698. 189	3201847. 998	16. 2780
63	0. 009677	901310	190226. 339	3005149. 81	15. 7978
64	0. 010731	892588	183790. 75	2814923. 471	15. 3159
…	…	…	…	…	…
101	0. 386119	9915	818. 8436	1816. 9899	2. 2190
102	0. 415626	6087	490. 4122	998. 1463	2. 0353
103	0. 446094	3557	279. 5943	507. 7341	1. 8160
104	0. 477308	1970	151. 0917	228. 1399	1. 5099
105	1	1030	77. 0482	77. 0482	1

$$A_x = \frac{U_x}{D_x} \tag{2.28}$$

如果保险费以均衡方式在整个保险期限内每年缴付一次，并在合同定立时缴付第一次保险费，被保险人在保险期限内死亡或退保则停止缴费，用 P_x 表示被保险人 x 岁投保时的所需缴纳的年平准净保费，a_x 表示 1 单位元保险金的现值，A_x 表示保险期限内保险金赔付总额的现值，则依收支相等原则，有：

$$P_x a_x = A_x \tag{2.29}$$

则

$$P_x = \frac{A_x}{a_x} = \frac{U_x}{N_x} \tag{2.30}$$

即年平准净保费是预期将来保险金赔付额的现值除以一单位元寿险年

金现值的商。有了年平准净保费，考虑一定的费用率即可算得长期、终身型医疗险的年平准保费。

4. 医疗保险的费率调整与经验分析

对于短期医疗保险，由于医疗费用的增长以及医疗服务利用的变化等因素，精算师必须不断监测该医疗保险产品的实际给付情况和整个医疗保险业务的运行状况，及时发现医疗保险产品价格和影响因素的显著变化并提出对医疗保险产品价格进行调整（Re－rating）的方案。由于影响医疗保险费率的因素较多，且影响因素的水平和作用也会随时间不断变化，从理论上来说，任何一个假定（比如伤病发生率、平均医疗费用、费用率等）的变化，都有可能成为医疗保险费率调整的原因。具体在医疗保险费率调整过程中，我们要意识到医疗损失不是静态的，而是动态的。同时，我们也要注意到各因素之间相互抵消的影响，比如一方面由于医疗费用的增长，需要调高费率，但另一方面由于伤病发生率的减少可能会降低费率，所以医疗保费的调整需要细分原因，在实务中也有几年甚至十几年不需要调整的。

衡量医疗损失的两个关键指标是**医疗服务利用率**与**医疗服务费用水平**。影响医疗服务利用的风险因素是指能导致医疗服务利用发生或增减其发生概率（频率）的各种潜在原因，包括被保险人的年龄、性别、职业、健康状况、经济收入、疾病严重程度、距医疗机构的远近和保险计划规定的保障项目、保障程度等。除了分析影响医疗服务利用的风险因素外，还应注意，利用医疗服务的被保险人每年或每次医疗服务的花费并不相同，即使因为同样的疾病住院治疗，实际的住院费用也可能相差悬殊。这是因为被保险人的年龄、性别和病情造成的差异，还有来自医生或医院的原因。这些影响医疗服务费用的潜在原因，就是影响医疗服务的风险因素，它们也是医疗保险中重要的风险因素和各类医疗保险机构非常关心的内容。

较为普遍的分析医疗费用影响因素的方法有单因素分析以及多因素分析法。

- **单因素分析法**即在其他因素不变的情况下，比较某因素在不同状态下对医疗费用的影响。这种分析方法可以很清晰地反映出单个因素的不同状态的医疗费用的区别，让保险公司或者社会医疗保险经办机构更恰当地制定不同层次的起付线、自付比例和封顶线，在控制医疗费用方面起到举足轻重的作用。由于医疗费用是由多种因素影响的，这种分析方法并不能测定各因素对医疗费用的综合影响下各自的影响程度。在检验某因素的不同状态对医疗费用的影响是否有显著性时，有两独立样本显著性检验、多个独立样本显著性检验、两相关样本显著性检验、多个相关样本显著性检验。

- **多因素分析法**是用来测定受多种因素影响的某种经济现象总变动中

各个因素的影响的方向和影响程度的一种统计分析方法。这种分析方法能够较全面的分析各种因素对医疗费用的影响，也能同单因素分析一样分析出同因素不同状态医疗费用的高低，但较单因素分析法复杂。还有些外部原因，多因素分析对这些也无能为力。多因素分析法可采用多元回归分析、多水平回归模型、Logistic 回归、Cox 比例风险模型等，以检验多个因素共同影响下，各因素对医疗费用影响是否显著以及影响的程度。

2.3.2 医疗保险准备金

1. 医疗保险未到期责任准备金

（1）一年期医疗保险的未到期责任准备金。对保费采用年缴方式的一年期医疗保险业务来讲，进行业务考核或会计核算时必须扣除当年缴纳保费中承担续年责任的那部分保险费，这就是未到期责任准备金，又称“未赚保费准备金”。未到期保费责任准备金应当真实反映保单的未来风险。对一年期医疗保险业务而言，由于保险期间较短，实际风险不会与预期差别太大，且业务的风险分布较为平均，因而按照时间比例提取的未赚保费准备金基本可以反映实际风险。目前通行的做法包括按年（1/2）、按季（1/8）、按月（1/24）和按日（1/365）计算法。由于计算时所用时间单位的不同，一年期医疗保险未到期责任准备金 V 的计算公式有以下几种不同的形式：

①当观察期的时间计量单位为季时，未到期保险费准备金可用按季平均估算法（1/8 法）计算，公式如下：

$$V = S_2 \times \frac{1}{8} + S_2 \times \frac{3}{8} + S_3 \times \frac{5}{8} + S_4 \times \frac{7}{8} \tag{2.31}$$

式中，S_i 为第 i 承保缴费季度所缴保费总额。

②当观察期内时间计量单位为月时，可假定各月中每天收入的保费均匀一致，用以下公式计算未到期保险费准备金（1/24 法）：

$$V = \sum_{m=1}^{12} \frac{(2m-1)}{24} \times S_m \tag{2.32}$$

式中，m 为保单承保缴费的月份，S_m 为承保缴费月份所缴保费总额。

③当观察期内时间计量单位为天时，未到期责任准备金可按 1/365 计算，采用的公式为：

$$V = \frac{\text{保单到期日} - \text{准备金评估日}}{\text{保单到期日} - \text{保单生效日}} \times \text{保费收入} \tag{2.33}$$

保险人在确定保险合同准备金时，可以将单项保险合同作为一个计量单元，也可以将具有同质保险风险的保险合同组合作为一个计量单元。计量单元的确定标准应当在各个会计期间保持一致，不得随意变更。

（2）长期或终身医疗保险的未到期责任准备金。长期或终身医疗保险的未到期责任准备金也称"医疗保险的保费准备金"（Ageing Reserve）。从精算角度讲，在长期或终身型医疗保险业务中，由于采用均衡保费，每年收入的保险费与赔付的保险金是不等的，前期保费收入大于保险金赔付，后期保费收入小于保险金赔付额。因此，保险人必需把前期剩余的保费收入以复利形式积存起来才能弥补后期的不足。

与长期寿险责任准备金的计算一样，长期医疗险未到期准备金的计算也有两种方法，一种是用计算时点将来可能赔付的保险金现值减去将来要收取的净保费现值，称为将来法或前瞻法（Prospective Method）。若设 x 为投保年龄，m 为保单经过年度，则保单经过 m 年后积存的年龄准备金 ${}_mV_x$ 的计算公式为：

$$ {}_mV_x = A_{x+m} - P_x \cdot a_{x+m} \tag{2.34} $$

或

$$ {}_mV_x = (P_{x+m} - P_x) \cdot a_{x+m} \tag{2.35} $$

上式，说明 x 岁投保缴纳的均衡保费现金价值的差额将由保险人累积起来，$x+m$ 岁投保的被保险人将缴纳更高的均衡保费。另一种是用计算时点已收入的净保费终值减去已赔付的保险金终值，称为"过去法"或"回顾法"（Retrospective Method）。若过去法准备金用 ${}_mV_x^r$ 表示，则计算公式为：

$$ {}_mV_x^r = \sum_{\xi=0}^{m-1} \frac{D_{x+\xi}}{D_{x+M}} \cdot p_x - \sum_{\xi=0}^{m-1} \frac{D_{x+\xi}}{D_{x+M}} \cdot k_{x+\xi} \tag{2.36} $$

实际应用中可以根据具体问题选择较为简单的一种准备金计算方法。总之，长期和终身型医疗险中除了平衡保费的计算外，未满期责任准备金的计算也是精算中必不可少的内容。

2. 医疗保险未决赔款责任准备金

未决赔款准备金是观察期内发生，到观察期满尚未结案赔付的保险事故所提取的准备金。与寿险业务不同，医疗保险的未决赔款准备金是非常重要的，它一般包括已发生已报案未决赔款准备金和已发生未报案未决赔款准备金（IBNR）。未决赔款的发生是由报案延迟和理赔处理延迟造成的。在医疗保险业务中对所有未决赔款都应提取未决赔款准备金。

（1）已发生已报案未决赔款责任准备金。保险人应当采用逐案估损法、案均赔款法等方法（具体方法可参见孟生旺、刘乐平：《非寿险精算学》，中国人民大学出版社 2007 年版），以最终赔付的合理估计金额为基础，同时考虑边际因素，计量已发生已报案未决赔款准备金。

①逐案估损法：该法是对已发生并已报案但尚未赔付的医疗保险案件个别地加以分析估计，将可能发生的赔付金额加以提存的方法，对案件的个别估计主要依据理赔管理人员的经验和主观判断。该法的缺点是不够准确且带有主观性，仅能对已通知（报案）的案件加以估计。

②案均赔款法：如果未决赔案数目较多，各案的赔付金额相差不多且赔付发生在观察期内比较均匀时，可根据过去经验，求出各类赔付的平均值，乘以各类业务现有的未决赔案数，即可得到准备金的近似值。

（2）已发生未报案未决赔款责任准备金。保险人应当根据医疗保险风险的性质和分布、赔款发展模式、经验数据等因素，采用链梯法、案均赔款法、准备金进展法、B－F法，随机模型等方法，以最终赔付的合理估计金额为基础，同时考虑边际因素，计量已发生未报案未决赔款准备金。上述方法与非寿险中IBNR计提方法类似（具体方法可参见孟生旺、刘乐平：《非寿险精算学》，中国人民大学出版社2007年版），此处不再赘述。

以上这些方法使用的是传统的准备金方法，称为“聚合索赔模型”（Aggregate Claim Model），但是由于传统方法损失了大量的信息以及对于模型过强的假定，精算师们开始提出使用个体索赔模型（Individual Claim Model）来预测准备金，比如把索赔发生过程看做一个Poisson过程。个体索赔模型尚处于理论研究的阶段，在实务中使用并不多，所以本书暂不做仔细的讨论。

2.3.3 高额补充医疗保险定价实例

高额补充医疗保险，也称为“补充型高额医疗费用保险”，是为补偿被保险人基本医疗保险支付限额以上的医疗服务花费而设计的一类医疗保险。高额补充医疗保险可以由企事业单位或者行业投保，也可由社会医疗保险机构投保，其被保险人是职工个人，社会医疗保险的“封顶线”即为高额补充医疗保险的起付线，起付线以上的高额医疗费用由保险公司承担。

1. 资料和方法

假定某地社保机构开办高额补充医疗保险的起付线为4.5万元，赔付上限为15万元，医疗费用年增加系数为125%，如在2006年基础上计算2010年的保险费，趋势因子用1.25，补偿比例为90%，保险因子为1。下面用表2－11的资料演示利用经验频数法、限制Pareto分布法和极值理论法来进行高额补充医疗保险定价的简要过程（详见陈滔：《健康保险精算：模型、方法和应用》，中国统计出版社2007年版）。

2. 各种方法的计算结果

（1）经验频数法。经验频数法是将任一职工年度医疗费用超过补充医疗保险的起付线、低于给付上限的事件定义为“风险事件”，用基线期职工“风险事件”的实际频率和实际费用作为计算期“风险事件”发生概率和费用的预测值，同时考虑医疗费用自然增长（即趋势因子）和引进保险机制后医疗需求及费用的增加效应（用保险因子表达）。这样补充医疗保险年人均保险费的计算公式如下：

表 2-11　　2006 年某地部分企业在职职工年度医疗费分布　　金额单位:(万元)

费用组段	组中值	职工人数	合计费用
0 ~	0.025	104 461	0.592113
0.05 ~	0.075	135	10.893857
0.10 ~	0.150	699	109.668056
0.20 ~	0.250	820	205.993886
0.30 ~	0.350	779	275.346878
0.40 ~	0.450	595	265.076284
0.50 ~	0.750	925	622.684975
1.00 ~	1.250	208	265.654922
1.50 ~	1.750	98	173.825295
2.00 ~	2.250	63	141.556222
2.50 ~	2.750	28	77.710474
3.00 ~	3.250	34	110.940672
3.50 ~	3.750	16	60.516105
4.00 ~	4.250	20	84.289054
4.50 ~	4.750	11	51.929764
5.00 ~	5.500	15	82.558908
6.00 ~	6.500	18	117.867299
7.00 ~	7.500	7	51.751443
8.00 ~	8.500	8	67.672173
9.00 ~	9.500	3	28.383281
10.00 ~	10.500	0	0
11.00 ~	11.500	5	58.606954
12.00 ~	12.500	0	0
13.00 ~	13.500	1	13.99724
14.00 ~	14.500	2	28.477112
15.00 ~	15.000	6	146.188869
合计	—	108 957	3052.181836

年人均纯保费 =〔(基线期年度医疗费在起付线和给付限额间的职工医疗费用总和 + 给付限额 × 超过给付限额的职工人数 − 起付线额 × 超过起付线职工人数)/基线期参保总人数〕× 保险因子 × 医疗费增加系数 × 补偿比例　　(2.37)

因起付线和赔付上限(4.5 万元 ~ 15 万元)间的费用总计为 647.433 − 4.5 × 76 = 305.433(万元),所以年人均纯保费 = (305.433/108 957) × $(1+0.25)^4$ × 1.0 × 0.9 = 61.59(元),即 2010 年在职职工高额补充医疗保险年人均纯保费为 61.59 元,考虑 50% 的风险附加和 20% 的费用附加后毛保费为 115.49 元。

（2）限制性帕累托分布法。若假定 A 是我们考察的费用下限（一般较起付线低 20% 左右），B 是费用上限（一般取为职工年度医疗费的最大值），若 p_2 为起付点，p_2 为赔付上限，N_A 为超过 A 的预期频数，N 为参保总人数，则年人均保费 $P_{(p_1,p_2)}$ 为：

$$P_{(p_1,p_2)} = \frac{N_A}{N\ (B^{-a} - A^{-a})} \times \left\{ (p_2 - p_2)\ B^{-a} - \frac{1}{1-a}\ (p_2^{1-a} - p_2^{1-a}) \right\} \tag{2.38}$$

本例中补充高额补充医疗保险的起付线 P_1 为 4.5 万元，赔付上限 P_2 为 15 万元，A 为 4.5 ×（1 – 20%）= 3.6 万元，B 为 30 万元，$N_{3.6}$ = 104 万元，用调查所得该地企业职工医疗费用支出的实际数据拟合帕累托分布，α 的估计值为 1.2，年人均保费为 65.08 元，考虑风险附加和费用附加后的毛保费为 122.02 元。

（3）极值理论法。极值理论法计算净保费公式为：

$$p = c\xi R\left(1 + \frac{\xi R}{\beta}\right)^{-\frac{1}{\xi}} - \frac{c\beta}{\xi - 1}, \qquad \xi \neq 0,\quad \beta > 0,\quad x \geqslant 0 \tag{2.39}$$

免赔额 u 为 4.5 万元，赔付上限 $R + u$ 为 15 万元，赔付比例 c 为 90%。通过表 2 – 11 的数据估计出在职职工医疗费用分布模型中的未知参数 ξ 为 0.833，σ 为 50.13，计算得人均年保费为 67.47 元。考虑风险附加和费用附加后的毛保费为 126.51 元。

3. 定价时的注意事项

首先，在实务操作中可将经验频数法和限制性帕累托法分别给与一定的权数求和得到调整保费（计算样本较大，费用资料比较准确时经验频数法算得保费的权重较大，反之则限制性帕累托分布法算得保费的权重较大），也可以用极值理论法和经验频数法加权来计算费率，当然也可以同时采用这三种方法计算纯保费再进行加权。关于每种定价方法的权重是一个值得考虑的问题，目前尚未有相关文献对该问题作理论上的研究，一般在保险公司实务操作中多是根据精算师的经验来确定，其合理性和科学性尚没有一个有力的理论来支撑。

其次，上文计算风险保费时均假定实际医疗费用的分布不会由于补偿方式的改变而改变，事实上医疗保险补偿方式的改变往往会影响损失过程，如提高被保险人自付比例会促使被保险人更加节省医疗费用，从而减少损失额；又如提高免赔额也可以促使被保险人节约开支，降低费用，当然被保险人为了能获得保险人对医疗费用的补偿也可能使原本低于免赔额的费用增加。由于损失分布模式是根据以往多年积累的数据估计出来的，有一定的稳定性，进行新险种设计时理应先根据已建立的损失分布来进行保费计算，然后在经营过程中再通过经验分析来对其进行调整，从而指导将来的新险种开发工作，损失分布的重要意义就在于此。

最后，我们所得到的高额补充医疗保险的定价模型（风险保费）应该说只是一个基本模型。作为商业医疗保险的一种，逆选择和道德风险都很严重，所以在定价时需要考虑一些主要的风险因素（如年龄、性别）对不同的人进行分类定价，并在核保过程中根据其他一些重要但不作为费率分类的风险（如被保险人的健康状况、职业、吸烟、饮酒和饮食等生活习惯、业余爱好、就医习惯、医学常识、气候和居住条件等）对保费进行适当的调整。

本章小结

医疗保险是提供医疗费用保障的保险，当被保险人因疾病或者意外事故而发生医疗费用支出时可以得到经济上的补偿。在国外，医疗保险按保障项目和内容可以分为基本医疗保险、综合医疗保险、补充医疗保险和其他创新型医疗保险。在国内，医疗保险按给付方式又可以分为费用补偿型医疗保险和定额给付型医疗保险。医疗费用损失是医疗保险精算的基础，我们常用一些统计的方法去拟合医疗费用损失。短期（包括一年期）的医疗保险和长期（包括终身）医疗保险在定价和准备的提取上有很大的差别。高额补充医疗保险是补充社会医疗保险的一种形式，高额补充医疗保险的定价方式通常有经验频数法、限制帕累托分布法和极值理论法。

关键词

医疗服务　医疗保险　费用补偿型医疗保险　医疗损失分布
定额给付型医疗保险　医疗保险费率计算　医疗保险平准费率
医疗保险准备金　高额补充医疗保险

思考题

1. 医疗保险的特征是什么？
2. 医疗保险产品的主要保险责任有哪些？
3. 医疗保险的种类有哪些？
4. 费用补偿型医疗保险与定额给付型医疗保险的区别是什么？
5. 常见的医疗损失的分布有哪些？
6. 简述医疗损失分布的拟合过程？

7. 医疗费用的增长对保险人的影响是什么？

8. 影响医疗保险损失的因素有哪些？

9. 一年期个人医疗保险保费是如何计算的？这中间需要哪些精算假设？

10. 长期个人医疗保险保费是如何计算的？

11. 如何提取一年期医疗保险的未到期责任准备金？

12. 如何提取长期和终身医疗保险的未到期责任准备金？

13. 如何提取医疗保险未决赔款准备金？

第三章　重大疾病保险

学习目的

通过本章的学习，读者应该能够：

□ 理解并掌握重大疾病、重大疾病保险的定义及其产品形态和发展历程

□ 了解重大疾病发生率及其长期趋势的测量方法和影响因素

□ 掌握重大疾病保险产品定价、责任准备金评估以及经验分析的方法

§3.1　重大疾病保险概述

3.1.1　重大疾病与重大疾病保险

1. 重大疾病的定义

重大疾病与其对应的医学知识紧密相关，随着医学的进步和医疗技术水平的不断提高，其定义也在不断变迁。**一般而言，满足以下条件的疾病才能在医学上将其归类为重大疾病：一是危及生命；二是严重影响患者的生活质量；三是治疗费用昂贵。**

具体在保险行业中，一般认为能够承保的重大疾病至少应该满足以下几个条件：（1）需要有清楚的定义，即对是否由该疾病所致的责任，两名医生应能分别独立诊断且结论一致；（2）该疾病的发生强度应能可靠地获得或至少能估算出来；（3）该疾病的承保范围不应导致逆选择的发生；（4）该疾病应该有一个比较理想的生存率。符合上述条件的疾病种类非常多，但保险公司往往只选择其中发病率较高的20～30种作为重大疾病保险承保的病种。

近年来，医学科技的迅速发展致使各种医疗检查、治疗的费用变得非常昂贵，尤其是重大疾病在治疗时的花费更非一般家庭所能承担。正是基于这一原因，重大疾病保险得以迅速发展，但保险公司承保的重大疾病仍是几种或十几种定义清楚、发病率客观、稳定，且通过有效的检查和及时治疗有望获得救治以延长生命的重大疾病。目前市场上的重大疾病保险产品一般会覆盖某一个国家或地区常见的重大疾病病种，但最初各家公司的保障病种却各异，为了更好地规范市场，各国的保险监管或行业自律机构都就此做出了一些限定，如英国保险人协会（Association of British Insurances, ABI) 在 2006 年 4 月颁布了文件 "Statement of Best Practice for Critical Illness Cover" 对一些常见重大疾病进行了详细定义，并且规定了重大疾病保险责任必须包含的基本疾病种类。在美国有 80% 的重大疾病保险产品都覆盖了心脏病、恶性肿瘤、中风、主要器官移植和慢性肾衰竭这五种基本重大疾病。在加拿大，除了包含与美国相同的五种疾病之外，还增加了冠状动脉搭桥手术。

2. 重大疾病保险

重大疾病保险是当被保险人在保险期间内发生保险合同约定的疾病、达到约定的疾病状态或实施了约定的手术时，给付保险金的健康保险产品。其保险金主要有两方面的用途：一是为被保险人支付因疾病、疾病状态或手术治疗所花费的高额医疗费用；二是为被保险人患病后提供经济保障，尽可能避免因被保险人无法工作，失去收入而让家庭在经济上陷入困境。一些重大疾病保险含有死亡给付责任，重大疾病的给付责任只是作为死亡责任的提前给付；另一些重大疾病保险只包含重大疾病的给付责任，不具有死亡给付责任。个人重大疾病保险大多是长期或者终身保险，团体业务和少数个人业务中也有短期重大疾病保险产品。

为方便消费者比较和选择重大疾病保险产品，结合我国重大疾病保险发展及现代医学进展情况，并借鉴国际经验，中国保险行业协会与中国医师协会根据重大疾病保险的起源、发展和特点，于 2007 年颁布了《重大疾病保险的疾病定义使用规范》（以下简称《规范》）。《规范》规定了成人重大疾病保险产品的保险责任必须包含恶性肿瘤、急性心肌梗塞、脑中风后遗症、冠状动脉搭桥术（或称冠状动脉旁路移植术）、重大器官移植术或造血干细胞移植术、终末期肾病（或称"慢性肾功能衰竭尿毒症期"）六种疾病，它们的具体定义以及其他疾病定义详见附录 3.1。

3.1.2 重大疾病保险的产品形态

1. 重大疾病保险的产品分类

（1）定期和终身型重大疾病保险。按保险期间划分，重大疾病保险可以分为定期和终身两类。定期重大疾病保险为被保险人在固定期间内提供保障，固定期间按年数确定（如 10 年）或按被保险人年龄确定（如保障至 70 岁）。终身重大疾病保险为被保险人提供终身保障，此类产品大都含有身故保险责任，费率也比较高，缴费方式比较多样。一年期重大疾病保险则多为团体保险，将在团体保险部分论述，此处不赘述。

（2）提前给付及额外给付型重大疾病保险。按给付方式划分，重大疾病保险主要可分为提前给付及额外给付型两类。提前给付型重大疾病保险的保险责任包含重大疾病和死亡/全残，保险金总额为死亡保额，但包括重大疾病和死亡给付两部分。如果被保险人罹患保单所列重大疾病，被保险人可以提前领取一定比例的死亡保额保险金，用于医疗或手术费用等开支；身故时，由身故受益人领取剩余的死亡给付。如果被保险人没有发生重大疾病，则全部保险金作为死亡给付，由受益人领取。此种产品出现后深受市场青睐，但缺点是提前给付重大疾病保险金实质上减少了被保险人的身故保额，而被保险人由于身患重大疾病又基本丧失了重新购买其他寿险的机会。

额外给付型重大疾病保险通常作为寿险产品的附约，保险责任也包含重大疾病和死亡全残两类，不同于提前给付型的是该产品有生存期间的要求，通常为30天。如果被保险人死亡或者高残，保险人给付死亡保险金；如果被保险人罹患重大疾病且在生存期间内死亡，保险人给付死亡保险金；如果被保险人罹患重大疾病且存活超过生存期间，保险人给付重大疾病保险金，被保险人身故时再给付死亡保险金。此类产品的优势在于死亡保障始终存在，不因重大疾病保障的给付而减少，缺点是保费相对较贵，生存期的存在易招致理赔纠纷。

（3）按比例给付和回购式选择型重大疾病保险。除以上分类外，重大疾病保险还有一些特殊的产品形态，其中一种为按比例给付型重大疾病保险，这是针对特定种类的重大疾病设计的，可同时附加于以上诸型产品。即当被保险人罹患某类特定重大疾病时，按照重大疾病保险金总额的约定比例给付。如保单条款可规定，发生冠状动脉绕道手术给付保险金额的25%，剩余的保险金用于条款中规定的其他重大疾病的给付，直到保险金额用完为止。另外一种特殊类型是回购式选择型重大疾病保险，这种产品针对提前给付型重大疾病保险存在的因领取重大疾病保险金而导致死亡保障降低的不足，规定保险人给付重大疾病保险金后，如被保险人在某一特定时间后仍然存活，可按照某一固定费率买回一定比例的死亡总额，使死亡保障可以到达购买之初的保额。此类回购重疾险产品最早出现在南非，在澳大利亚和英国非常普遍，在我国尚属空白。回购式选择带来的逆选择是显而易见的，因此对于“回购”的前提或条件的设定至关重要。

除此之外，重大疾病保险还有一些其他的保障形态或特殊的产品责任条款，如保费豁免、附加保费返还、年金转换、手术（包括康复治疗）利益保障、个人意外伤害（强调由于意外所致的结果接近重大疾病特征，如双目失明、两肢缺失等）保障等。

2. 重大疾病保险产品费率的可调整性

随着医疗技术发展和新诊断技术的不断出现，一方面，一些重大疾病得以提前诊断，如早期癌症、轻度中风和轻度心肌梗塞等。疾病的早期诊断导致重大疾病保险赔付率的增加，而通常在重大疾病保险产品定价时并没有考虑到承担这种早期诊断情况下的给付责任。另一方面，随着时间的推移，某些重大疾病的发病率正在呈增长趋势，例如前列腺癌和乳腺癌，尤其是乳腺癌。由于过去的产品定价是以历史数据为基础的，并没有考虑到疾病发生率的变化趋势，所以目前的费率对于疾病发生率趋于增加的情况下是不适应的。因此应谨慎使用保证费率，保险人应能根据疾病率的变化适时调整费率以降低经营风险。

在实际经营中，近年来重大疾病保险索赔率的逐年攀升已导致保险公司赔付支出大幅增加，为此，虽然可以制定更保守的固定费率，但产品价格的提高又会降低对消费者的吸引力，在激烈竞争的市场条件下，轻易提价可能带来的是市场份额和竞争优势的丧失。因此，采用浮动费率的、保险期间为 1 年、可保证续保的重大疾病保险产品可能是另一种选择。

目前，国外大部分保险公司的重大疾病保险产品都含有非保证费率条款，但在实践中调整费率仍存在许多问题。对于已经出售的保单，如果提高费率，则客户可能难以接受，存在大量退保的风险。另外，过于频繁的费率调整，也会影响公司的信誉。从精算技术上看，费率调整后保单后期准备金及保单现金价值评估等处理起来也会遇到很多麻烦，因为费率调整难免会造成退保率、失效率和逆选择风险的变化，这些都会给责任准备金及保单价值评估造成麻烦。此外，不同费率下评估的准备金与现金价值的差异如何处理也是一个问题。尽管如此，保费调整机制仍是重大疾病保险未来发展中的重要趋势。当事前核保与事后理赔都无法有效控制理赔率，且实际损失大于预期损失时，就必须进行费率调整，当然，保费调整一般有以下几个前提：

（1）保单设计时，保单包含保费可调条款，否则不得事后以理赔率太高而调整保费，以免损害投保人的权益；

（2）保费调整对象不能针对个人，必须是针对同类高风险的群体做调整，且只能调整未来保费，不可回溯；

（3）保险公司调整重大疾病保险费率，必须以当年该险种年度损失率达到主管机构或经主管机构授权的精算机构所公布的标准为依据。

目前国内的重大疾病保险产品，大多数条款均设定为不可解约和均衡保费，只有少数产品设立了可调保费或阶梯式保费条款。主要原因是考虑消费者的消费习惯上不易接受，另外保费在事后调整可能引发客户脱落（不缴保费，不退保）的逆选择效果。另外，国内监管部门或行业协会也没有规定调整的公式或标准。

3.1.3 重大疾病保险在国内外的发展历程

重大疾病保险产品的雏形最早可以追溯到 19 世纪末，1886 年一家瑞士的保险公司就已经对所谓的“重大疾病”进行承保，当时的重大疾病主要以急性传染病为主，保险人的承保责任限定在对由天花、霍乱、瘟疫等传染病引起的死亡进行赔付。该产品的费率比其他寿险产品要低20% ~35%，被保险人不需体检就可以投保。到了20世纪随着医疗技术的不断进步，各种急性传染病已经不再是引起死亡的主要疾病，所以这种产品也就逐渐失去了其保障价值。20世纪60年代，美国的保险公司开始将癌症列入保险金给付责任范围。自此以后，该产品在美国、英国和澳大利亚等国深受欢迎。20世纪80年代初，以色列的保险公司在重大疾病保险产品中加入了对冠状动脉疾病进行全额给付的责任。

1983年，第一个具有“现代意义”的重大疾病保险产品出现在南非的寿险市场上，由南非一家名为“Crusader”的保险公司推出，该种产品的主要保险责任是对患有心肌梗塞、脑中风、癌症以及需进行外科手术治疗的冠状动脉疾病的被保险人在生存时直接提供现金给付，这是一种提前的死亡给付。不久，这款产品就被其他的寿险公司模仿，逐渐成为比单一提供生存或死亡保障的寿险产品更畅销的产品。随后，保险公司对重大疾病保险产品设计上的一些缺陷进行了修正，针对早期过高的索赔率，提出规范重大疾病的定义以及严格核保的要求，并且规定了“等待期”以降低被保险人的逆选择风险和道德风险。该产品的承保范围也不断扩大，由设立之初的四五种疾病拓展到现在的二三十种疾病和手术项目。到目前为止，南非所有的人寿和健康保险公司都有重大疾病保险产品。

经历了二十余年的发展，重大疾病保险现有产品在重大疾病的定义、保障范围、保险金给付形式以及费率厘定等方面都作了很大改进。其中，南非、英国、澳大利亚等国开展该险种的经验为其他国家和地区重大疾病保险市场的发展提供了积极的借鉴意义，如采用重大疾病的定义修改权、保险金分类给付、回购选择权、浮动费率模式等。

1995年，重大疾病保险被首次引入我国保险市场，最初它是一个定期的附加险，承保的责任范围是7种重大疾病：癌症、脑中风、心肌梗塞、冠状动脉绕道手术、尿毒症、瘫痪和重要器官移植。在销售重大疾病保险的最初二三年内，我国广大居民对该险种的认知程度十分有限，各家寿险公司也都采取谨慎的态度，承保金额较低，核保规定也较为严格。随着居民保险意识的提高和社会医疗保障体制改革步伐的加快，重大疾病保险以其独特的保障内容、巨大的市场潜力和良好的社会效益，在我国保险市场全面启动。1998年以后，我国寿险公司把以定期附加险形式的重大疾病保险修订为终身险种，并扩大了保障范围（由7种扩大到10种以上）。重大疾病保险的保费收入和销售件数，在各寿险公司个人寿险新单的销售份额中多年占据前位。

2001年12月，平安人寿推出了首款分红型终身个人重大疾病保险，此后各家保险公司纷纷推出自己的重大疾病分红产品，这类重大疾病保险产品一度成为我国健康保险市场的一个亮点。2003 年，中国保险监督管理委员会发布了《人身保险新型产品精算规定》，从 2003 年 7 月 1 日起停止审批个人分红型重大疾病保险。2007 年出台的《重大疾病保险规范》则对重大疾病保险产品中最常见的 25 种疾病的名称、定义进行了统一和规范，对重大疾病保险的除外责任、条款中出现术语的解释作了统一，对重疾险条款和宣传资料中疾病的排列顺序、疾病名称的表述方式也作了规定，使重大疾病的定义更为专业、规范、合理，在理赔中更具有操作性，也能避免客户和保险公司之间因重大疾病的认定发生纠纷的情形。至此，我国重大疾病保险市场已经进入规范、有序的发展阶段。

§3.2 重大疾病发生率测量

重大疾病发生率是重大疾病保险精算中的一个重要概念，它描述了重大疾病发生这一风险事件的可能性大小，是度量重大疾病发生强度的重要指标，是重大疾病保险产品定价的数量基础。在商业重大疾病保险中，若对重大疾病发生率估计过低，则厘定的费率不足，会导致持续经营困难，损害保险人利益；若对重大疾病发生率估计过高，又会损害投保人利益。因此，重大疾病发生率测量是商业重大疾病保险稳健经营和快速发展的基本前提。

如何测量重大疾病发生率是重大疾病保险产品开发过程中最重要的问题。一般而言，根据可利用的数据，有两种常用的测量方法：第一种方法是基于一般人群统计数据测量，然后将之调整为适用于被保险人群的发生率；第二种方法是基于保险行业的经验索赔数据测量得到经验发生率。人群统计数据比保险索赔经验更加可靠，但缺乏直接的相关性。一般而言，一般人群统计数据的优点在于能够给出发生率在年龄间的差异，而保险经验数据的长处是能够得到发生率的具体强度和大小。方法的选择依赖于可得到、可利用的数据资源，没有哪一种方法在其基础上是绝对理想的，价值在于比较这两种不同方法得到的结果，从而得到更为合理的测量结果。

3.2.1 基于一般人群统计数据测量发生率

1. 测量方法和过程

利用一般人群统计数据测量重大疾病发生率是精算实践最常用的方法。与重大疾病相关的统计数据能从许多数据资源中得到，如政府卫生和统计部门、慈善团体、医学和学术研究机构的研究论文等。这些统计资料对于大部分的重大疾病不仅可靠而且比较详尽，但实际应用中必须对基于一般人群的统计数据进行一定调整，如人群统计资料在按年龄和性别测量重大疾病发生强度时是可用的，但对于按某些风险因素，比如以是否吸烟来测量则可能是不可用的。人群统计资料更适用于死因统计和患病率测量，而重大疾病保险的发生率必须使用间接的方法来测量，某些疾病发生率还要依赖于其他国家或地区的数据。

2. 测量中的注意事项

利用人群统计资料测量重大疾病发生率时，测量工作的起点是确定按性别和年龄（或年龄组）划分人群的重大疾病年发生率。统计数据必须修正以尽可能地接近每种重大疾病的定义，例如，剔除少数不在承保疾病之列的轻微癌症。因为数据公布存在时滞，数据必须向前调整更新以使得与定价的时间相一致。为了能更贴近地反映重大疾病保险的特点，必须在考虑以下几点的基础上根据所考虑的特定的重大疾病对数据进行调整：

（1）可用的数据并非完全具备代表性。例如，医院提供的数据没有包含生病但没有住院的数据，也可能没有包含突然死亡的数据，因此必须还原或补充不完整的数据。

（2）重大疾病保险金只有在被保险人首次发病后才支付，统计数据中包含被调查者多次发病的情况必须加以调整以适应重大疾病保险定价的需要。

（3）人们所患的某种疾病可能存在另外一种定义。但是，重大疾病保险金只支付一次，发生率必须调整以避免重复计算。例如，相当多的冠状动脉旁路绕道手术后都会引起心脏病发作，这都满足独立的重大疾病的定义，类似这种重复必须从发生率中剔除。

（4）疾病发生率必须反映一个“健康”的人患重大疾病的概率。在这时，反映整个人群风险的分母必须乘上因子（$1-c_x$），其中 c_x 是 x 岁时特定疾病的患病率。

（5）如果识别了两种重大疾病重叠的部分，必须从分母中相应地剔除重叠的部分。

一般人群数据通常以年龄组方式呈现，因此个别年龄的发生率必须修匀以便获得完整的重大疾病表。基于一般人群获得了重大疾病保险的个体发生率以后，还必须做进一步的调整以反映被保险人群的风险因素。基于一般人群数据得到的测量结果，必须将之调整为被保险人群的发生率才能用于产品定价中。因为不同的社会经济状况和风险选择核保的影响，被保险人群的重大疾病发生率通常异于一般人群的发生率。存在的差异的大小依赖于医疗保险的可及性、对医疗保险的态度、饮食、吸烟和酗酒习惯以及其他生活方式等，也与重大疾病种类有关。例如，高端的社会经济团体的中风和心脏病发作的发生率比低端团体的更低。对于某些疾病如癌症和多发性硬化症，这种差异并不明显。通常认为高端社会经济团体更可能寻求医学帮助并定期进行健康检查，即使存在潜在的风险因素，由于一些疾病能早发现或早预防，而使整个重大疾病的发生率发生变化。

3.2.2 基于索赔经验数据测量发生率

1. 测量方法和过程

根据索赔经验来测量重大疾病的发生率是最理想的。如果市场没有重大疾病保险的索赔经验，通过不同社会经济团体重大疾病数据的变异程度或通过被保险人群与一般人群死因之间的联系来推断保险人群测量的结果是可行的。对于新兴市场，由于缺乏国内经验数据，必须对重大疾病发生率进行国际比较，然后对国外被保险人群重大疾病发生率进行调整以适应本国的需要。早期重大疾病保单的索赔经验极大地依赖于承保过程，严格的核保和好的投保人疾病记录会改善索赔经验。当然，这些影响依疾病而异，例如相对癌症而言，目前的核保过程更容易发现心脏病发作的风险因素。相反地，如果怀疑患有某种疾病，在寻求医疗帮助之前购买重大疾病保险，就会导致逆选择的发生。为了减轻逆选择风险，对承保的重大疾病规定一定期限（如3个月、6个月）的等待期是有效的方式。

2. 测量中的注意事项

在大多数保险市场上，可靠的重大疾病保险索赔经验仍然十分缺乏。即使再保险公司集合了大多数市场的经验数据，其研究结果也应该谨慎使用，尤其当这些结果被分解到具体的保险市场上时，可靠性就成了问题。索赔经验统计有一个时间跨度，在这段时间内，市场营销、承保和索赔等实践都会发生变化。单个保险公司的数据能做调整以适应这些变化，但对于行业数据来说却很困难，这是因为销售渠道、承保实践或承保的疾病存在差异导致了索赔经验上的差异。如果每个公司的索赔经验不能单独分出，就不能精确解释历史数据中的规律。不同公司间的索赔地验会存在很大不同，因此在产品定价时，整合的市场经验可能会给出误导的索赔经验水平。

在索赔数据能相对快速统计时，索赔经验可从年轻的年龄段和选择的时段开始分析。通常分析索赔经验的起点是已报告索赔，在未决赔案中必须考虑拒赔率。一般在索赔发生和报告之间会存在一个时差。在分析被保险人索赔经验时，已发生未报告（IBNR）索赔也必须考虑进去。IBNR是重大疾病经验分析的重要组成部分，因为随着时间的推移，索赔经验的变化可能源于以前低估或高估的IBNR，而不是源于实际的风险变化。具体的延迟方式随着重大疾病的不同而异，而且对于某年内暴露的所有索赔报案和结案可能会经过好几年时间。

投保人可能没有完全理解或记住他们的保单，以致索赔延迟，这点或许能部分解释索赔延迟的原因。赔案处理延迟是因为在确定疾病的严重性和某些重大疾病的持久期上难以确定。包含 IBNR 的被保险人群疾病发生率的最终估计必须与相应的人群发生率作比较来判断其合理性，以提高估计结果的可信度。为了更好地估计 IBNR，与索赔相关的日期地记录是必不可少的，同时必须表明这些记录内容的日期，并随着时间的变迁连续不断的记录索赔的这些信息。特别地，对于癌症的诊断日期必须记录首次发现症状的日期、医生确诊的日期、以及后来癌症严重恶化符合重大疾病定义的日期。通知日期必须记录投保人首次向保险公司报告的日期、完整的索赔表接受日期以及医学证据接受的日期。

遗憾的是，并不是所有的市场都有上述充分且大量的数据，保险人因而被迫使用其他保险市场的经验结果。这样做必须考虑不同国家之间的差异，如果有充分的理由这样做，还必须作适当的调整。为了得到更精确的精算基础，当然必须尽可能得到当地统计数据。如果没有可靠的国家统计数据可用，可以通过比较死亡原因将其他市场的精算基础移植过来，这必须在别无选择时才采用。况且，医疗水平也是影响患重大疾病后生存率的一个关键因素，不同地区的医疗水平是影响重大疾病生存率的主要因素。在这时使用死因统计数据导致测量的发生率与实际发生率有重大差异。

3. 测量结果的表达

一般而言，重大疾病发生率常用 i_x 表示。在将测量结果用于重大疾病保险产品定价时，根据重大疾病保险的类型必须进行一些调整。

（1）额外给付型重大疾病保险：额外给付型重大疾病保险金只有在被保险人确诊患某种重大疾病并且在生存期内没有死亡时才赔付，因此必须计算生存期内的生存概率并将之应用于疾病发生率的调整，这种调整根据疾病的严重程度而不同（例如多发性硬化症与中风、心脏病发作在调整时就存在差异，前者比后者的生存时间更长）。

（2）提前给付型重大疾病保险：提前给付型重大疾病保险金在死亡发生或重大疾病首次发生时赔付，因此死亡发生率必须加到重大疾病发生率中。提前给付型重大疾病保险总发生率的一般模型为 $i_x + (1 - k_x) q_x$，其中 i_x 是重大疾病发生率，q_x 是全人群死亡率，k_x 是因重大疾病导致的死亡占全部死亡的比例（基于死因调查结果）。

3.2.3　重大疾病发生率的影响因素和长期趋势

1. 重大疾病发生率的影响因素

重大疾病发生率受到多种因素的影响，包括被保险人吸烟与否、性别、所在地区、职业类别、生活习惯、保险金额、在投保时是否经过医学选择以及其他核保选择等，分析这些因素对重大疾病发生率的影响强度和机理，有助于提高定价的准确性和科学性。

（1）吸烟：多种重大疾病的发生率与被保险人是否吸烟高度相关。例如，90%的肺癌与吸烟有关，吸烟者心脏病和中风的风险大概是非吸烟者的两倍。许多保险市场针对吸烟者和非吸烟者制定不同的费率表，暗指吸烟者和非吸烟者的重大疾病发生率不同。因此，投保时必须询问吸烟的种类和程度以便剔除重度吸烟者，将吸烟者的风险控制在一定的范围内。

（2）性别：男性和女性的重大疾病发生率水平和年龄结构具有很大不同。对女性而言，许多因素导致乳癌的高发生率，这提高了年轻女性的重大疾病保险的费率。一般而言，男性和女性适用不同的费率表。

（3）地区：重大疾病发生率受到被保险人所在区域的影响。同种疾病在不同地区的发生率不一样，索赔经验也相差很大。即便是在同一个国家，不同地区的发生率也不一样，在定价时应充分考虑。

（4）职业类别：职业对重大疾病发生率也有影响。不同职业所在的工作环境不同，而工作环境也是诱发重大疾病的重要原因。

（5）生活习惯：生活习惯是影响重大疾病发生率的重要因素，如前文所言，吸烟是肺癌的重要诱因，也是冠心病的重要影响因素。有研究表明，吸烟者比不吸烟者在冠心病方面的相对危险增高 2 倍，缺血性脑卒中增加 1 倍。而且不良的生活习惯导致的血脂、血糖、体重的过高是导致心脑血管疾病的重要原因。

（6）核保选择：核保选择的效果很明显。经验表明，男性在保单第一年的索赔率比一年后的保单索赔率低。对女性而言，这个比率相差不大。其中，经过体检承保的保单比未经过体检的保单具有更好的索赔率。

（7）保险金额：对被保险人而言，由于逆选择和道德风险的存在，保险金额对索赔率有显著影响，保险金额高更易导致索赔的发生。

2. 重大疾病发生率的长期趋势

（1）重大疾病发生率变化的驱动因素。重大疾病发生率变化的主要动因是医学进步、社会行为变化和监管规定等。医学进步对重大疾病和不严重的疾病（可能导致重大疾病）的诊断和治疗都产生重大影响，总的来说，医学进步减少了重大疾病死亡率，但这并不意味着减少了重大疾病的发生率。相反地，如果诊断的疾病符合重大疾病保险的定义，诊断技术的进步也会提高发生率。如果重大疾病保险金的支付条件是手术而不是特定的诊断，会导致手术使用更加频繁，这会对重大疾病发生率产生重大影响。向医疗机构咨询人群重大疾病发生率的未来变化趋势是非常重要的，弄清楚将会有哪些医学进步，这些进步会因为及早发现潜在风险而改善重大疾病发生率，还是更早发现重大疾病而恶化重大疾病发生率？

不同国家的社会行为大不相同，但都包含一些共同的习性，如快节奏的生活方式、无规律的饮食、酗酒和非法药物的滥用等。尽管难以预测，但所有这些生活习惯对重大疾病发生率都会产生负面影响。世界上许多国家，肥胖已经成为恶化重大疾病发生率的重要风险因素，特别对于心脏病、中风和某些癌症尤为明显。据WHO统计，自1980年以来，北美、英国、东欧、中东、澳大利亚和中国，肥胖症增加了3倍。

（2）未来趋势预测。对于未来的趋势预测，过去的历史经验是合理的逻辑起点。我们必须分析每个主要的重大疾病人群发生率的历史趋势，如果能按性别和年龄来分析的话，结果会更理想。每种重大疾病的历史趋势表现出不同的模式，研究它们有助于理解治疗方式和其他风险因素是如何影响发生率的。被保险人群的数据并非十分可靠，这些数据受到混合业务和承保过程的影响，因此谨慎处理数据非常重要。例如，增加的住院率可能是由治疗方式的改变引起的而不是由潜在的风险因素引起的。在对未来的趋势作假定时，必须记住的是每个承保的重大疾病的定义会使得期望的被保险人群经验的变化与一般人群经验不一致。尽管对重大疾病发生率的未来趋势的看法存在差异，但通常认为发生率平均起来在不断恶化。保证费率会导致产品经营更加恶化。

§3.3 重大疾病保险精算

3.3.1 重大疾病保险精算定价

重大疾病保险定价的特殊性表现在三个方面：一是定价基础是各种疾病的发生率和死亡率，数据往往不够完备；二是医疗技术的进步可能导致疾病的诊断比预期提前，从而出现保险金过早给付；三是疾病定义的明确性将影响保险产品责任范围的界定，从而在很大程度上影响产品的定价。全面考虑这些特殊性非常复杂，在此仅探讨重大疾病保险精算定价的基本方法。从实务角度来看，一般根据产品形态来讨论定价方法，方法简单实用，易于操作。下面我们先看提前给付型和额外给付型重大疾病保险定价的基本方法。由于最初推出的重大疾病保险产品是提前给付型的，因此在此先讨论该产品的精算模型。

1. 提前给付型重大疾病保险定价

重大疾病保险定价首先必须测量重大疾病发生率，下面来看一个测量的公式。这个公式最初在1985年由通用/科隆再保险公司提出，并首次在南非市场公布。至今，它仍然是世界上精算师普遍使用的标准公式。这种发生率估计方法实质上是附录中所称增量——减量表方法的简化。为了对提前给付型产品定价，必须计算“死亡或保障疾病首次确诊（无论哪一个先发生）”的成本。早期的定价方法是估算由于保障疾病确诊时“提前”给付而导致的死亡保险的保费和利息损失，这种定价方法的计算公式相对复杂。与之相反，以下公式更简单易懂。最初的假设是只包含一种重大疾病或一个事件。在以下的解释中，通过结合单个发生率可得到所有保障事件的发生率。与模型相关的参数如下：

l_x ：年龄为 x 的人数

ld_x：年龄为 x 的有重大疾病病史的人数

ki_x：年龄为 x 的首次患重大疾病的人数

d_x ：年龄在 x 和 $x+1$ 岁之间死亡的人数

dn_x：有重大疾病病史的因非重大疾病相关病因死亡的人数

dd_x：有重大疾病病史的因重大疾病相关病因死亡的人数

dg_x：年龄在 x 和 $x+1$ 岁之间的无重大疾病病史死亡的人数

i_x ：年龄在 x 和 $x+1$ 岁之间的无重大疾病病史的发生重大疾病的概率

a_x ：年龄在 x 和 $x+1$ 岁之间的因重大疾病死亡的人数占所有死亡人数的比例

q_x ：年龄为 x 的被保险人群的死亡率

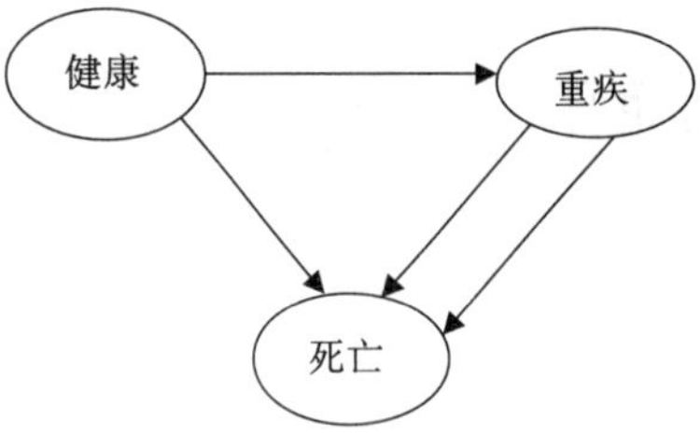

图 3-1　重大疾病保险二元减因模型

死亡或重大疾病（确诊）的概率是通过二元减因模型（死亡率和患病率）计算得到的（图 3-1）。必须注意的是，所谓的“猝死”（如某人突然死亡或患上重大疾病后很快死亡）既被计入了新重大疾病案例数量 ki_x，也被计入了因重大疾病而死亡的案例总数 dd_x。也就是说，健康的被保险人群不可能发生重大疾病死亡。

年龄为 x 的从未患过重大疾病的被保险人群的数量（即 $l_x - ld_x$）由于新患重大疾病案例（ki_x）和因非重大疾病病因而死亡（dg_x）的发生而持续减少。患有重大疾病的被保险人数因重大疾病死亡（dd_x）和其他原因死亡（dn_x）的发生也在持续减少。因此，保障“死亡或重大疾病（无论哪一个先发生）”的保单项下的总理赔数为：$ki_x + dg_x$。dn_x 或 dg_x 的相应数据通常难以获得，但用以计算 i_x、a_x 和 d_x 的数据一般都能得到。因此，必须将$ki_x + dg_x$替换为另一个使用这三个变量的公式。

第一步得到：$dd_x = a_x \cdot d_x$。因此，非因重大疾病相关病因死亡的人数为：

$$dg_x + dn_x = (1 - a_x) \cdot d_x \tag{3.1}$$

由式（3.1）可得到死亡或重大疾病总理赔数：

$$ki_x + dg_x = ki_x + (1 - a_x) \cdot d_x - dn_x \tag{3.2}$$

如上所述，由于没有进行过相应的调查，上式中 dn_x 的值通常难以从统计资料中获得。但可以合理地假设，有重大疾病病史的被保险人群与未患过重大疾病的被保险人群相比，前者因非重大疾病相关病因的死亡率要高于后者：

$$\frac{dn_x}{ld_x} = \frac{dg_x}{l_x - ld_x} \cdot (1 + m_x), \text{此处 } m_x \geqslant 0 \tag{3.3}$$

解方程（3.3）求得 dn_x 代入式（3.1），可得：

$$dg_x + \frac{dg_x \cdot ld_x}{l_x - ld_x} \cdot (1 + m_x) = (1 - a_x) \cdot d_x$$

将方程变形，把 d_x 替换为 $q_x \cdot l_x$ 得：

$$\frac{dg_x}{l_x - ld_x} = \frac{(1 - a_x) \cdot q_x \cdot l_x}{l_x + m_x \cdot ld_x} \tag{3.4}$$

为了计算死亡和100%提前给付重大疾病的保费，必须将式（3.2）除以健康人数，得到：

$$\frac{ki_x + dg_x}{l_x - ld_x} = \frac{ki_x}{l_x - ld_x} + \frac{(1 - a_x) \cdot q_x \cdot l_x}{l_x + m_x \cdot ld_x} = i_x + \frac{(1 - a_x) \cdot q_x}{1 + m_x \cdot \frac{ld_x}{l_x}} \tag{3.5}$$

此处 $i_x = \frac{ki_x}{l_x - ld_x}$ 表示重大疾病发生率。

式（3.5）与 m_x 相关，随着 m_x 的增加而减少。因此，取 $m_x = 0$，可以得到一个最大的估计值：

令 qi_x = 年龄在 x 和 $x+1$ 岁之间的被保险人群死亡或患重大疾病的概率，则 $qi_x = i_x + (1 - a_x) \cdot q_x = q_x + (i_x - a_x \cdot q_x)$，从而可以得到一个只含有 i_x，a_x 和 q_x 三个变量的公式。$i_x - a_x \cdot q_x$ 表示死亡和提前给付重大疾病保险提前给付部分的保费。

在上述公式中，i_x 表示有任何一种被保障的重大疾病的概率，a_x 表示因任何一种重大疾病的重大疾病死亡的人数占所有死亡人数的比例。令 i_x^k 表示疾病 k 的发生率，a_x^k 表示因疾病 k 而死亡的人数占所有死亡人数的比例，则

$$qi_x = q_x + \left(\sum_k i_x^k - \sum_k a_x^k \cdot q_x\right) = q_x + \sum_k \left(i_x^k - a_x^k \cdot q_x\right)$$

但是这个公式仅仅得到了 qi_x 的一个近似值，因为正确计算 i_x 必须用到以下公式表示的乘积：$i_x = 1 - \prod_k (1 - i_x^k)$。出于实际原因，这个使用求和的公式通常运用于计算重大疾病的发生率，如 $1 - \prod_k (1 - i_x^k) < \sum_k i_x^k$ 这会产生一个小的余量，可以作为安全余量处理。

在讨论了提前给付型重大疾病保险的疾病发生率估计之后，基于得到

的重大疾病发生率，就可以得到提前给付型重大疾病保险均衡纯保费的计算公式：

$$P_{x:\overline{n|}} = \frac{1}{N_x^{aa} - N_{x+n}^{aa}} \sum_{j=0}^{n-1} D_{x+j}^{aa} \cdot i_{x+j} \cdot v^{\frac{7}{12}} \cdot (1 - {}_{j+1}V_{x:\overline{n|}})$$

式中：$v = \frac{1}{1+i}$为贴现因子；$l_{x+1}^{aa} = l_x^{aa} \cdot (1 - q_x^{aa} - i_x)$为健康生存人数；$D_x^{aa} = l_x^{aa} \cdot v^x$为健康生存人数折现；$N_x^{aa} = \sum_j D_{x+j}^{aa}$为健康生存人数折现总和；$i_x$为重大疾病发生率；${}_jV_{x:\overline{n|}}$为基础寿险保单在第$j$个保单年度末的责任准备金。

2. 额外给付型重大疾病保险定价

额外给付型或独立主险型重疾产品的给付条件是被保险人被确诊罹患保单规定的某种疾病且存活时期超过保单规定的生存期间。在计算预期发生率的时候我们只需要知道重大疾病的发生率就可以了，还要排除患病者在生存期间死亡的现象。因此掌握了各种疾病的发生率以及在发病后一定时间之内的死亡率，或者疾病的治愈率就可以了。假设疾病的发病率用i_x表示，在生存期间患者的死亡率为q_x，那么预期发生率就为$i_x - i_x \cdot q_x$。因此，额外给付型重大疾病保险定价类似于长期寿险，其均衡纯保费为：

$$P_{x:\overline{n|}} = \frac{1}{N_x^{aa} - N_{x+n}^{aa}} \sum_{j=0}^{n-1} D_{x+j}^{aa} \cdot i_{x+j} \cdot v^{\frac{7}{12}}$$

3. 重大疾病保险定价的多状态方法

如果考虑定价方法的精确性，则可以从多状态模型来探讨（多状态模型的一般知识见附件3.2），此时，重大疾病保险可以用如图3－2所示的四状态模型来描述。

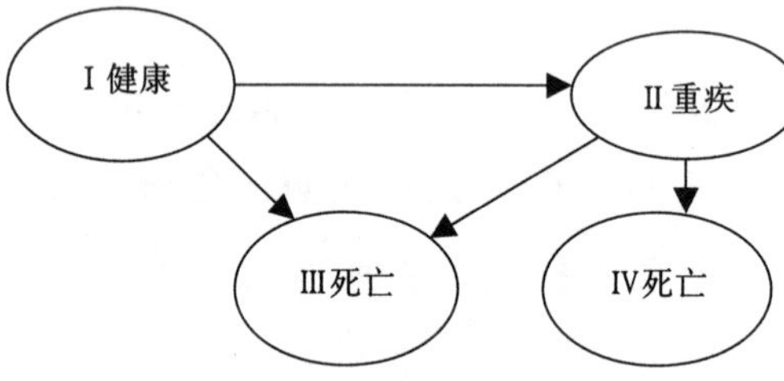

图3－2　重大疾病保险的四状态模型

重大疾病保险的四状态模型具有如下特征：

（1）具有有限个（4个）状态：Ⅰ为健康状态，Ⅱ为重疾状态，Ⅲ为由于重疾以外其他原因导致的死亡状态，Ⅳ为因重大疾病引起的死亡状态。健康和疾病是可转移状态，死亡是吸收状态。

（2）为了简化模型，通常假定被保险人在等待期之后患重大疾病是不可康复的，则整个模型就只有四种转移方式：健康到疾病、健康到死亡、非重大疾病引起的疾病到死亡、保单列明的疾病到死亡。由重大疾病引起死亡的转移过程为Ⅰ→Ⅱ，Ⅱ→Ⅳ。状态Ⅱ是不可逆转的，在实践中，这意味着保单效力在重大疾病诊断并赔付以后终止。

（3）在具体的定价过程中，必须估计转移概率 P^{12} 或转移强度 μ^{12}。图 3－2 所示的四个状态重大疾病保险模型中，需要估计四个转移强度：

$\boldsymbol{\mu}^{12}(\boldsymbol{y})$：从健康到重大疾病的转移强度；

$\boldsymbol{\mu}^{13}(\boldsymbol{y})$：从健康到非重疾引起死亡的转移强度；

$\boldsymbol{\mu}^{23}(\boldsymbol{y},\boldsymbol{u})$：从重疾状态到非重疾引起死亡的转移强度；

$\boldsymbol{\mu}^{24}(\boldsymbol{y},\boldsymbol{u})$：从重疾状态到因重疾死亡的转移强度。

其中，$\mu^{23}(y,u)$，$\mu^{24}(y,u)$ 是选择性的转移强度（select transition intensity）。显然，这两个转移强度依赖于重大疾病患者的重疾持续时间。由上述转移概率，可以得到如下概率：

$$ {}_tP_{\overline{x}}^{11} = \exp\left[-\int_0^t (\mu^{12}(x+u) + \mu^{13}(x+u)du \right] $$

$$ {}_\tau P_{\overline{x+t,0}}^{22} = \exp\left[-\int_0^\tau (\mu^{23}(x+t+u,u) + \mu^{24}(x+t+u,u))du \right] $$

为简便起见，在此仅讨论额外给付型重大疾病险的趸缴纯保费。设保单保险期限为 n，则在重大疾病保险诊断时一次性支付 1 单位保险金的趸缴纯保费为：

$$ A_{x:\overline{n}|}^{DD} = \int_0^n {}_tp^{\frac{11}{x}} \mu^{12}(x+t) v^t dt $$

在额外给付型重大疾病保险中，必须考虑的一个问题是**过度给付**（overpayment），即被保险人在诊断罹患重大疾病后很短的时间内死亡。一个可能的解决办法是在诊断出重大疾病后，保险金分多次支付，即被保险人获得的保险金与生存时间有关。现假设保险金为一个单位，分三次支付：$x+t$（重大疾病诊断日期）、$x+t+\tau'$、$x+t+\tau'+\tau''$，每次支付的金额为 α，β，$1-\alpha-\beta$，在此种情形下，趸缴纯保费为：

$$ A_{x:\overline{n}|}^{DD} = \int_0^n {}_tp^{\frac{11}{x}} \mu^{12}(x+t) [\alpha v^t + {}_{\tau'}P_{\overline{x+t,0}}^{22} \beta v^{t+\tau'} + (1-\alpha-\beta)\, {}_{\tau'+\tau''}p^{\frac{22}{x+t,0}} v^{t+\tau'+\tau''}] dt $$

尽管从理论上讲，多状态定价方法得到的结果更能体现精算公平，但是这种方法的使用在实务中存在诸多限制，需要获得状态之间的转移强度、罹患重大疾病后的生存时间等信息。

4. 重大疾病保险定价实例

假设重大疾病保险定价的精算假设如下：

（1）预定死亡率：严格按照中国保险监督管理委员会的规定，采用中国人寿保险业经验生命表（2000—2003）之非养老金业务男/女表（CL1/CL2）。

（2）预定疾病发生率：根据再保险公司提供的数据、风险系数及市场经验数据所得；预定重大疾病发生率如表 3－1 所示（女表部分）。

表 3 - 1

年龄	发生率	年龄	发生率	年龄	发生率
20	0. 00060	30	0. 00113	40	0. 00262
21	0. 00063	31	0. 00123	41	0. 00288
22	0. 00066	32	0. 00134	42	0. 00313
23	0. 00071	33	0. 00142	43	0. 00345
24	0. 00075	34	0. 00151	44	0. 00378
25	0. 00079	35	0. 00161	45	0. 00407
26	0. 00081	36	0. 00172	46	0. 00435
27	0. 00084	37	0. 00183	47	0. 00462
28	0. 00093	38	0. 00210	48	0. 00493
29	0. 00103	39	0. 00236	49	0. 00525

（3） 预定利率2. 5%，由此计算的替换函数表如表 3 - 2 所示（女表部分）。

表 3 - 2

年龄 x	D_x^{aa}	N_x^{aa}	S_x^{aa}	C_x^{aa}	M_x^{aa}	R_x^{aa}
20	601 095	17 679 653	391 906 542	518	169 898	8 122 305
21	585 916	17 078 558	374 226 889	531	169 380	7 952 407
22	571 094	16 492 642	357 148 331	543	168 849	7 783 027
23	556 621	15 921 548	340 655 689	564	168 306	7 614 178
24	542 481	15 364 927	324 734 141	576	167 742	7 445 872
25	528 674	14 822 446	309 369 214	586	167 166	7 278 130
26	515 193	14 293 772	294 546 768	586	166 580	7 110 964
27	502 042	13 778 579	280 252 996	589	165 994	6 944 384
28	489 208	13 276 537	266 474 417	622	165 405	6 778 390
29	476 655	12 787 329	253 197 880	658	164 783	6 612 985
30	464 371	12 310 674	240 410 551	696	164 125	6 448 202
31	452 349	11 846 303	228 099 877	733	163 429	6 284 077
32	440 583	11 393 954	216 253 574	776	162 696	6 120 648
33	429 061	10 953 371	204 859 620	802	161 920	5 957 952
34	417 794	10 524 310	193 906 249	831	161 118	5 796 032
35	406 773	10 106 516	183 381 939	862	160 287	5 634 914
36	395 989	96 997 43	173 275 423	897	159 425	5 474 627
37	385 434	93 037 54	163 575 680	931	158 528	5 315 202
38	375 103	89 183 20	154 271 926	1024	157 597	5 156 674
39	364 929	85 432 17	145 353 606	1111	156 573	4 999 077

续表

年龄 x	D_x^{aa}	N_x^{aa}	S_x^{aa}	C_x^{aa}	M_x^{aa}	R_x^{aa}
40	354 917	81 782 88	136 810 389	1194	155 462	4 842 504
41	345 067	78 233 71	128 632 101	1272	154 268	4 687 042
42	335 379	74 783 04	120 808 730	1340	152 996	4 532 774
43	325 859	71 429 25	113 330 426	1425	151 656	4 379 778
44	316 486	68 170 66	106 187 501	1508	15 0231	4 228 122
45	307 259	65 005 80	99 370 435	1574	148 723	4 077 891
46	298 191	61 933 21	92 869 855	1636	147 149	3 929 168
47	289 282	58 951 30	86 676 534	1696	145 513	3 782 019
48	280 531	56 058 48	80 781 404	1767	143 817	3 636 506
49	271 921	53 253 17	75 175 556	1841	142 050	3 492 689

现以 25 岁被保险人，10 年期额外给付型重大疾病保险为例，计算其均衡纯保费。根据额外给付型重大疾病保险定价公式，可得单位保额的年缴纯保费为：

$$P_{25:\overline{n}|} = \frac{1}{N_{25}^{aa} - N_{35}^{aa}} \sum_{j=0}^{9} D_{25+j}^{aa} \cdot i_{25+j} \cdot v^{\frac{7}{12}} = 0.001069$$

3.3.2 重大疾病保险准备金评估

1. 重大疾病保险准备金估计的常规方法

寿险准备金的提存以长期责任准备金为特征，重点在被保险人死亡率和利率等经济环境因素的长期预估上，此外还关系到利润和费用的长期释放与分配，但实务操作中大部分都可通过比较规范的公式来计算和估计。重大疾病保险一般都是长期的，其定价具有寿险特征，因而其责任准备金评估也与寿险类似，当然其给付责任的长期估计更加困难。短期重大疾病保险责任准备金评估与非寿险类似，在此不赘述。

长期重大疾病保险通常提供保障至一定年龄（60 岁、65 岁）或终身，而且自签发保单之日起即按投保时年龄对应的费率收取平准保费。由于重大疾病给付成本随年龄的增加而上升，所以如同长期寿险那样，需要提留附加准备金，其数额等于未来给付的精算现值和未来保费的精算现值之差。保证续保保单若采用平准费率，则相当于长期重大疾病险保单，也需要按类似的原理提取责任准备金。在中国，根据中国保监会下发的文件《健康保险精算规定》，长期重大疾病保险的法定责任准备金评估参照长期寿险法定责任准备金评估方法，即采用定期完全修正法。

修正准备金方法在准备金定义中，从未来给付的精算现值中减去的不是均衡净保费的精算现值，而是定义一系列分段纯保费，以未来给付的精算现值减去这些分段纯保费的精算现值作为准备金。通常是把纯保费分为三个不同水平，虽然理论上可以分成更多个水平。这三个纯保费水平分别表示如下：初年度纯保费记为 α；往后 $j-1$ 年的纯保费记为 β；j 年之后的纯保费即为原来的均衡纯保费 NP_x。修正准备金法主要有：一年定期完全修正法、两年定期完全修正法以及 Zillmer 方法。这些方法已为读者所熟悉，在此不再赘述。

2. 均衡净保费方法

均衡净保费方法（Net Level Reserve Method）是计算如重大疾病保险等长期健康险准备金的一种重要方法，这种方法也是最基础的准备金计算方法，它对许多因素进行了简化，不考虑任何费用，计算基础为均衡净保费。下面以额外给付型重大疾病保险为例来讨论长期重大疾病保险责任准备金计算的均衡净保费方法。为了更加清楚地说明长期重大疾病保险准备金的计算方法和模型，定义如下符号：

$\boldsymbol{x}$ ：被保险人的签单年龄

$\boldsymbol{l_x^\tau}$ ：x 岁时在多减因条件下的健康生存者人数

$\boldsymbol{d_x}$ ：死亡者人数，表示年初满 x 岁的生存者在一年内死亡的人数

$\boldsymbol{p_x}$ ：存活概率，表示 x 岁的人在 $x+1$ 岁时仍然存活的概率

${}^{\mathrm{d}}\boldsymbol{q_x}$ ：死亡发生率，表示在 x 岁生存的人，在 $x+1$ 岁因非重疾死亡的概率

${}^{ci}\boldsymbol{q_x}$ ：重疾发生率，表示在 x 岁健康的人，在 $x+1$ 岁发生重大疾病的概率

$\boldsymbol{\mu_x}$ ：死力，亦叫终止力，指在到达 x 岁的人当中，在此一瞬间里死亡的人所占的比率

${}^{\mathrm{d}}\boldsymbol{\mu_x}$ ：由于非重疾死亡导致的终止力

${}^{ci}\boldsymbol{\mu_x}$ ：由于重疾死亡导致的终止力

$\boldsymbol{v}$ ：贴现因子

$\boldsymbol{NP_x}$ ：均衡净保费

$\boldsymbol{GP_x}$ ：均衡毛保费

先考虑最简单的情况，即不考虑任何费用以及失效问题来计算长期重大疾病保险在时刻 k 时的准备金。假设签发该保单时被保险人的年龄为 x 岁，保险期限为 n 年，对于完全离散的情况，在时刻 k 时的长期重大疾病保险准备金记为：

$$ {}_k^hV_{x:\overline{n}|} = A^1_{x+k:\overline{n-k}|} - NP_x \cdot \ddot{a}_{x+k:\overline{n-k}|} $$

（1）$A^1_{x+k:\overline{n-k}|}$ 的计算。

$$ \begin{aligned} l^x_{x+k}A^1_{x+k:\overline{n-k}|} = {} & vl^x_{x+k} \cdot {}^{d}q_{x+k} + v^2 l^x_{x+k+1} \cdot {}^{d}q_{x+k+1} + \cdots + v^{n-k} l^x_{x+n-1} \\ & \cdot {}^{d}q_{x+n-1} + vl^x_{x+k} \cdot {}^{ci}q_{x+k} + v^2 l^x_{x+k+1} \cdot {}^{ci}q_{x+k+1} + \cdots \end{aligned} $$

$$+v^{n-k}l_{x+n-1}^{x}\cdot{}^{ci}q_{x+n-1}$$

上式表明：保单签发时，由 l_{x+k}^{τ}个年龄为 $x+k$ 岁的被保险人所支付的趸缴纯保费组成的基金总额等于因死亡和重疾发生预定的流出资金的现值总额。

进一步计算整理有：

$$A_{x+k:\overline{n-k}|}^{1}=\frac{v^{x+k+1}\cdot{}^{d}d_{x+k}+\cdots+v^{x+n}\cdot{}^{d}d_{x+n-1}+v^{x+k+1}\cdot{}^{ci}d_{x+k}+\cdots+v^{x+n}\cdot{}^{ci}d_{x+n-1}}{l_{x+k}^{x}\cdot v^{x+k}}$$

设 $D_x=v^x l_x$，$N_x=\sum_{k=0}^{\infty}D_{x+k}$，$S_x=\sum_{k=0}^{\infty}N_{x+k}$，$C_x=v^{x+1}d_x$，

$$M_x=\sum_{k=0}^{\infty}C_{x+k},\ R_x=\sum_{k=0}^{\infty}M_{x+k},(x=0,1,2,\cdots,w,w\text{ 为终极年龄})$$

则

$$A_{x+k:\overline{n-k}|}^{1}=\frac{({}^{d}M_{x+k}-{}^{d}M_{x+n+k})+({}^{ci}M_{x+k}-{}^{ci}M_{x+n+k})}{{}^{ci+d}D_{x+k}}$$

（2）$\ddot{a}_{x+k:\overline{n-k}|}$的计算。

$$l_{x+k}^{x}\ddot{a}_{x+k:\overline{n-k}|}=l_{x+k}^{x}+vl_{x+k+1}^{x}+\cdots+v^{n-k-1}l_{x+n-1}^{x}$$

上式表明：年龄为 $x+k$ 岁的 l_{x+k}^{τ}个生存者，若每人缴纳 $\ddot{a}_{x+k:\overline{n-k}|}$元建立一笔基金，基金总额为 $l_{x+k}^{x}\ddot{a}_{x+k:\overline{n-k}|}$，并按年利率 i 计息积存，则可使该群体中生存的 l_{x+k+t}^{τ}（t＝0，1，…，$n-k-1$）个人，每人获得 1 元的金额。

进一步计算整理有：

$$\ddot{a}_{x+k:\overline{n-k}|}=\frac{{}^{ci+d}N_{x+k}-{}^{ci+d}N_{x+n}}{{}^{ci+d}D_{x+k}}$$

则

$${}_kV_{x:\overline{n}|}^{1}=\frac{({}^{d}M_{x+k}-{}^{d}M_{x+n+k})+({}^{ci}M_{x+k}-{}^{ci}M_{x+n+k})}{{}^{ci+d}D_{x+k}}-NP_x\cdot\frac{{}^{ci+d}N_{x+k}-{}^{ci+d}N_{x+n+k}}{{}^{ci+d}D_{x+k}}$$

在实务中，半连续式是最常用的。这是因为当保险事故发生后，被保险人无论心理上还是经济上都很需要这笔保险金，及时的给付也更能体现保险人性化的特点，同时保费是按期初支付的方式来缴纳，这种组合具有较强的实用性和可操作性，所以需要对上述全离散型的长期健康险准备金模型做一定的修改。

$$\bar{a}_{x+k:\overline{n-k}|}^{1}=\int_0^{n-k}v^t{}_tp_{x+k}^{\tau}\mu_{x+k+t}^{\tau}dt=\int_0^{n-k}v^t{}_tp_{x+k}^{\tau}({}^{d}\mu_{x+k+t}+{}^{ci}\mu_{x+k+t})dt$$

$$=\int_0^{n-k}v^t\frac{l_{x+k+t}^{\tau}}{l_{x+k}^{\tau}}{}^{d}\mu_{x+k+t}dt+\int_0^{n-k}v^t\frac{l_{x+k+t}^{\tau}}{l_{x+k}^{\tau}}{}^{ci}\mu_{x+k+t}dt$$

$$= \sum_{m=0}^{n-k-1} \int_{m}^{m+1} \frac{1}{v^{x+k} l_{x+k}^{\tau}} v^{x+k+t} l_{x+k+t}^{\tau} {}^{d}\mu_{x+k+t} dt$$

$$+ \sum_{m=0}^{n-k-1} \int_{m}^{m+1} \frac{1}{v^{x+k} l_{x+k}^{\tau}} v^{x+k+t} l_{x+k+t}^{\tau} {}^{ci}\mu_{x+k+t} dt$$

$$= \sum_{m=0}^{n-k-1} \frac{1}{v^{x+k} l_{x+k}^{\tau}} \int_{m}^{m+1} v^{x+k+t} l_{x+k+t}^{\tau} {}^{d}\mu_{x+k+t} dt$$

$$+ \sum_{m=0}^{n-k-1} \frac{1}{v^{x+k} l_{x+k}^{\tau}} \int_{m}^{m+1} v^{x+k+t} l_{x+k+t}^{\tau} {}^{ci}\mu_{x+k+t} dt$$

$$= \sum_{m=0}^{n-k-1} \frac{1}{v^{x+k} l_{x+k}^{\tau}} \int_{0}^{1} v^{x+k+m+s} l_{x+k+m+s}^{\tau} {}^{d}\mu_{x+k+m+s} ds$$

$$+ \sum_{m=0}^{n-k-1} \frac{1}{v^{x+k} l_{x+k}^{\tau}} \int_{0}^{1} v^{x+k+m+s} l_{x+k+m+s}^{\tau} {}^{ci}\mu_{x+k+m+s} ds$$

与离散型类似，本节引入连续型换算函数，记：

$$\overline{C}_x = \int_0^1 D_{x+t}\,\mu_{x+t} dt \qquad \overline{M}_x = \sum_{y=x}^{\infty} \overline{C}_y \qquad \overline{R}_x = \sum_{y=x}^{\infty} \overline{M}_y$$

那么，

$$\bar{a}^{1}_{x+k:\overline{n-k}|} = \sum_{m=0}^{n-k-1} \frac{1}{{}^{ci+d}D_x} {}^{d}\overline{C}_{x+k+m} + \sum_{m=0}^{n-k-1} \frac{1}{{}^{ci+d}D_x} {}^{ci}\overline{C}_{x+k+m}$$

$$= \frac{1}{{}^{ci+d}D_x}({}^{d}\overline{C}_{x+k} + {}^{d}\overline{C}_{x+k+1} + \cdots + {}^{d}\overline{C}_{x+n-1})$$

$$+ \frac{1}{{}^{ci+d}D_x}({}^{ci}\overline{C}_{x+k} + {}^{ci}\overline{C}_{x+k+1} + \cdots + {}^{ci}\overline{C}_{c+n-1})$$

$$= \frac{({}^{d}\overline{M}_{x+k} - {}^{d}\overline{M}_{x+n}) + ({}^{ci}\overline{M}_{x+k} - {}^{ci}M_{x+n})}{{}^{ci+d}D_x}$$

则

$$_{k}V(\bar{a}^{1}_{x:\overline{n}|}) = \frac{({}^{d}\overline{M}_{x+k} - {}^{d}\overline{M}_{x+n+k}) + ({}^{ci}\overline{M}_{x+k} - {}^{ci}\overline{M}_{x+n+k})}{{}^{ci+d}D_{x+k}} - NP_x$$

$$\cdot \frac{{}^{ci+d}N_{x+k} - {}^{ci+d}N_{x+n+k}}{{}^{ci+d}D_{x+k}}$$

以上推导过程均未考虑失效率的存在，现在把失效率考虑进长期重大疾病保险准备金的计算中。仍继续前例，只不过此时涉及三个减因，包括前面提到的${}^{d}q_x$和${}^{ci}q_x$，以及长期重大疾病保险准备金特别考虑的x岁购买保单，且在保单年度k年初生存的被保险人在第k个保单年度内退保（失效）的概率，即单个被保险人进入保单年度k并在此年内退保的概率，即失效率${}^{w}q_x$。这里假设失效率发生在每年年末。定义：

${}^{w}\boldsymbol{\mu}$：由失效导致的终止力

$\boldsymbol{CV_{x,k}}$：在第 k 保单年度末退保的单位保额有效保单的现金价值

类似前面的推导：

$$l_{x+1}^{\tau'} = l_x^{\tau'}(1 - {}^{d}q_x - {}^{ci}q_x - {}^{w}q_x)$$

则

$$\bar{a}_{x+k:\overline{n-k|}}^{1} = \int_0^{n-k} v^t {}_tP_{x+k}^{x} {}^{d}\mu_{x+k+t} dt + \int_0^{n-k} v^t {}_tp_{x+k}^{x} {}^{ci}\mu_{x+k+t} dt +$$

$$\sum_{t=1}^{n-k} CV_{x+k,t} v^t {}_tp_{x+k}^{x} {}^{w}q_{x+k+t} \frac{({}^{d}\bar{M}_{x+k}^{w} - {}^{d}\bar{M}_{x+n}^{w}) + ({}^{ci}\bar{M}_{x+k}^{w} - {}^{ci}\bar{M}_{x+n}^{w})}{{}^{ci+d+w}D_{x+k}} +$$

$$\sum_{t=1}^{n-k} CV_{x+k,t} v^t {}_tp_{x+k}^{x} {}^{w}q_{x+k+t}$$

则

$${}_k^hV(\bar{a}_{x+k:\overline{n-k|}}^{1})$$

$$= \frac{({}^{d}\bar{M}_{x+k} - {}^{d}\bar{M}_{x+n+k}) + ({}^{ci}\bar{M}_{x+k} - {}^{ci}\bar{M}_{x+n+k}) + \sum_{t=1}^{n-k} CV_{x+k,t} \cdot {}^{ci+d+w}D_{x+t+k} {}^{w}q_{x+k+t}}{{}^{ci+d+w}D_{x+k}}$$

$$- NP_x \cdot \frac{{}^{ci+d+w}N_{x+k} - {}^{ci+d+w}N_{x+n+k}}{{}^{ci+d+w}D_{x+k}}$$

对均衡净保费下的长期重大疾病保险准备金有两点说明：

（1）若遇到毛保费的情况，则净保费为毛保费的百分比，即：$NP_x = e \times GP_x$；

（2）若涉及保终身的产品，则可把期限 n 设成是终极年龄 ω。

3.3.3 重大疾病保险经验分析实例

重大疾病保险经验分析的主要目的是根据公司的经营数据来分析重大疾病病因、重大疾病发生率以及体检、产品特点等因素对索赔经验的影响。下面以国际上多个保险市场重大疾病保险的经营数据来分析重大疾病的理赔原因、经验索赔率、重大疾病发生率以及不同因素对重大疾病保险索赔经验的影响。这些经验分析的结果对于我国重大疾病保险经营有重要的借鉴和指导意义。

1. 南非

南非精算协会在 1984 年和 1994 年进行了两次重大疾病病因的经验分析，分析结果显示 1994 年重大疾病的病因与 1984 年相比有了明显变化（表 3－3）。

表 3－3　南非重大疾病病因

重大疾病病因	1984 年	1994 年
癌症	29%	37%
心脏病	53%	39%
绕道手术	10%	12%
肾衰竭和中风	8%	9%
其他		5%

从表 3－3 可以看出，1984—1994 年的 10 年间，更为严格的承保选择和疾病定义的改进使得心脏病的赔付比例下降，而癌症保

险金的赔付明显增加。

1997 年，南非精算协会又组织了一次重大疾病索赔经验研究（Continuous Statistical Investigations Committee：Dread Disease Investigation 1991 to 1994），由于可利用的数据不充分（仅有 3 个公司共 880 次索赔纳入研究），故仅按不同性别分析了索赔经验率（如表 3－4 所示）。

表 3－4　　南非重大疾病保险经验索赔率

	男　性			女　性		
年龄	索赔数	暴露数	千分率	索赔数	暴露数	千分率
20～24	19	95 829	0.2	9	72 715	0.12
25～29	50	164 957	0.3	28	108 497	0.26
30～34	92	162 655	0.57	37	94 591	0.39
35～39	151	126 536	1.19	51	69 596	0.73
40～44	207	85 964	2.41	57	42 993	1.33
45～49	168	48 989	3.43	39	22 963	1.70
50～54	129	21 761	5.93	19	9 264	2.05
55～59	54	6 119	8.82	9	2 450	3.67

此次经验研究也分析了体检、核保选择、性别和保额等对索赔经验的影响，结果并没有证实 20 世纪 80 年代的经验：即经过体检承保的保单比未经体检的有更好的索赔率。和预期的一样，核保选择的效果明显。从性别来看，男性在保单第 1 年的索赔率比 1 年后的索赔率高 70%，而女性这个比率则相差不大。从保额来看，投保不同的保额对索赔率有显著影响，保额在 100000ZAR 以下的男性索赔率大约为保额在 100000ZAR 以上的保单的 85%（女性为 93%）。

2. 英国

2000 年 3 月，英国重大疾病卫生保健研究组公布了其研究报告：《重大疾病回顾》（A Critical Review）。这份报告首次评估了英国保险市场的重大疾病保险理赔经验。该研究的数据取自 1991—1997 年间 32 家保险公司的重大疾病赔案（约占当期业务的 60%）。其提前给付型重大疾病保险业务分性别索赔经验率如表 3－5 所示。

表 3－5　　英国重大疾病保险经验索赔率

	男　性			女　性		
年龄	索赔数	暴露数	千分率	索赔数	暴露数	千分率
<30	156	434 294	0.36	149	440 291	0.34
31～40	546	768 303	0.71	442	622 999	0.71
41～50	814	429 929	1.89	506	30 0371	1.68
51～60	659	129 564	5.09	226	74 145	3.05
>61	105	8 748	12.00	19	3502	5.43

报告还显示男性癌症保险金占总赔付额的42%，而女性则近75%。对中风和终末期疾病来讲，男性和女性类似（终末期疾病大概为6%，中风大概为7%～8%之间）。重大疾病分病因的赔付情况如表3－6所示。

表3－6　英国重大疾病病因及占比

重大疾病病因	男性	女性
癌症	42%	75%
心脏病	30%	2%
中风	8%	6%
绕道手术	7%	1%
终末期疾病	6%	6%
其他	7%	10%

该报告还分析了吸烟与核保选择对索赔经验的影响。1991年的数据显示，男性吸烟者的经验索赔率为非吸烟者的150%，女性为137%。到1995年，这一比率男性为135%，女性为120%。在英国尽管只有少数重大疾病保单有等待期的规定，但核保选择的效果在保单生效后的第1年内已能明显看出，首个保单年度的男性索赔率只有3年及以后保单年度的59%。该报告也分析了额外给付型重大疾病保险产品的经验赔付情况，结果显示与提前给付型业务差异不大。

3. 澳大利亚

澳大利亚精算协会在1995—1997年死亡率调查报告中分析了重大疾病保险的经验。该调查期间内共有626次索赔，风险暴露数为367000保单人年。分年龄组和性别的经验索赔率如表3－7所示。

表3－7　澳大利亚重大疾病保险经验索赔率

	男性			女性		
年龄	索赔数	暴露数	千分率	索赔数	暴露数	千分率
17～24	0	4 247	0.00	1	4 783	0.21
25～34	29	58 739	0.49	37	59 541	0.62
35～44	108	93 729	1.15	92	73 045	1.26
45～54	137	45 150	3.03	83	23 227	3.57
55～64	33	3 646	9.05	5	1 226	4.08

从重大疾病病因来看，癌症是导致索赔的最大病因（男性46%，女性84%），心脏病和冠状动脉绕道手术是引起男性索赔的重要病因（17%和10%），具体如表3－8所示。

表3－8　澳大利亚重大疾病病因及占比

重大疾病病因	男性	女性
癌症	46%	84%
心脏病	17%	1%
中风	7%	4%
绕道手术	10%	1%
其他	20%	10%

该报告还分析了吸烟和核保选择对索赔经验的影响，结果发现尽管几乎所有的新产品对吸烟者和非吸烟者的费率

都是不同的，大多数有效保单仍是非吸烟者保单（超过85%）。从核保选择效果看，第1个保单年度男性索赔率要优于第2~5个保单年度。但对于女性而言，第1个和第2个保单年度的索赔率比后续年度要高很多。本次分析证实逆选择对女性索赔有相当大的影响，同时还表明，女性乳腺癌和男性心脏病索赔的发生比预期要早，大多数索赔在等待期结束后不久（一般是保单生效后的第4/5个月）就发生。

4. 中国台湾地区

中国台湾地区于1996年分析了台湾重大疾病保险经营经验，并发布了“重大疾病经验1996研究报告”，该报告利用的暴露数为240万保单人年，共有2108次索赔，分析得到的按年龄组和性别分类的重大疾病索赔率如表3－9所示。

表3－9　中国台湾地区重大疾病保险经验索赔率

	男性			女性		
年龄	索赔数	暴露数	千分率	索赔数	暴露数	千分率
20~24	42	156 811	0.27	48	203 994	0.24
25~29	82	234 588	0.35	82	239 071	0.34
30~34	95	228 045	0.42	162	208 924	0.78
35~39	146	184 567	0.79	219	168 310	1.30
40~44	215	127 903	1.68	274	120 126	2.28
45~49	160	67 257	2.38	220	71 032	3.10
50~54	99	23 907	4.14	100	29 404	3.40
55~59	44	8 349	5.27	53	11 764	4.51
60~64	8	1 531	5.23	12	2 085	5.76

从重大疾病病因看，和其他市场的经验一样，台湾地区经验表明男性癌症在所有索赔中占支配地位（约77%），而心脏病和肾脏衰竭仅占很小部分（分别为7%）。对女性而言，89%的索赔是癌症，第二大原因是肾衰竭（7%），心脏病仅占1%，具体病因如表3－10所示。

表3－10　中国台湾地区重大疾病病因及占比

重大疾病病因	男性	女性
癌症	77%	89%
心脏病	7%	1%
中风	4%	2%
肾脏衰竭	7%	7%
其他	5%	1%

该报告还分析了体检与保险金额对索赔经验的影响，所有年龄段的经验都表明体检保单比非体检保单的索赔经验要差，原因在于非体检保单比体检保单的投保年龄平均低2岁。如果索赔和

保单用保险金额而不是保单年限来评估，则索赔率要低 5% ~10% 。另外，报告也分析了重大疾病主险与附加险之间的区别，发现附加险的粗索赔率仅为 0.708，而主险的粗索赔率为 0.915，附加险的索赔率要明显低于主险。

5. 中国大陆

中国大陆的经验来自于科隆再（Gen Re）的分析，科隆再于 2008 年发布了《重大疾病调查 2000—2004》。调查结果显示从理赔原因上看，癌症仍是中国大陆重大疾病保险的首要理赔原因，95% 的理赔集中在前十种疾病。具体比较结果如表 3-11 所示。

表 3-11　　中国大陆重大疾病保险前十位理赔原因——男性

理赔原因	排　序	占　比
癌症	1	60.7%
急性心肌梗塞	2	18.6%
中风	3	6.6%
肾脏衰竭	4	4.9%
冠状动脉搭桥手术以外的心脏手术	5	1.6%
冠状动脉搭桥手术/其他严重心脏病	6	1.2%
瘫痪	7	1.2%
良性脑肿瘤	8	0.8%
严重烧伤	9	0.5%
爆发性病毒肝炎	10	0.4%
前十位合计		96.5%

在女性理赔中，癌症理赔比例更高，占 76% ~87% 。女性前十位理赔原因比较如表 3-12 所示。

表 3-12　　中国大陆重大疾病保险前十位理赔原因——女性

理赔原因	排　序	占　比
癌症	1	84.3%
中风	2	3.9%
肾脏衰竭	3	2.9%
急性心肌梗塞	4	2.4%
冠状动脉搭桥手术以外的心脏手术	5	1.2%
良性脑肿瘤	6	1.1%
瘫痪	7	0.7%
原位癌	8	0.6%
严重烧伤	9	0.2%
冠状动脉搭桥手术/其他严重心脏病	10	0.4%
前 10 位合计		97.7%

本章小结

重大疾病保险是当被保险人患有保单列明的某一类严重疾病，或进行指定的大型手术（或因意外事故致残）时，保险人给付（定额）保险金的一种健康保险。按保险期间、给付方式及费率的可保证性分为不同的形态。重大疾病发生率是重大疾病保险精算中的一个重要概念，它描述了重大疾病发生这一风险事件的可能性大小，是度量重大疾病发生强度的重要指标，是重大疾病保险产品定价的数量基础。重大疾病发生率测量主要有利用人群统计数据和保险公司经验数据测量两种方法。在测量中需要注意数据的可得性以及可利用性，不可盲目采用以免加大定价风险。重大疾病保险定价及准备金评估需要注意其特点，进行重大疾病保险经验分析。

关键词

重大疾病　重大疾病保险　重大疾病保险发生率

提前给付型重大疾病保险　独立型重大疾病保险

重大疾病保险定价　重大疾病保险准备金

重大疾病保险经验分析

思考题

1. 简述重大疾病及重大疾病保险的概念。
2. 重大疾病保险产品形态有哪些？
3. 如何看待重大疾病保险产品费率的可调整性？
4. 如何测量重大疾病发生率？需要注意哪些方面？
5. 重大疾病发生率的长期趋势是什么？
6. 评述重大疾病保险定价方法。
7. 简述重大疾病保险准备金评估方法。
8. 重大疾病保险经验分析需要注意哪些问题？
9. 根据3.3节中的数据分别计算20～35岁被保险人投保10年期提前给付型、额外给付型重大疾病保险的均衡纯保费。

附录3.1　重大疾病保险条款的相关规定

根据中国保险行业协会的规定，重大疾病保险条款中的疾病名称、疾病定义、除外责任和术语释义应当符合《重大疾病保险的疾病定义适用规范》的具体规定，现摘录如下：

（一）重大疾病保险的疾病名称及疾病定义

1. 恶性肿瘤

指恶性细胞不受控制的进行性增长和扩散，浸润和破坏周围正常组织，可以经血管、淋巴管和体腔扩散转移到身体其他部位的疾病。经病理学检查结果明确诊断，临床诊断属于世界卫生组织《疾病和有关健康问题的国际统计分类》（ICD－10）的恶性肿瘤范畴。下列疾病不在保障范围内：

（1）原位癌；

（2）相当于Binet分期方案A期程度的慢性淋巴细胞白血病；

（3）相当于Ann Arbor分期方案I期程度的何杰金氏病；

（4）皮肤癌（不包括恶性黑色素瘤及已发生转移的皮肤癌）；

（5）TNM分期为$T_2N_0M_0$期或更轻分期的前列腺癌（注）；

（6）感染艾滋病病毒或患艾滋病期间所患恶性肿瘤。

注：如果为女性重大疾病保险，则不包括此项。

2. 急性心肌梗塞

指因冠状动脉阻塞导致的相应区域供血不足造成部分心肌坏死。须满足下列至少三项条件：

（1）典型临床表现，例如急性胸痛等；

（2）新近的心电图改变提示急性心肌梗塞；

（3）心肌酶或肌钙蛋白有诊断意义的升高，或呈符合急性心肌梗塞的动态性变化；

（4）发病90天后，经检查证实左心室功能降低，如左心室射血分数低于50%。

3. 脑中风后遗症

指因脑血管的突发病变引起脑血管出血、栓塞或梗塞，并导致神经系统永久性的功能障碍。神经系统永久性的功能障碍，指疾病确诊180天后，仍遗留下列一种或一种以上障碍：

（1）一肢或一肢以上肢体机能完全丧失；

（2）语言能力或咀嚼吞咽能力完全丧失；

（3）自主生活能力完全丧失，无法独立完成六项基本日常生活活动中的三项或三项以上。

4. 重大器官移植术或造血干细胞移植术

重大器官移植术，指因相应器官功能衰竭，已经实施了肾脏、肝脏、心脏或肺脏的异体移植手术。

造血干细胞移植术，指因造血功能损害或造血系统恶性肿瘤，已经实施了造血干细胞（包括骨髓造血干细胞、外周血造血干细胞和脐血造血干细胞）的异体移植手术。

5. 冠状动脉搭桥术（或称冠状动脉旁路移植术）

指为治疗严重的冠心病，实际实施了开胸进行的冠状动脉血管旁路移植的手术。

冠状动脉支架植入术、心导管球囊扩张术、激光射频技术及其他非开胸的介入手术、腔镜手术不在保障范围内。

6. 终、末期肾病（或称慢性肾功能衰竭尿毒症期）

指双肾功能慢性不可逆性衰竭，达到尿毒症期，经诊断后已经进行了至少90天的规律性透析治疗或实施了肾脏移植手术。

7. 多个肢体缺失

指因疾病或意外伤害导致两个或两个以上肢体自腕关节或踝关节近端（靠近躯干端）以上完全性断离。

8. 急性或亚急性重症肝炎

指因肝炎病毒感染引起肝脏组织弥漫性坏死，导致急性肝功能衰竭，且经血清学或病毒学检查证实，并须满足下列全部条件：

（1）重度黄疸或黄疸迅速加重；

（2）肝性脑病；

（3）B超或其他影像学检查显示肝脏体积急速萎缩；

（4）肝功能指标进行性恶化。

9. 良性脑肿瘤

指脑的良性肿瘤，已经引起颅内压增高，临床表现为视神经乳头水肿、精神症状、癫痫及运动感觉障碍等，并危及生命。须由头颅断层扫描（CT）、核磁共振检查（MRI）或正电子发射断层扫描（PET）等影像学检查证实，并须满足下列至少一项条件：

（1）实际实施了开颅进行的脑肿瘤完全切除或部分切除的手术；

（2）实际实施了对脑肿瘤进行的放射治疗。

脑垂体瘤、脑囊肿、脑血管性疾病不在保障范围内。

10. 慢性肝功能衰竭失代偿期

指因慢性肝脏疾病导致肝功能衰竭。须满足下列全部条件：

（1）持续性黄疸；

（2）腹水；

（3）肝性脑病；

（4）充血性脾肿大伴脾功能亢进或食管胃底静脉曲张。

因酗酒或药物滥用导致的肝功能衰竭不在保障范围内。

11. 脑炎后遗症或脑膜炎后遗症

指因患脑炎或脑膜炎导致的神经系统永久性的功能障碍。神经系统永久性的功能障碍，指疾病确诊180天后，仍遗留下列一种或一种以上障碍：

（1）一肢或一肢以上肢体机能完全丧失；

（2）语言能力或咀嚼吞咽能力完全丧失；

（3）自主生活能力完全丧失，无法独立完成六项基本日常生活活动中的三项或三项以上。

12. 深度昏迷

指因疾病或意外伤害导致意识丧失，对外界刺激和体内需求均无反应，昏迷程度按照格拉斯哥昏迷分级（Glasgow coma scale）结果为5分或5分以下，且已经持续使用呼吸机及其他生命维持系统96小时以上。

因酗酒或药物滥用导致的深度昏迷不在保障范围内。

13. 双耳失聪

指因疾病或意外伤害导致双耳听力永久不可逆性丧失，在500赫兹、1000赫兹和2000赫兹语音频率下，平均听阈大于90分贝，且经纯音听力测试、声导抗检测或听觉诱发电位检测等证实。

注：如果保险公司仅承担被保险人在某年龄之后的保障责任，须在疾病定义中特别说明。

14. 双目失明

指因疾病或意外伤害导致双眼视力永久不可逆性丧失，双眼中较好眼须满足下列至少一项条件：

（1）眼球缺失或摘除；

（2）矫正视力低于0.02（采用国际标准视力表，如果使用其他视力表应进行换算）；

（3）视野半径小于5度。

注：如果保险公司仅承担被保险人在某年龄之后的保障责任，须在疾病定义中特别说明。

15. 瘫痪

指因疾病或意外伤害导致两肢或两肢以上肢体机能永久完全丧失。肢体机能永久完全丧失，指疾病确诊180天后或意外伤害发生180天后，每肢三大关节中的两大关节仍然完全僵硬，或不能随意识活动。

16. 心脏瓣膜手术

指为治疗心脏瓣膜疾病，实际实施了开胸进行的心脏瓣膜置换或修复的手术。

17. 严重阿尔茨海默病

指因大脑进行性、不可逆性改变导致智能严重衰退或丧失，临床表现为明显的认知能力障碍、行为异常和社交能力减退，其日常生活必须持续受到他人监护。须由头颅断层扫描（CT）、核磁共振检查（MRI）或正电子发射断层扫描（PET）等影像学检查证实，且自主生活能力完全丧失，无法独立完成六项基本日常生活活动中的三项或三项以上。

神经官能症和精神疾病不在保障范围内。

注：如果保险公司仅承担被保险人在某年龄之前的保障责任，须在疾病定义中特别说明。

18. 严重脑损伤

指因头部遭受机械性外力，引起脑重要部位损伤，导致神经系统永久性的功能障碍。须由头颅断层扫描（CT）、核磁共振检查（MRI）或正电子发射断层扫描（PET）等影像学检查证实。神经系统永久性的功能障碍，指脑损伤180天后，仍遗留下列一种或一种以上障碍：

（1）一肢或一肢以上肢体机能完全丧失；

（2）语言能力或咀嚼吞咽能力完全丧失；

（3）自主生活能力完全丧失，无法独立完成六项基本日常生活活动中的三项或三项以上。

19. 严重帕金森病

是一种中枢神经系统的退行性疾病，临床表现为震颤麻痹、共济失调等。须满足下列全部条件：

（1）药物治疗无法控制病情；

（2）自主生活能力完全丧失，无法独立完成六项基本日常生活活动中的三项或三项以上。

继发性帕金森综合征不在保障范围内。

注：如果保险公司仅承担被保险人在某年龄之前的保障责任，须在疾病定义中特别说明。

20. 严重Ⅲ度烧伤

指烧伤程度为Ⅲ度，且Ⅲ度烧伤的面积达到全身体表面积的20%或20%以上。体表面积根据《中国新九分法》计算。

21. 严重原发性肺动脉高压

指不明原因的肺动脉压力持续性增高，进行性发展而导致的慢性疾病，已经造成永久不可逆性的体力活动能力受限，达到美国纽约心脏病学会心功能状态分级IV级，且静息状态下肺动脉平均压超过30mmHg。

22. 严重运动神经元病

指一组中枢神经系统运动神经元的进行性变性疾病，包括进行性脊肌萎缩症、进行性延髓麻痹症、原发性侧索硬化症、肌萎缩性侧索硬化症。须满足自主生活能力完全丧失，无法独立完成六项基本日常生活活动中的三项或三项以上的条件。

注：如果保险公司仅承担被保险人在某年龄之前的保障责任，须在疾病定义中特别说明。

23. 语言能力丧失

指因疾病或意外伤害导致完全丧失语言能力，经过积极治疗至少 12 个月（声带完全切除不受此时间限制），仍无法通过现有医疗手段恢复。

精神心理因素所致的语言能力丧失不在保障范围内。

注：如果保险公司仅承担被保险人在某年龄之后的保障责任，须在疾病定义中特别说明。

24. 重型再生障碍性贫血

指因骨髓造血功能慢性持续性衰竭导致的贫血、中性粒细胞减少及血小板减少。须满足下列全部条件：

（1）骨髓穿刺检查或骨髓活检结果支持诊断；

（2）外周血象须具备以下三项条件：① 中性粒细胞绝对值 $\leq 0.5 \times 10^9/L$；② 网织红细胞 $<1\%$；③ 血小板绝对值 $\leq 20 \times 10^9/L$。

25. 主动脉手术

指为治疗主动脉疾病，实际实施了开胸或开腹进行的切除、置换、修补病损主动脉血管的手术。主动脉指胸主动脉和腹主动脉，不包括胸主动脉和腹主动脉的分支血管。

动脉内血管成形术不在保障范围内。

（二）重大疾病保险的除外责任

因下列情形之一，导致被保险人发生疾病、达到疾病状态或进行手术的，保险公司不承担保险责任：

1. 投保人、受益人对被保险人的故意杀害、故意伤害；
2. 被保险人故意自伤、故意犯罪或拒捕；
3. 被保险人服用、吸食或注射毒品；
4. 被保险人酒后驾驶、无合法有效驾驶证驾驶，或驾驶无有效行驶证的机动车；
5. 被保险人感染艾滋病病毒或患艾滋病；
6. 战争、军事冲突、暴乱或武装叛乱；
7. 核爆炸、核辐射或核污染；
8. 遗传性疾病、先天性畸形、变形或染色体异常。

（三）术语释义

1. 六项基本日常生活活动

六项基本日常生活活动是指：

（1）穿衣：自己能够穿衣及脱衣；

（2）移动：自己能从一个房间到另一个房间；

（3）行动：自己能上下床或上下轮椅；

（4）如厕：自己能控制进行大小便；

（5）进食：自己能从已准备好的碗或碟中取食物放入口中；

（6）洗澡：自己能进行淋浴或盆浴。

2. 肢体机能完全丧失

指肢体的三大关节中的两大关节僵硬，或不能随意识活动。肢体是指包括肩关节的整个上肢或包括髋关节的整个下肢。

3. 语言能力或咀嚼吞咽能力完全丧失

语言能力完全丧失指无法发出四种语音（包括口唇音、齿舌音、口盖音和喉头音）中的任何三种、或声带全部切除，或因大脑语言中枢受伤害而患失语症。

咀嚼吞咽能力完全丧失指因牙齿以外的原因导致器质障碍或机能障碍，以致不能作咀嚼吞咽运动，除流质食物外不能摄取或吞咽的状态。

4. 永久不可逆

指自疾病确诊或意外伤害发生之日起，经过积极治疗 180 天后，仍无法通过现有医疗手段恢复。

5. 专科医生

专科医生应当同时满足以下四项资格条件：

（1）具有有效的中华人民共和国《医师资格证书》；

（2）具有有效的中华人民共和国《医师执业证书》，并按期到相关部门登记注册；

（3）具有有效的中华人民共和国主治医师或主治医师以上职称的《医师职称证书》；

（4）在二级或二级以上医院的相应科室从事临床工作 3 年以上。

6. 感染艾滋病病毒或患艾滋病

艾滋病病毒指人类免疫缺陷病毒，英文缩写为 HIV。艾滋病指人类免疫缺陷病毒引起的获得性免疫缺陷综合征，英文缩写为 AIDS。

在人体血液或其他样本中检测到艾滋病病毒或其抗体呈阳性，没有出现临床症状或体征的，为感染艾滋病病毒；如果同时出现了明显临床症状或体征的，为患艾滋病。

7. 遗传性疾病

指生殖细胞或受精卵的遗传物质（染色体和基因）发生突变或畸变所引起的疾病，通常具有由亲代传至后代的垂直传递的特征。

8. 先天性畸形、变形或染色体异常

指被保险人出生时就具有的畸形、变形或染色体异常。先天性畸形、变形和染色体异常依照世界卫生组织《疾病和有关健康问题的国际统计分类》（ICD－10）确定。

附录 3.2 健康保险中的多状态模型概述

多状态模型被广泛应用于长期健康保险定价中。在理论研究中，长期重大疾病保险、长期失能收入损失保险以及长期护理保险的精算模型都可使用，但在各自的模型中，又有所不同。在此，我们以三状态模型为例来探讨多状态模型的一般知识。

定义随机过程 $\{S(x), x \geqslant 0\}$，$S(x+t)$ 表示被保险人在 $x+t$ 时所处的状态，显然，状态空间为 $\{1, 2, 3\}$，3 为吸收状态（为了行文的方便，1 代表健康状态，2 代表失能或疾病状态，3 代表死亡状态）。下面来考察当被保险人失能或疾病时，保险人在区间 $(t, t+dt)$ 上连续支付给被保险人保险金 dt 的趸缴纯保费的计算问题。多状态模型的处理方法是采用 Markov 过程和 semi－Markov 过程（图 1）。

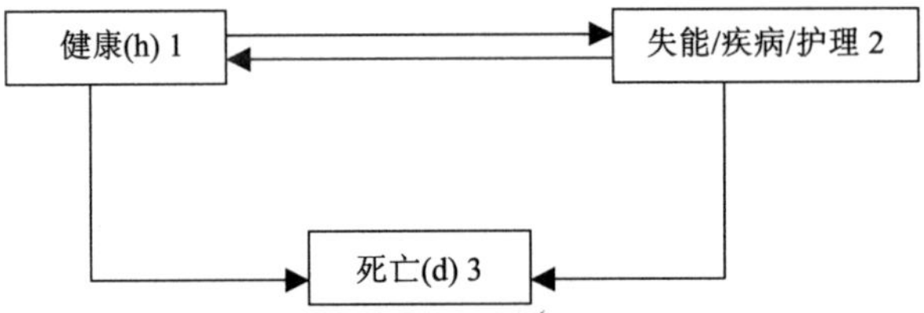

图 1　健康保险三状态模型

1. Markov 过程

图 1 中的三状态模型可以描述为一个时间连续、非时齐的三状态 Markov 链，也就是说，

$$\Pr\{S(y_n) = h_n | S(y_{n-1}) = h_{n-1}, S(y_{n-2}) = h_{n-2}, \cdots, S(y_1) = h_1\}$$
$$= \Pr\{S(y_n) = h_n | S(y_{n-1}) = h_{n-1}\} \quad (3.2.1)$$

对于一切的 n，h_1，h_2，$\cdots$，h_n，$y_1 < \cdots < y_n$ 均成立。

定义如下转移概率：

$$ {}_tP_y^{gh} = \Pr\{S(y+t) = h | S(y) = g\}; h = 1,2,3; g = 1,2 \quad (3.2.2)$$

和转移强度：

$$\mu^{gh}(y) = \lim_{t \to 0^+} \frac{{}_tP_y^{gh}}{t}; h = 1,2,3; g = 1,2; \quad (3.2.3)$$

下面来讨论转移概率、状态持续概率和转移强度之间的关系。

转移概率满足 Chapman－kolmogorov 方程：

$$ {}_tP_y^{gh} = \sum_{k=1,2} {}_\tau P_y^{gk} \, {}_{t-\tau}P_{y+\tau}^{kh}, \qquad h = 1,2,3; g = 1,2 \quad (3.2.4)$$

方程（3.2.1）中定义的 Markov 链的转移概率和转移强度之间、状态持续概率和转移强度之间的关系用下面的定理 1 和定理 2 来描述。

定理 1①对于（3.2.1）定义的时间连续状态离散的 Markov 链 $\{S(x): 0\leqslant x<\infty\}$，状态空间为 $\{1, 2, 3\}$，其中 $\{1, 2\}$ 是可转移状态，$\{3\}$ 是吸收状态，转移概率和转移强度之间满足下列关系（Chapman－kolmogorov 前向微分方程）：

$$\frac{d}{dt}({}_tP_y^{11}) = -{}_tP_y^{11}(\mu_{y+t}^{12}+\mu_{y+t}^{13}) + {}_tp_y^{12}\mu_{y+t}^{21} \tag{3.2.5}$$

$$\frac{d}{dt}({}_tp_y^{12}) = -{}_tp_y^{12}(\mu_{y+t}^{21}+\mu_{y+t}^{23}) + {}_tP_y^{11}\mu_{y+t}^{12} \tag{3.2.6}$$

$$\frac{d}{dt}({}_tp_y^{13}) = {}_tP_y^{11}\mu_{y+t}^{13} + {}_tp_y^{12}\mu_{y+t}^{23} \tag{3.2.7}$$

$$\frac{d}{dt}({}_tp_y^{21}) = -{}_tp_y^{21}(\mu_{y+t}^{12}+\mu_{y+t}^{13}) + {}_tp_y^{22}\mu_{y+t}^{21} \tag{3.2.8}$$

$$\frac{d}{dt}({}_tp_y^{22}) = -{}_tp_y^{22}(\mu_{y+t}^{21}+\mu_{y+t}^{23}) + {}_tp_y^{21}\mu_{y+t}^{12} \tag{3.2.9}$$

$$\frac{d}{dt}({}_tp_y^{23}) = {}_tp_y^{22}\mu_{y+t}^{23} + {}_tp_y^{21}\mu_{y+t}^{13} \tag{3.2.10}$$

定理 1 中的式（3.2.5）、式（3.2.6）是一组相互关联的微分方程，可以联立求解。如果 μ_{y+t}^{gh} 是常数，那么它们是简单的线性齐次微分方程组，将式（3.2.5）代入式（3.2.4），可以得到一个关于 ${}_tP_y^{12}$ 的二阶微分方程，从而 ${}_tP_y^{12}$ 可以用转移强度来表示，进而求得 ${}_tP_y^{12}$，再将 ${}_tP_y^{12}$、${}_tP_y^{11}$ 代入式（3.2.7）可以求得相应的 ${}_tP_y^{13}$。同样的道理可以求得 ${}_tP_y^{21}$、${}_tP_y^{22}$、${}_tP_y^{23}$。

如果 μ_{y+t}^{gh} 不是常数，则要利用非线性微分方程组的求解理论，具体方法可以参照有关的微分方程的教材，在这里不再赘述。

定理 2 对于式（3.2.1）定义的时间连续状态离散的 Markov 链 $\{S(x): 0\leqslant x<\infty\}$，状态空间为 $\{1, 2, 3\}$，其中 $\{1, 2\}$ 是可转移状态，$\{3\}$ 是吸收状态，状态持续概率和转移强度之间满足下列关系：

$$\frac{d}{dt}({}_tP_{\overline{y}}^{\overline{11}}) = -{}_tP_{\overline{y}}^{\overline{11}}(\mu_{y+t}^{12}+\mu_{y+t}^{13}) \tag{3.2.11}$$

$$\frac{d}{dt}({}_tP_{\overline{y}}^{\overline{22}}) = -{}_tP_{\overline{y}}^{\overline{22}}(\mu_{y+t}^{21}+\mu_{y+t}^{23}) \tag{3.2.12}$$

定理 2 的证明思路与定理 1 相同。对于上述两个可分离变量的微分方程，很容易求出其结果：

$${}_tP_{\overline{y}}^{\overline{11}} = \exp\left\{-\int_0^t(\mu_{y+u}^{12}+\mu_{y+u}^{13})du\right\} \tag{3.2.13}$$

$${}_tP_{\overline{y}}^{\overline{22}} = \exp\left\{-\int_0^t(\mu_{y+u}^{21}+\mu_{y+u}^{23})du\right\} \tag{3.2.14}$$

根据前面的分析可以知道，如果可以估计转移强度，那么转移概率也

① 定理 1 的证明见参考文献［5］，李晓林，复合生命状态方法。

就可以计算了。为了使问题简化，我们通常对转移强度或转移概率作一些简化假设，以便估计转移强度或转移概率。

2. Semi – Markov 过程

在上面的 Markov 过程中，假设被保险人在年龄 y 的转移概率（或转移强度）只与被保险人当前所处的状态有关。如果考虑下面的假设：

（1）转移概率（或转移强度）对保单生效时间 x 的关联性（duration – since – initiation dependence）。

（2）自最近一次转移到当前状态以来，转移概率（或转移强度）对在当前状态滞留时间的关联性（duration – in – current – state dependence）。

（3）自保单生效以来，转移概率（或转移强度）对在状态 1 和状态 2 上总共滞留时间的关联性（duration – in – 1，2 – state dependence）。

则可以构造出更富有现实意义的方法。

如果考虑上面的相关性假设，则极大地复杂化了精算方法。然而，如果仅考虑假设 2，可以构造出合理的符合实际意义的方法。可以证明[①]，考虑了假设 2 的随机过程 $\{S(x+t):\ t\geqslant 0\}$ 失去了 Markov 性，是一个 Semi – Markov 过程。为了预测将来的状态，我们不仅要知道被保险人的当前状态，还要知道被保险人自最近一次转移到当前状态以来在当前状态滞留的时间。当然在转移时刻，我们所需要知道的只是新的状态，而无需知道过去的状态。

用 $Z(y)$ 表示 y 岁的被保险人自最近一次转移到当前状态后在该状态滞留的时间，即

$$Z(y)=\max\{w:(w\leqslant y)\cap(S(y-\tau)=S(y),\forall\tau\in[0,w])\} \tag{3.2.15}$$

用 ${}_tP_{y,z}^{gh}$ 表示 y 岁的处于状态 g 的被保险人在该状态的滞留时间为 Z 的条件下，在 $y+t$ 岁时转移到状态 h 的概率。在失能收入保险中，我们最关心的是失能状态滞留时间与转移概率之间的关系，故此下面主要讨论 ${}_tP_{y,z}^{2h}$。

定义 ${}_tP_{y,z}^{2h}$ 如下：

$${}_tP_{y,z}^{2h}=\Pr\{S(y+t)=h\mid S(y)=2\cap Z(y)=z\},h=1,2,3 \tag{3.2.16}$$

$$\begin{aligned}{}_tP_{\overline{y,z}}^{\overline{22}}&=\Pr\ \{S(y+u)=2,u\in[0,t]\mid S(y)=2\cap Z(y)=z\}\\&=\Pr\{S(y+t)=2\cap Z(y+t)=z+t\mid S(y)=2\cap Z(y)=z\}\end{aligned} \tag{3.2.17}$$

相应的转移强度 $\mu_{y,z}^{gh}$ 为：

$$\mu_{y,z}^{gh}=\lim_{t\to 0^+}\frac{{}_{\Delta u}P_{y+\Delta u,z}^{gh}}{\Delta u} \tag{3.2.18}$$

${}_tP_{\overline{y,z}}^{\overline{22}}$ 表示 y 岁的处于失能状态的被保险人，在此之前的时期 z 内一直处

---

① S. M. 劳斯，何声武等译：《随机过程》，中国统计出版社 1997 年版。

于失能状态，并且在此后的时期 t 内也一直处于失能状态（也就是说被保险人的失能状态一直从 $y-z$ 岁延续到 $y+t$ 岁）的概率。通常，我们考虑的更多的是当 $z=0$ 的情形，即 ${}_tP_{y,0}^{22}$，表示 y 岁的处于疾病状态的被保险人的失能一直延续到 $y+t$ 岁的概率。

在这里需要指出的是，${}_tP_y^{12}(\tau)$ 中失能或疾病的至少持续时间 τ 是 ${}_tP_y^{12}(\tau)$ 的一个参数，而 ${}_tP_{y,z}^{2h}$ 中在失能状态滞留的时间 z 是 ${}_tP_{y,z}^{2h}$ 的一个自变量，并且 ${}_tP_y^{12}(\tau)$ 描述的是被保险人从健康状态转移到失能状态并在失能状态滞留一定时间的概率，${}_tP_{y,z}^{2h}$ 描述的是被保险人在当前的失能状态滞留的时间长短与被保险人转移到其他状态的转移概率之间的关系，这两者有着质的不同。

类似定理1、定理2，下面用定理3 、定理4 来表述 Semi – Markov 过程中转移概率和转移强度之间、状态持续概率和转移强度之间的关系。

定理3 对于连续时间区间上的 Semi – Markov 过程 $\{S(x):0\leqslant x<\infty\}$，状态空间为 $\{1,2,3\}$，其中 $\{1,2\}$ 是可转移状态，$\{3\}$ 是吸收状态，转移概率和转移强度之间满足下列关系：

$$\frac{d}{dt}({}_tP_y^{11}) = -{}_tP_y^{11}(\mu_{y+t}^{12}+\mu_{y+t}^{13}) + \int_0^t {}_{t-z}P_y^{11}\mu_{y+t-z}^{12}\cdot{}_zP_{y+t-z,0}^{22}\mu_{y+t,z}^{21}dz \tag{3.2.19}$$

$$\frac{d}{dt}({}_tP_y^{12}) = -\left\{\int_0^t {}_{t-z}P_y^{11}\mu_{y+t-z}^{12}\cdot{}_zP_{y+t-z,0}^{22}\mu_{y+z,t}^{21}dz + \int_0^t {}_{t-z}P_y^{11}\mu_{y+t-z}^{12}\cdot{}_zP_{y+t-z,0}^{22}\mu_{y+t,z}^{23}dz\right\} + {}_tP_y^{11}\mu_{y+t}^{12} \tag{3.2.20}$$

$$\frac{d}{dt}({}_tP_y^{13}) = {}_tP_y^{11}\mu_{y+t}^{13} + \int_0^t {}_{t-z}P_y^{11}\mu_{y+t-z}^{12}\cdot{}_zP_{y+t-z,0}^{22}\mu_{y+t,z}^{13}dz \tag{3.2.21}$$

$$\frac{d}{dt}({}_tP_y^{21}) = -\left\{\int_0^t {}_{t-z}P_{y,0}^{22}\mu_{y+t-z,t-z}^{21}{}_zP_{y+t-z}^{11}\mu_{y+t}^{12}dz + \int_0^t {}_{t-z}P_{y,0}^{22}\mu_{y+t-z,t-z}^{21}{}_zP_{y+t-z}^{11}\mu_{y+t}^{13}dz\right\} + \int_0^t {}_tP_y^{11}\mu_{y+t,t+z}^{21}dz \tag{3.2.22}$$

$$\frac{d}{dt}({}_tP_y^{22}) = -\left\{\int_0^t {}_tP_y^{22}\mu_{y+t,t+z}^{21}dz + \int_0^t {}_tP_y^{22}\mu_{y+t,t+z}^{23}dz\right\} + \int_0^t {}_{t-z}P_{y,0}^{22}\mu_{y+t-z,t-z}^{21}{}_zP_{y+t-z}^{11}\mu_{y+t}^{12}dz \tag{3.2.23}$$

$$\frac{d}{dt}({}_tP_y^{23}) = \int_0^t {}_tP_y^{22}\mu_{y+t,t+z}^{23}dz + \int_0^t {}_{t-z}P_{y,0}^{22}\mu_{y+t-z,t-z}^{21}{}_zP_{y+t-z}^{11}\mu_{y+t}^{13}dz \tag{3.2.24}$$

定理4 对于连续时间区间上的 Semi – Markov 过程 $\{S(x):0\leqslant x<\infty\}$，状态空间为 $\{1,2,3\}$，其中 $\{1,2\}$ 是可转移状态，$\{3\}$ 是吸收状态，状态持

续概率和转移强度之间满足下列关系：

$$\frac{d}{dt}({}_tP^{22}_{\overline{y},z}) = -{}_tP^{22}_{\overline{y},z}(\mu^{21}_{y+t,z+t} + \mu^{23}_{y+t,z+t}) \tag{3.2.25}$$

$$\frac{d}{dt}({}_tP^{11}_{\overline{y}}) = -{}_tP^{11}_{\overline{y}}(\mu^{12}_{y+t} + \mu^{13}_{y+t}) \tag{3.2.26}$$

对于式（3.2.25）、（3.2.26）这两个可分离变量的微分方程很容易求得：

$${}_tP^{22}_{\overline{y},z} = \exp\left\{-\int_0^t(\mu^{21}_{y+u,z+u} + \mu^{23}_{y+u,z+u})du\right\} \tag{3.2.27}$$

$${}_tP^{11}_{\overline{y}} = \exp\left\{-\int_0^t(\mu^{12}_{y+u} + \mu^{13}_{y+u})du\right\} \tag{3.2.28}$$

而对于式（3.2.19）至式（3.2.28）的一系列微分积分方程要借助于计算机才能求得数值解，在此不作介绍。

第四章　失能收入损失保险与长期护理保险

学习目的

通过本章的学习，读者应该能够：

☐ 理解并掌握失能的定义、失能收入损失保险的概念及产品形态

☐ 熟悉失能收入损失保险的定价和准备金评估方法

☐ 理解并掌握长期护理的定义、长期护理保险的概念及产品形态

☐ 熟悉长期护理保险的定价及责任准备金评估方法

§4.1　失能收入损失保险

4.1.1　失能与失能收入损失保险

1. 失能及其界定

随着人口、职业和生活环境的不断变化，职业与非职业伤害以及慢性非传染性疾病导致的健康问题除了在治疗上带来高额费用以外，还造成劳动者劳动能力不同程度的丧失（即失能）。失能不仅给个人及家庭带来伤害，使其陷入经济困境，生活质量下降，还影响社会福利水平与经济发展。为了获得失能收入保单规定的定期收入给付，被保险人必须符合保单上有关失能或完全失能（Total Disability）的定义，保险人则据此定义来判定被保险人是否有资格获得收入赔付。

保险公司在失能收入保单中可用如下方式定义失能：

（1）职业性失能定义。职业性失能定义是国外失能收入损失保险中采用最多的一种定义，见诸于美国、英国、德国等欧美国家。在失能收入损失保险发展初期，失能收入保单将完全失能定义为使被保险人不能履行任何职业主要职责的一种失能。由于这一定义十分严格，使得大多数被保险人都没有获得失能收入给付的资格。因此，大多数公司逐渐放宽了完全失能的定义。目前，国外大多数保险公司使用的**完全失能的定义是：如果被保险人在失能初期由于失能不能履行被保险人惯常职业的基本职责，则该被保险人可被认定为完全失能；而在失能后的一个约定时期（通常为 2 年或 5 年）的期末，如果被保险人不能从事与其所受教育、培训或经验相当的任何职业，才被认定为完全失能**。不过，采用上述完全失能定义的保单

也可能规定凡从事有偿职业工作的被保险人都不能被认定为完全失能。国外市场上在售的某些特定职业者的失能收入保单中，保险公司进一步放宽了失能的定义：若被保险人因失能不能完成原职业的基本职责，即被认定为完全失能，即使被保险人还在从事其他有偿职业。还有一种更特殊的定义是所谓的推定完全失能。推定完全失能的情形一般仅限于彻底的和永久失明、任意两肢功能丧失以及语言和听力丧失。如果其中之一出现，则被保险人自动被认定为完全失能，因而可以获得保单约定的失能收入给付，即使他后来在原职业被全职雇佣也是如此。

（2）工作任务定义。如今，英国部分保险公司的失能收入损失保险产品采用失能的工作任务定义。工作任务定义通常是指日常工作活动（ADWs），或者功能性评估测试（FATs）。在这种定义下，被保险人如果无法完成以下5项工作任务中的2个时，就能获得赔付：①平面行走200米；②从桌面上拿起1千克的物体，并持物行走5米；③使用钢笔、铅笔和键盘；④能够听到安静房内正常讲话的声音；⑤能够读出16号的印刷字体。基于工作任务的定义可能有助于消除索赔中的主观风险。

（3）日常活动能力定义。在中国保险市场上，广泛使用日常活动能力（ADLs）定义，即通过对日常活动能力的测定来评价被保险人是否具有工作能力。若被保险人无法完成6项日常活动中的3项时，则可获得赔付：①穿衣：自己能够穿衣及脱衣；②移动：自己能够从一个房间到另一个房间；③行动：自己能够上下床或上下轮椅；④如厕：自己能够控制进行大小便；⑤进食：自己能够从已准备好的碗或碟中取食物放进口中；⑥洗澡：自己能够进行淋浴或盆浴，并要求是永久性的（至少为6个月）。失能的日常活动能力定义比职业定义和工作任务定义更为严格。

2. 失能收入损失保险及其保险责任

（1）失能收入损失保险及其分类。**失能收入损失保险是指在保险期内，当被保险人因疾病或意外伤害导致失能，不能获得正常收入或正常收入减少时，为被保险人的收入损失提供经济补偿的一种健康保险。**收入的补偿通常采用按月支付固定津贴或失能前收入一定比例的方式，支付额的高低与被保险人失能前的收入水平直接相关。失能收入损失保险的主要目的是为被保险人因丧失工作能力导致收入的丧失或减少提供经济上的保障，但不承担被保险人因疾病或意外伤害所发生的医疗费用。无论从历史还是当前来看，失能收入损失保险作为应对失能风险的重要手段，在稳定人们生活水平、维护个人尊严、保持社会稳定、促进经济发展等方面发挥着重要的作用，很好地体现了保险的损失补偿和社会管理功能。失能收入损失保险中一般规定造成被保险人失能的身体伤害必须是外来原因导致的，并且是被保险人不可预见的。大多数失能保险都规定引起被保险人失能的疾病必须是被保险人在保险合同有效期内首次发生的疾病，其目的是为了除外被保险人投保之前就已存在的疾病。实务中，为了防止被保险人不如实告知和故意隐瞒既往存在的疾病或症状，一般都有既往症除外条款。

根据给付期间的长短，失能收入损失保险分为短期失能收入损失保险和长期失能收入损失保险。个人保险和团体保险通常有不同的划分标准。短期团体失能收入损失保险规定的最大给付期间少于1年，通常为13周、26周或52周。长期团体失能收入损失保险规定的最大给付期间多于1年，一般会延长至被保险人正常退休或70岁。个人失能收入损失保险规定的最大给付期间很少低于1年。短期个人失能收入保险规定的最大给付期间为1～5年，长期个人失能收入损失保险规定的最大给付期间至少为5年。通常，个人长期失能收入损失保险的最长给付期间可以延长至被保险人65岁或退休；在某些情形下，甚至可以为被保险人提供终身给付。

某些失能收入损失保险还为与企业经营相关的某些特殊的费用提供给付，包括关键人物失能保险、失能买卖协定保险和企业一般管理费用保险。如果一个被保险的企业关键人物因失能而不能工作，企业将因失去这一关键人物的效力而遭受经济损失，这种损失能够被关键人物失能保险的失能给付所抵消。失能买卖协定保险提供的给付旨在为收购失能的合伙人或业主在企业中拥有的权益提供资金。企业一般管理费用保险为失能的被保险人支付其对企业一般管理费用的分摊额。保单通常将一般管理费用定义为经常的和必要的经营费用，包括雇员工资、租金、电话、电和煤气的使用费以及维持企业经营所需要的其他费用。

（2）失能收入损失保险的保险责任条款。

①**免责期**：大多数失能收入损失保险保单都规定了免责期，免责期也称为等待期，是指自被保险人失能到开始领取失能收入保险金所需要等待的约定时期。免责期的目的是为了减少保险成本。通过免责期，保险公司可以明显减少在处理和赔付持续时间很短的失能时所发生的费用。这一费用节约反映到保险成本上，免责期越长，承保同样失能收入损失保险的成本就越低。短期和长期个人失能收入保单中的免责期长度一般为30天至6个月。团体保单的免责期一般与最大给付期有关。大多数团体短期失能收入保单规定：由于意外事故导致的失能没有免责期，由于疾病引起的失能有一周的免责期。大多数团体长期失能收入保单都规定了为期30天到6个月的免责期，不过这种安排一般应与短期失能险相协调。也就是说，长期失能收入给付期之前的免责期长度的设定应不短于短期失能险的给付期。

②**给付金额**：失能收入损失保险提供的保险金有一定的限额，它低于被保险人失能以前的正常收入。如果对失能收入损失保险提供的收入补偿不加限制，失能的被保险人可能获得与其工作期间一样多的正常收入或者

更多。在这种情形下，被保险人因失去财务激励而缺乏返回工作岗位的动力，而且可能会有意延长失能时间。失能收入损失保险的提供者一般有两种方法确定失能收入给付金额：一种是收入给付公式；另一种是固定给付金额。团体失能收入损失保单通常规定一个收入给付公式，保险人用以确定向失能被保险人应给付的保险金额。收入给付公式将失能收入损失保险金表述为被保险人失能前收入的一个约定百分比，通常在60% ~75%之间。个人失能收入保单通常规定一个固定给付金额，保险人将依此定期向完全失能的被保险人提供失能收入保险金，但该保险金额等于其失能前正常收入的约定比例，如50% ~75%之间，且不高于规定的固定给付金额。在确定适用于某一被保险人的最大失能收入限额时，保险人需要考虑下列因素：被保险人正常的税前收入；被保险人的未实现收入，如红利与利息，且被保险人在失能期间继续享有这些收入；被保险人在失能期间从其他途径获得的收入，如团体失能收入损失保险金和政府资助失能收入计划所提供的失能收入保险金；被保险人现时适用的所得税组别，因为被保险人通常所挣的收入都是应税收入，而由个人保单所规定的失能收入保险金通常是免税的。一般来说，保险人对某一被保险人规定的失能收入保险金最大限额约是其失能前正常收入的50% ~70%。但要注意的是，被保险人获得的失能收入保险金应低于他在失能前的税后收入。

③补充给付：失能收入损失保险除了在被保险人完全失能时提供给付外，还可以提供其他补充给付。这些补充给付既可以自动包含在基本保险责任内，也可以通过一种任选的缴纳附加保险费的方式获得。常见的补充给付主要有部分失能给付、加保选择权给付以及生活费用调整给付。某些失能收入损失保险保单在被保险人遭受部分失能（Partial Disability）时，即被保险人不能完成其原职业的某些工作或全职从事其职业的失能，在约定期间内给付部分失能收入保险金。具有固定给付金额的失能收入保险可能包含加保选择权，即给予被保险人根据其收入的增加而相应增加保险金额的权利。该条款一般规定：被保险人在加保时，必须证明其收入有相应增加；加保的数额也有相应的最大限额。在加保时，被保险人无需提供可保证明。生活费用调整给付为失能被保险人提供定期增加的失能收入保险金，通常，其增长与生活费用增长相对应。当保单或保单附加条款提供生活费用调整保险金时，通常需要根据某一标准指数（如 CPI）定义生活费用的增加。

4.1.2 失能收入损失保险在国内外的发展情况

1. 国外失能收入损失保险的发展概况

从国际上看，失能收入损失保险的发展可以追溯到几百年以前，早在14 世纪的德国就出现了失能收入损失保险的雏形——私营的救助基金为失能的矿工提供收入补偿。到18世纪，德国和奥地利都设有行业基金和救济组织为失能的商人提供收入补偿。在德国，为工厂工人设立的救济基金成为第一个国家计划——工人补偿保险的先驱。其他国家延续至今的一些类似救济基金的组织，如英国和美国的友爱社，也为其成员提供失能收入补偿金。现代失能收入损失保险创立于19世纪末。1884年由英国医疗疾病社提出，一年以后，爱丁堡世纪保险公司发售个人失能收入损失保险保单，该公司或许是第一家发售个人失能收入损失保险保单的私营保险公司。在德国，首次失能保障是在19世纪70年代以人寿保单附加险的形式出现的。而在美国，马萨诸塞州意外保险公司于1915年开始为从事任何职业的个人提供失能收入损失保险。随后，失能收入损失保险传入欧洲和美洲的其他国家。

经过一个多世纪的发展，失能收入损失保险在欧洲和北美已经较为完善。保险公司提供的失能收入损失保险种类繁多，形式多样，不仅补偿了因病、因意外伤害而致残的不幸者的收入损失，保障了他们失能后的生活水平，同时，在保持人们生活和社会稳定、促进经济发展等方面也起到了极大的作用。另外，在失能收入损失保险的定价方面，经过一百多年的探索和实践，逐步形成了系统的失能收入损失保险的精算方法，如增量-减量表方法、曼联方法、多状态方法等，为失能收入保险费率的厘定提供了科学依据。

目前，国外的失能收入损失保险向更深、更广的领域发展。以前，他们关注的是长期失能收入损失保险，现在，他们更关注的是短期失能收入损失保险（其保险期限可以是1年，也有可能是更短，如3个月或半年等），力图满足更广泛的人群的需要，力图为更多的失能者提供经济保障。起初，保障范围仅为因疾病或意外伤害导致的失能，现在，他们在研究探讨把更多原因导致的失能也纳入到保障范围，例如工伤、职业病、生育等。这些将会推动失能收入损失保险的进一步发展，使失能收入损失保险在人们的生活中扮演更为重要的角色。

2. 中国失能收入损失保险的发展及问题

在中国，法定失能收入保障计划——工伤保险还不完善，需要商业失能收入损失保险来补充。目前，商业失能收入损失保险未来的发展具有诸多有利的外部环境因素。

第一，在中国现代化建设过程中，城市化、工业化引发的人口流动、环境污染、职业伤害及非职业伤害等增加了劳动者面临的失能风险。失能收入损失保险不仅是一种有效的健康筹资方式，还是一种有效的人力资本投资方式。因此，发展商业失能收入损失保险是中国经济发展的客观需要，是增进劳动者身体健康、保障人力资源的必要措施。

第二，中国社会保障体系还不完善，劳动者缺乏完善的法定失能收入保障。现有的工伤保险不能为所有的劳动者面临的失能风险提供足够的保障，这为商业失能收入损失保险的发展提供了良好的契机。

第三，慢性疾病以及不健康的生活方式使得失能风险不断增大，同时，医学的进步使得重大疾病患者生存更久，劳动者在退休前失能而不是死亡，这也需要商业失能收入损失保险来保障其财务稳定。

第四，中国经济持续高速增长，人均收入不断提高，使得人们的购买能力不断增强，增加了对失能收入损失保险的需求。因此，失能收入损失保险潜在的需求很大，市场发展前景良好。

当然，商业失能收入损失保险在中国的发展也面临诸多问题。一方面，由于受传统观念和社会文化习俗的影响，有正式单位的劳动者一般习惯依靠单位或工伤保险来解决失能以后的收入、医疗和护理等问题，而个体劳动者和自由职业者则主要依靠储蓄自保及家庭和朋友的帮助。大部分消费者对商业失能收入损失保险还缺乏认知，风险意识也不强。另一方面，失能收入保险中较大的逆选择及道德风险也影响了保险人的供给能力及意愿。保险公司专业技术人员缺乏、理赔过程中难以克服主观性、普遍缺乏专门的失能及康复能力评定机构等，都使该类业务的发展面临阻力。其中，基础数据不足、产品定价缺乏科学基础以及相关精算技术的缺乏是当前我国在发展商业失能收入损失保险时必须解决的首要问题。

目前，商业失能收入损失保险还处于初级发展阶段，供给主体是寿险公司和专业健康保险公司。从产品结构上看，现在的失能收入损失保险以附加险的形式销售，还鲜有独立个险形式的失能收入损失保险产品面世。团体保险也才刚刚起步，仅有少数专业健康保险公司推出了几款团体失能收入损失保险产品。从产品责任来看，保险金给付主要有两种形式：一种是按约定的金额一次性支付；另一种是按保险金额的一定比例（如 10%）支付一定期限（如 5 年）。事实上，保险金额与被保险人的收入关联性不强，属于定额支付，这也是与中国失能收入损失保险的发展阶段相适应的。保险费率基于个人风险和团体风险厘定，费率价格和保单条款并没有受到监管机构特别规定的约束。目前，商业失能收入损失保险覆盖面很低，购买者多为城市中高收入人群，而农村市场还有待开发。

4.1.3 失能收入损失保险定价

失能收入损失保险在国外已有一百多年的发展历史，精算界对失能收入损失保险定价方法作了大量研究。由于长期失能收入损失保险的保险金给付是年金方式，故其定价多采用年金定价方法。在定价过程中，必须估计失能发生率以及失能的持续时间（它决定失能保险金的给付时间）。根据失能发生率估计方法的不同，产生了诸多的定价方法，但这些方法都是基于年金定价方法提出来的。在此，我们仅介绍增量—减量表方法和多状态方法。

1. 增量—减量表方法

增量—减量表方法是长期失能收入损失保险定价的重要方法，在北美地区广泛使用。费率计算过程基于两张表：第一张表列出了 x 岁健康的被保险人生病和死亡的概率，利用这张表可以计算 x 岁健康的被保险人在 $x+t$ 岁仍然健康的概率 $\frac{(al)_{x+t}}{(al)_x}$，还可以计算在 $x+t$ 岁时初次失能的概率 $(aq)_{x+t}$，这一概率也称为"失能初始发生率"（Inception Rate of Disability）。第二张表列出了健康的被保险人失能时所得到的失能保险金和失能被保险人的死亡、康复等概率，利用这两张表和利率、通货膨胀率等假设，即可计算长期失能收入保险的纯保费。

【例 4-1】 假设 30 岁的被保险人在失能后可以得到每年 2 万元的失能保险金，保险金按周支付（这时可以看做是连续支付），直到被保险人死亡、康复或到保险期满（假设到 65 岁）。设利率为 i，不考虑通货膨胀等其他因素，并假设被保险人在赔付中止前始终处于失能状态，则由增量-减量表方法计算，可得失能年金现值为：

$$PV = \int_0^{35} \frac{(al)_{30+t}}{(al)_{30}}(a\mu)_{30+t.}\, v^t(20\ 000 * \bar{a}_{30+t})\,dt$$

式中，$(al)_{30+t}$为 30 岁的健康被保险人在 $30+t$ 岁仍然健康的人数，$(a\mu)_{30+t}$为在 $30+t$ 岁时的失能强度（类似于死力），指生存至 $30+t$ 岁的人中在此瞬间失能的人数比率。这两个指标都可以由上述的减量表中得出。如果失能发生在（$30+t$，$30+t+1$）岁之间，则年金现值为：

$$PV = \sum_{t=0}^{34} \frac{(ad)_{30+t} v^{30+t+\frac{1}{2}}(20\ 000 * \bar{a}_{30+t+\frac{1}{2}})}{(al)_{30} v^{30}}$$

式中，$(ad)_{30+t}$为被保险人在距 $30+t$ 岁最近的生日时的失能人数。

2. 多状态方法

若考虑被保险人在失能后可能康复，或者考虑按不同的失能等级给付失能保险金，则多状态方法可用于失能收入损失保险定价。长期失能收入损失保险的三状态模型见附录 3.2 中的图 1。关于失能收入损失保险的三状态模型，有以下说明：①具有有限个状态（3 个）：健康、失能和死亡，健康和失能是可转移状态，死亡是吸收状态。②具有四种转移方式：健康到失能、健康到死亡、失能到健康和失能到死亡。③失能发生率是失能收入损失保险定价的关键量，由于受到多种因素的影响（特别是失能被保险人有可能康复），失能发生率测量比较困难。④短期失能收入损失保险定价多采用非寿险方法。在长期失能收入损失保险的多状态模型中，常用的定价方法一般有挪威法、曼联法以及常数转移强度方法等。这些方法本质上仍是年金法，由于在多状态模型下转移概率或转移强度估计方法不同而冠以其他名称。

除了在附录 3.2 中叙述的多状态模型的一般理论以外，根据失能收入损失保险的特点，有一些公式在此必须补充。

定义函数 $\phi(x,t)=\Pr\{S(x+t)=2\mid S(x)=1\}$，它表示的是被保险人在 x 岁时处于状态 1，而在 $x+t$ 时处于状态 2 的概率。根据通常意义下的精算原理，失能收入损失保险趸缴纯保费 $\bar{a}_x^{12}$ 的表达式为：$\bar{a}_x^{12}=\int_0^{\infty}\phi(x,t)v^t dt$。

如果考虑更加现实的情形，只有当被保险人符合保单定义的给付条件时，才支付失能保险金，故定义此赔付概率为：

$\phi^{\Gamma}(x,t)$ = 在保单定义的给付条件下，被保险人在 x 岁时健康，而在 $x+t$ 岁获得失能保险金的概率。显然有关系式 $\phi^{\Gamma}(x,t)\leqslant\phi(x,t)$。

保单定义的给付条件可以用下面的 5 维参数向量来描述：

$$\Gamma=[n_1,n_2,f,m,r]$$

式中，(n_1,n_2)为保险期间（只有当失能发生时间在此区间时，才给付保险金），例如 $n_1=c=$ 等待期，$n_2=n=$ 保单期限；f 为理赔等待期，即失能发生后的一段没有给付责任的时间；m 为失能保险金支付的最大年数，从失能发生后开始计时。这是保险人对被保险人最长的赔付年限，超过此年限后，无论被保险人是否康复，都不再给付保险金；r 为失能年金给付终止时间，从保单签发时开始计时。例如，ξ 表示退休时间，则 $r=\xi-x$。在一般情形下，被保险人退休后都有养老金作为收入补偿，故失能保险金给付终止。

有了上述定义，则有：

$$\phi^{[0,\infty,0,\infty,\infty]}(x,t)=\phi(x,t)$$

$$\phi^{[0,n,0,\infty,\infty]}(x,t)=\begin{cases}\phi(x,t),t<n\\0,t\geqslant n\end{cases}$$

因此，对于保单条件 $\Gamma=[0,n,0,\infty,n]$ 下的失能收入保险趸缴纯保费为：

$$\bar{a}_{x:\Gamma}^{12}=\int_0^{\infty}\phi^{[0,n,0,\infty,n]}(x,t)v^t dt=\int_0^{n}\phi(x,t)v^t dt$$

在 Markov 过程中，由于失能收入保险金的给付通常与被保险人所处的失能状态的时间长短有关，因此，还需要描述被保险人继续保持在原状态而没有发生任何转移的概率，用状态持续概率来表达，定义为：

$${}_tP_{\overline{y}}^{hh}=\Pr\{S(y+u)=h,u\in[0,t]\mid S(y)=h\};h=1,2$$

即 y 时处于状态 h 的被保险人，在时间区间 $[y,\ y+t]$ 内一直处于状态 h 的概率。

在失能收入保险的实际定价精算问题中，常常要用到下面的概率：

$$ {}_{t}P_{y}^{12}(\tau)=\Pr\{S(y+u)=2,\forall u\in[t-\tau,t]\mid S(y)=1\},0\leqslant\tau\leqslant t $$

式中，${}_{t}P_{y}^{12}(\tau)$ 表示在 y 岁的健康被保险人在 $y+t$ 岁时处于失能状态，并且该失能状态已经持续了至少 τ 时段，也就是说被保险人至少在 $y+t-\tau$ 岁时已经处于失能状态，并且一直持续到 $y+t$ 岁。

显然，当 $\tau=0$ 时，${}_{t}P_{y}^{12}(0)={}_{t}P_{y}^{12}$；当 $\tau>t$ 时，${}_{t}P_{y}^{12}(\tau)=0$。

对于 $0\leqslant\tau\leqslant t$，有：${}_{t}P_{y}^{12}(\tau)=\int_{0}^{t-\tau}{}_{u}P_{y}^{11}\mu_{y+u}^{12}{}_{t-u}P_{y+u}^{22}du$。

现在再回头来考察（3.3.2）中定义的${}_{t}P_{y}^{12}$，当上式中的 $\tau=0$ 时，可得：

$$ {}_{t}P_{y}^{12}=\int_{0}^{t}{}_{u}P_{y}^{11}\mu_{y+u}^{12}{}_{t-u}P_{y+u}^{22}du \tag{4.1.1} $$

进一步可以得到（一般年金精算意义下）失能收入损失保险的趸缴纯保费：

$$ \bar{a}_{x}^{12}=\int_{0}^{\infty}\phi^{\Gamma}(x,t)v^{t}dt=\int_{0}^{\infty}{}_{t}P_{x}^{12}v^{t}dt \tag{4.1.2} $$

将式（4.1.1）代入式（4.1.2），可得：

$$ \bar{a}_{x}^{12}=\int_{0}^{\infty}\int_{0}^{t}v^{t}\cdot{}_{u}P_{x}^{11}\cdot\mu_{x+u}^{12}\cdot{}_{t-u}P_{x+u}^{22}dudt \tag{4.1.3} $$

交换积分次序，可得：

$$ \bar{a}_{x}^{12}=\int_{0}^{\infty}{}_{u}P_{x}^{11}\mu_{x+u}^{12}v^{u}\Big[\int_{u}^{\infty}{}_{t-u}P_{x+u}^{22}v^{t-u}dt\Big]du \tag{4.1.4} $$

在这里，方括弧内的积分表示的是 $x+u$ 岁失能被保险人获得的连续支付的失能年金直到被保险人死亡或康复的期望值。

在失能收入损失保险多状态模型中，经过多年的理论研究，产生了不同的转移概率估计方法，从而产生了多种定价方法，如挪威法、曼联法等（详见本章附录）。多状态方法需要更为详细的数据信息，如失能持续时间、康复时间、不同失能等级之间的转移时间等。遗憾的是，这类详细数据非常难以获得，特别在中国保险市场上，故而中国目前销售的失能收入损失保险的定价基本采用寿险方法或年金方法，费率厘定的科学性有待进一步改进。作为一种精确有效的描述失能过程的方法，多状态方法是未来失能收入损失保险定价改进的方向。

4.1.4　失能收入损失保险准备金及其评估

1. 失能收入损失保险准备金

短期失能收入损失保险具有非寿险特征，其计提的责任准备金主要有未到期责任准备金、未决赔款责任准备金等。从理论上来讲，失能收入损失保险的责任准备金等于未来索赔期间各个时点上的预期赔付现金流的精算现值。失能收入损失保险的责任准备金评估与其保险金支付方式有关。目前，中国保险市场上失能收入损失保险的保险金支付方式主要有两种：一次性支付和分期支付。一次性支付的失能收入损失保险的责任准备金评估方法与寿险类似，而分期支付的失能收入损失保险的责任准备金评估方法则与年金类似。

DLR 准备金（Disabled Life Reserve，DLR）是保险金分期支付的失能收入损失保险必须计提的。因为分期支付的支付期限比较长，必须考虑在支付期间内现金流以及被保险人健康状态的变化。这类准备金是根据标准的失能终止表（Standard Termination Table）并基于经验索赔数据来评估的。在评估 DLR 准备金时，必须考虑的一个重要因素是保险金支付流（Benefit Stream），包括社会保障、工伤保险、退休金、重返工作的收入、康复期的过度赔付等等。将这些不同来源的支付现金流纳入到 DLR 准备金评估中，是其重点也是难点，是健康保险精算师必须面临和解决的问题。当然，在评估失能终身准备金时，还必须将利率、通货膨胀率等考虑在内。

2. 失能收入损失保险准备金评估中应注意的问题

根据欧美等国家失能收入损失保险产品的特点，在责任准备金评估过程中，必须考虑很多问题，这些问题对目前中国保险市场上的失能收入损失保险产品而言，也许并不存在，但在未来产品创新发展以后，可能会遇到同样的问题，故在此作一些简要的阐述。

（1）失能的界定对失能收入损失保险责任准备金的影响很大。对于长期失能收入损失保险而言，欧美等国家通用的定义是在最初的两年内一般采用原职业（Own Occupation）定义，在两年以后一般采用任何职业定义。失能的界定影响索赔者返回工作的动力及时间，从而影响失能赔付终止时间及赔付终止率。中国目前的失能收入损失保险都采用的是最为严格的日常活动定义，这种定义对赔付终止率和终止时间变动的影响都很小，准备金评估时可暂不考虑。

（2）失能保险金申请者在从事兼职工作获得收入但按保单约定仍属于失能时，可获得部分赔付（Partial Benefit or Residual Benefit）。在支付部分保险金时，保险人的成本比没有支付部分保险金的成本高很多。但另一方面，部分保险金可以鼓励申请者积极主动返回有报酬的工作（全职或兼职），这最终会加快索赔终止的速度。

（3）在准备金评估时，必须精确预测估计保险金支付流，但大多数时候这个工作很难完成。例如，如果一个保险金申请者现在能完成 50% 的工作或一周能工作 20 小时，但却难以确定他的工作是否能够得以继续并能继续多久。一种比较合理的假设是他能够持续获得当前收入直到保险金支付期结束。作为精算师必须做出更为谨慎的假设，即申请者的收入只能持续到当前月末。在这两种观点之间应寻找一个平衡点，估计申请者愿意并且能以兼职的工作方式工作多长时间以及获得多少收入。无论如何，精算师必须将保险金支付流和保险金终止支付假设综合起来考虑。如果有可能，尽可能考察公司以往的经营数据，以获得更为可靠的依据。

（4）当公司将短期失能收入损失保险（STD）和长期失能收入损失保险（LTD）联合在一起经营时，责任准备金评估有其自身的特点。在处理时，既可以把两者当做一个产品处理，也可以把两者当做两个不同的产品处理。通常，STD 作为 LTD 的补充产品，在 STD 保险金支付责任终止时，刚好满足 LTD 的免责期条款，LTD 保险责任开始。公司的经营经验表明，在免责期内没有赔付的 LTD 产品比在免责期内有 STD 的 LTD 产品更能刺激申请者积极主动地返回工作。

（5）市场上一些失能保险金管理产品能够帮助公司有效地管理失能索赔风险。一类产品要求申请者必须经历一个康复过程以便能够返回工作获得收入，如果申请者能够这么做但却毫无正当理由地拒绝这么做，保险金给付终止或数额相应减少。另一种失能保险金管理产品是高质量的失能护理计划。如果申请者没有从其他途径得到合适的治疗或护理，那么保险人将为申请者提供合适的护理计划。如果申请者拒绝这个护理计划，保险责任终止。上述这些失能保险金管理产品的责任准备金的评估往往和索赔管理费用联系在一起。当然，索赔管理部门将会采取更多的干预措施来识别适用这些保险金管理产品的索赔者。同时，还有一些额外的费用用于那些被甄选出来的索赔者的教育和知识技能培训等。显然，这些措施能够获得一些正效应，支付的保险金明显降低。在申请者完成康复程序或获得合适的护理计划以后，能加快索赔终止速度，提高索赔终止率。为了更好地管理失能风险，提高公司效益，公司索赔管理部门必须聘用一些医生和护士。同时，管理部门也会进行更多的调查、独立医学检查（Independent Medical Examinations, IMEs）、社会保障援助以及协议磋商等。这些都会增加管理费用，但有希望降低更多的保险金赔付。相应地，准备金评估必须考虑上述因素。

（6）在失能收入损失保险产品中，还有许多其他值得一提的产品选择权。这些选择权影响索赔支付流及索赔终止率，在准备金评估时，必须谨慎考虑。第一种选择权是生存者收入保险金（Survivor Income Benefit），即如果申请者在失能期间死亡，将获得额外的 3 个月或 6 个月的保险金。第二种选择权是工作奖励保险金（Work Incentive Benefit），这种选择权允许申请者在返回工作的第一年或两年内，工作收入和保险金赔付总额达到失能前收入的 100%。第三种选择权是养老金补充保险金（Pension Supplement Benefit），在被保险人失能以后，为其建立一个补充养老保险金计划，这种计划影响准备金评估。第四种选择权是失能附加保险金（Disability Plus），如果申请者失能严重到失去日常活动能力时，将为其提供更高的保险金。其他的选择权，如教育保险金（Education Benefit）、配偶保险金（Spouse Benefit）等也影响保险金支付流及准备金评估。

（7）失能收入损失保险索赔具有季节性，特别在评估IBNR时，必须加以考虑。另外，责任准备金评估的一个重要方面是准备金边际（Reserve Margin）。合理地建立和释放准备金以及保证准备金的充足性，其中重要的问题就是估计准备金边际。如何评估责任准备金边际也是一个需要进一步探讨的问题。

§4.2 长期护理保险

4.2.1 长期护理与长期护理保险

1. 长期护理

人口老龄化、重大疾病、慢性疾病以及伤残等使人们面临失能风险，严重失能不仅丧失活动能力，还需要专人护理以维持其日常活动，长期护理由此而产生。为了应对需要长期护理的失能者所面临的财务风险，长期护理保险已经成为重要的风险管理手段。明确长期护理的概念是进一步分析长期护理保险的基础和起点。其中，美国医疗保险协会（Health Insurance Association of America，HIAA）的定义比较有代表性，其认为，长期护理是指“在一个较长的时期内，持续地为患有慢性疾病，譬如早老性痴呆等认知障碍或处于伤残状态下，即功能性损伤的人提供的护理。护理项目包括医疗服务、社会服务、居家服务、运送服务或其他支持性的服务”。这些服务可以由不需付钱的家庭成员或朋友——非正规护理人员提供，即所谓非正规护理，也可以由受过专业培训并持有执照的专业正规医护人员提供，即所谓正规护理。长期护理与传统健康维护服务有显著区别：传统健康维护的主要目的是治愈疾病或保全生命，而长期护理的目的是为慢性疾病或丧失日常生活能力者进行恢复和修补，并使不利降至最小化，尽最大可能长期地维持和增进患者的身体机能，提高其生存质量。

事实上，**长期护理可以定义为：个体由于意外、疾病或衰老导致身体或精神受损而致使日常生活不能自理，在一个相对长的时期内需要他人在医疗、日常生活或社会活动中给予广泛帮助。**长期护理可以针对任何年龄的人，不仅仅是老年人，但通常老年人占需要长期护理的人的大部分。

2. 长期护理保险及其保险责任

长期护理保险为那些因年老、疾病或意外伤害的影响而需要在家中或在设施齐备的私营疗养院接受长期护理的被保险人提供医疗或其他服务费用给付。由于人口老龄化以及医疗技术进步带来的寿命延长，使长期护理保险得到快速发展。大多数长期护理保险保单提供从专业护理到日常护理（如帮助被保险人料理日常起居活动）等多项服务的保障。不同保单之间的给付水平存在很大差异（表4－1列示了美国保险市场上长期护理保险的主要承保人所提供的典型保障），但大多数保单都有防范通货膨胀的特点。当通货膨胀致使费用上涨时，给付水平相应提高。

表4－1　美国长期护理保险提供的典型保障

服务项目	私营疗养院护理、家庭保健、轮流护理、日常生活照料、收容护理、延缓寿终日护理
其他给付/服务项目	护理协调/案例管理、家务料理/钟点工、床位预订、医疗设备保险、配偶医疗费用
按日给付	私营护理疗养院40～250美元、家庭保健每日40～250美元
给付资格	医疗需要，或ADLs，或知觉损伤
最大给付限额	无限制/终身
免赔期限	0～100天
既存状况	6个月/如果在投保期间告知，则没有这一要求
可续保性	保证续保
阿尔海默氏病保险	是
年龄限制	18～99岁
保费豁免	是
犹豫期	30天
通货膨胀保护	是
不丧失利益	缩短给付期，保费返还，减额缴清保险

资料来源：HIAA，Long－term Care Market Survey，1996. Kenneth Black，Harold D. Skipper. Life and Health Insurance（13th Edition）.

大多数公司出售的保单对被保险人而言都有免责期。若其他条件不变，等待期间越长则保费越低。从保险人开始接受承保范围内的护理服务之日起算，如有20天免责期的长期护理保险，则被保险人在看护中心接受护理的前20天不属于保障范围。等待期的规定实质上是免赔额的一种形式，目的在于消除一些小额索赔，减少保险人的工作量。另外，在长期护理保险单中一般都有保费豁免条款，即当保险人在开始履行保险金给付责任一定时间（通常几个月）后，被保险人无需再缴纳保费。

3. 长期护理保险的分类

（1）按保险责任划分。按保险责任划分，长期护理保险可以分为单一护理保险、综合责任护理保险、失能收入损失保险的延续及扩展和医疗费用保险附约。

①单一护理保险。该种保险除非附加附约，否则仅仅承担长期护理责

任，即在保险期间内被保险人接受符合条件的护理服务，保险公司按规定给付保险金。这种保单可能带来的问题是，被保险人缴付多年保费后没来得及领取保险金就已经死去，其家属容易产生对保险公司的不满情绪，从而给保险公司带来不良的社会形象。

②综合责任护理保险。在承担长期护理责任的基础上，增加生存和死亡给付责任，更好地发挥护理保险的长期储蓄功能。生存给付可采取一次性给付和年金给付的形式。

③失能收入损失保险的延续及扩展。失能者在退休前，购买长期护理保险，在其退休后，保险公司提供给被保险人与失能收入补偿等额的保险金。在投保时不需要核保，只是要比正常人多缴一些保费，实际上是将失能收入损失保险自动转为长期护理保险。

④医疗费用保险附约。长期护理保险也具有医疗费用保险的功能，两者的主要区别在于：医疗费用保险是对被保险人的偶然性的急性疾病的费用提供保障，而长期护理保险则是对被保险人因慢性疾病或健康状况恶化所发生的费用提供保障。但两者都是健康保险，都涉及费用补偿，所以可以将长期护理保险视为医疗费用保险的一种延伸。

（2）按投保人划分。按投保人来划分，长期护理保险可以分为个人长期护理保险和团体长期护理保险。个人长期护理保险与市场上其他个人寿险具有相同特点。团体长期护理保险在团体保险部分详述。在中国，目前团体长期护理保险和个人长期护理保险都有销售，但主要集中在实力雄厚的少数几家保险公司。

（3）按保额是否变化划分。按保额是否变化划分，长期护理保险可分为保额固定型和保额递增型。保额固定型是按合同中约定的金额给付，固定不变。保额递增型是随着生活费用指数和护理院的护理费用指数的变化逐年增加保险金给付。在中国，目前主要是保额固定型长期护理保险。

4. 长期护理保险的保险金给付

长期护理保险的保险金给付条件有两种：人体机能障碍和认知能力障碍。

（1）人体机能障碍标准。

①日常生活能力标准（Activities of Daily Living，ADL）：洗浴、穿衣、移动、吃饭、走路、如厕、外出七个方面。

②器械辅助日常生活活动标准（Instrumental Activities of Daily Living，IADL）：购买个人所需物品，理财，使用电话，做饭，从事轻、重家务等。

（2）认知能力障碍标准：短期智力状态调查（SPMSQ）。如果被保险人被诊断为在某方面有认知能力障碍，就可以得到保险金。

典型的长期护理保险要求被保险人处在健康状态等级 5 ~ 7 才能获得保

险金给付资格，健康状态分类的具体内容见表4－2。

表4－2 健康状态等级表

状态代码	描　述
1	健康
2	仅是IADL失能，没有ADL和认知能力障碍
3	一项ADL失能，没有认知能力障碍
4	两项ADL失能，没有认知能力障碍
5	三项或三项以上ADL失能，没有认知能力障碍
6	两项以下ADL失能，存在认知能力障碍
7	两项或两项以上ADL失能，存在认知能力障碍
8	死亡

4.2.2 长期护理保险在国内外的发展现状

1. 长期护理保险在国外的发展

20世纪50年代以来，由于人均寿命的延长，老龄化浪潮席卷了越来越多的发达国家和地区。作为解决老龄化问题的一项重要措施，长期护理保险产品在发达国家应运而生。20世纪70年代，老年护理保险单在美国商业保险市场上开始出现。80年代在德国和法国，90年代在英国也相继出现。长期护理保险产品类型不断更新，提供的保障程度也更加完善。

如今，在商业长期护理保险市场上，美国和法国的经验最丰富，这两个国家都拥有30年以上的发展经验。在法国，该险种是以每月支付年金的形式提供固定的补助金保障。一旦被确认需要护理，被保险人在签署保单时将收到金额固定的养老金。在超过30年的时间里，共有三代固定补助金长期护理保险产品相继问世。最后一代产品所提供的保险责任随着需要护理程度的增加而增加，保障全面。法国的长期护理保险市场非常集中，三家最大的保险公司拥有80%以上的保费收入。最近几年，法国的长期护理保险以20%～25%的速度增长。法国国家人寿保险公司开发的长期护理性险种，保险费率因年龄而异，发展势头一直很好。美国的长期护理保险则采取费用偿还的模式。长期护理险的第一代产品于1975年问世，但直到1985年才开始逐渐发展起来。这些产品大多属于健康保险产品，在赔偿期限、护理形式、免赔期限等方面的规定非常灵活。根据国际寿险行销研究协会（LIMRA）的统计，至2004年，美国有400余万人拥有长期护理险保单，在65岁以上的人口中渗透率为10%。自1988年以来，美国长期护理险的新单销售状况虽然有波动，但总体呈上升趋势。提供长期护理保险产品的公司在1990年曾高达143家，2002年前13家公司的份额合计达80%。1988—2002年的年复合增长率为7.26%。长期护理保险日益成为美国广大家庭最受欢迎的险种之一，目前已占领美国人寿保险市场30%的份额。如今，长期护理保险已经进入第五或第六代产品，并且可以以个人保单或团体保单的方式出售。

2. 国内的长期护理保险

与发达国家相比，中国的长期护理保险尚处于初级阶段，这与中国健康保险业起步晚、精算基础数据缺乏不无关系。2005 年 1 月，国泰人寿保险有限责任公司推出的康宁长期看护健康保险是中国商业保险市场上第一款以长期护理为主险的商业性保险产品。2006 年 6 月 6 日，人保健康推出第一款在全国范围内销售的长期护理保险——“全无忧长期护理个人健康保险”。随后，太平洋人寿保险公司推出了“太平盛世附加老年护理保险”，信诚人寿推出了“挚爱一生”附加女性保障长期护理保险。目前，市场上的长期护理保险产品种类逐渐增多，但主要集中在少数几家实力雄厚的大型保险公司。从产品形态来看，都是固定给付型产品，团体和个人长期护理保险都有，但产品种类并不多。从保险责任来看，大多是综合责任护理保险，具有长期护理责任、生存和死亡责任。从长期护理保险的保险金支付条件来看，目前的长期护理保险以残疾程度和日常生活能力标准为给付条件。尽管中国的长期护理保险在最近几年有较快发展，但与国外产品相比还有很大差距，很难满足市场需求。但是，随着我国老龄化社会的到来和发展速度的加快，长期护理保险有很好的发展前景。

4.2.3 长期护理保险定价

1. 长期护理保险定价方法

长期护理保险主要考虑被保险人在多个状态（健康、护理等级以及死亡状态）之间的转移，故而长期护理保险定价主要使用多状态方法。长期护理保险定价的多状态模型（Multiple State Model）由固定数目的状态组成，在不同的状态之间有转移的可能性和相应的转移强度，利用这些转移强度可以进行保单的设计以及保费和准备金的计算。为了求出初始状态到目标状态的转移概率，必须了解这两个状态之间存在的可能状态类型。多状态马尔可夫过程模型运用马尔可夫链来求出这些状态之间的转移概率，为了进一步简化分析，甚至可以假设在较短的时间间隔内，模型的转移概率是常数。

需要注意的是，多状态马尔可夫过程是一种有别于传统精算模型的方法，特别是涉及不同的分类和状态的转移时更能发挥其优势。但是由于模型的复杂性，使得在计算保费和准备金时耗时较多，而且对于模型中所有可能的转移并没有相应足够的经验数据可资利用。为了简便起见，被保险人的健康状态可以用三状态模型来描述，模型见附录 3.2 中的图 1。多状态马尔可夫模型运用马尔可夫链过程，为了求出初始状态到目标状态的转移概率，必须了解这两个状态之间存在的可能状态类型，通过分别求出这些状态之间的转移概率来达到目的。为了简化分析，假设在较短的时间间隔内，模型的转移强度是常数。

先说明一些符号的含义：

$\boldsymbol{r}_{ij}(\boldsymbol{s},\boldsymbol{x})$：年龄是 x、性别为 s 的个体从状态 i 转移到状态 j 的年转移强度（$s=0$：男性，$s=1$：女性）。

$\boldsymbol{p}_{ij}(\boldsymbol{s},\boldsymbol{x},\boldsymbol{y})$：性别为 s 的个体在给定的年龄 x 处在状态 i，而在年龄为 y 时处在状态 j 的概率。

因为 $\dfrac{dp_{ij}(s,x,y)}{dy} = \sum_k p_{ik}(s,x,y)\cdot r_{kj}(s,y)$，对于 $y>x$，x 是初始状态。

为了表达方便，用矩阵的形式表示上式：

$$\frac{dP(s,x,y)}{dy}=P(s,x,y)R(s,y)\text{，对于 } y>x$$

如果把 $p(*)$ 和 $r(*)$ 看做是关于 y 的数量函数，那么，

$$P(s,x,y) = \exp[\int_x^y R(s,z)\,dz]$$

因为假设了模型的转移强度为常数，因此，转移概率可以简化为：

$$P(s,x,y)=\exp[(y-x)R(s,x)]$$

对于每一个时间间隔 $[x,y_1)$，$[y_1,y_2)$，…，$[y_{n-1},y_n)$，假设 $R(s,z)$ 是常数，因此，

$$P(s,x,y_n)=P(s,x,y_1)P(s,y_1,y_2)\cdots P(s,y_{n-1},y_n)$$

假设被保险人的护理状态的转移发生在期初，护理费用的给付在期初。向量 $S_{x+k}^{(j)}$ 表示给付的保险金数额，它只与被保险人年龄在 $x+k$ 岁时所处的状态 j 有关，那么，n 年期长期护理保险的趸缴保费为：

$$\sum_{k=0}^{n-1} V_1^k\cdot P(s,x,x+k)S_{x+k}^{(j)}$$

式中，$V_1=\dfrac{1+r}{1+f}$（r 为护理费用增长率，f 为通货膨胀率）。有了各状态下的趸缴保费，我们就可以利用平衡原理，求出被保险人在 x 岁时状态为 i（$i<m,m$ 为状态数目，如美国的护理险共有 8 个状态，其中有 6 个护理等级）的 n 年期期初年缴保费：

$$\frac{\sum_{k=0}^{n-1} V_1^k\cdot P(s,x,x+k)\cdot S_{x+k}^{(j)}}{\sum_{k=0}^{n-1} V_2^k}\cdot[1-p_{i,m}(s,x,x+k)]$$

式中，$V_2=\dfrac{1+s}{1+f}$（s 为工资增长率，f 为通货膨胀率）。

为了更清楚地说明马尔可夫模型的应用，我们将模型简化，假设被保险人只存在于三种状态：健康、护理和死亡。首先，我们定义一年度的马尔可夫模型的转移概率。

x 岁的男性在下一年度疾病过程的转移概率为：

$$f_1 = \begin{bmatrix} a_x, & b_x \\ c_x, & d_x \end{bmatrix}$$

式中，a_x 为 x 岁时健康、$x+1$ 岁亦为健康的转移概率；b_x 为 x 岁时健康、$x+1$ 岁变为护理的转移概率；c_x 为 x 岁时护理、$x+1$ 岁变为健康的转移概率；d_x 为 x 岁时护理、$x+1$ 岁亦为护理的转移概率。那么多年度的累计转移概率为：

$$F_x = F_{x-1} \cdot f_x = \begin{bmatrix} A_x, B_x \\ C_x, D_x \end{bmatrix} \text{ 且 } F_0 = f_0$$

根据以上的精算假设和定义，我们可得到各状态的 n 年期长期护理保险的趸缴保费如下：

$$\begin{bmatrix} 0, \sum_{k=0}^{n-1} V_1^k B_k S_k \\ 0, \sum_{k=0}^{n-1} V_1^k D_k S_k \end{bmatrix}$$

式中，$\sum_{k=0}^{n-1} V_1^k B_k S_k$ 为 x 岁时是健康状态的 n 年期趸缴保费；$\sum_{k=0}^{n-1} V_1^k D_k S_k$ 为 x 岁时是护理状态的 n 年期趸缴保费。

根据精算平衡原则：

$$\text{在 } x \text{ 岁是健康状态的 } n \text{ 年期年缴保费} = \frac{\sum_{k=0}^{n-1} V_1^k B_k S_k}{\sum_{k=0}^{n-1} V_2^k [1 - H_x D_{x+k} - C_x D_{x+k}]}$$

$$\text{在 } x \text{ 岁是护理状态的 } n \text{ 年期年缴保费} = \frac{\sum_{k=0}^{n-1} V_1^k D_k S_k}{\sum_{k=0}^{n-1} V_2^k [1 - H_x D_{x+k} - C_x D_{x+k}]}$$

式中，H_x 为 x 岁时是健康状态的概率；c_x 为 x 岁时是护理状态的概率；D_{x+k} 为 $x+k$ 岁时是死亡状态的概率。

2. 长期护理保险定价实例

美国的全国长期护理调查（the National LTC Surveys，NLTCS）为长期护理保险定价提供了可参考的数据基础。美国分别在 1982 年、1984 年和 1986 年在全国范围内对特定人群接受长期护理的情况进行了问卷调查。调查问卷主要在三个方面列明了详细的问题，这三个方面包括：（1）日常生活活动能力标准（ADLs）；（2）辅助器械生活活动标准（IADLs）；（3）短期智力状态调查表（SPMSQ）。如果没有第三者的帮助，被调查者不能执行其中一项日常活动，那么就认为他此项ADLs失能；如果被调查者不能正确回答5个或以上的SPMSQ问题，那么就认为他存在认知能力障碍。被调查者根据自己的实际情况作出回答。为了切合长期护理转移模型，对每个被调查者根据其回答的情况将其健康状态分类（健康状态分类等级见表4－2）。

分别在两个观察期的开始（1982—1984年和1984—1986年），根据被调查者的性别（男性和女性）和所属年龄段（65～74岁，75～84岁和84岁以上）将其分类，对每一人群分别跟踪统计，可以得出被观察者的状态转移矩阵。表4－3是其中一个，主对角线上的元素是指在观察期内状态不变的概率（黑体部分），最后一列是在观察期内每组人群死亡的概率，主对角线右上方的元素表示状态恶化的情况，左下方的元素表示状态好转的情况。

表4－3　　NLTCS健康状态转移矩阵

1982年健康状态	1984年健康状态								
	人数	1	2	3	4	5	6	7	8
1	2 122	**77.4%**	11.0%	1.4%	0.4%	1.2%	2.2%	0.7%	5.7%
2	804	8.5	**54.7**	7.1	2.1	3.2	6.5	2.2	15.7
3	303	6.8	43.3	**11.1**	2.1	5.1	6.2	4.6	20.8
4	72	0.0	22.4	13.3	**8.2**	17.4	3.1	3.9	31.7
5	53	0.0	11.0	4.0	11.0	**24.4**	2.0	15.0	32.5
6	168	2.7	19.1	3.9	4.0	11.0	**28.2**	12.8	18.3
7	85	0.9	1.5	2.5	0.0	21.2	3.3	**38.0**	32.6

资料来源：Jim Robinson. A Long－Term－Care Status Transition Model（女性，75～84岁，1982—1984年）。

采用美国全国长期护理调查数据中的NLTCS健康状态转移矩阵作为计算数据，并作出如下假设：

（1）健康状态转移矩阵不变，各健康状态的人数所占的比例在状态转移后保持不变，并且转移至死亡状态的概率保持不变；

（2）$r=s=f=0$；

（3）长期护理保险单规定被保险人处在状态5～7时才能获得给付保险金的资格，并且对应给付的保险金分别为1 000元、2 000元和3 000元；

（4）保险单的保险期间为6年，而NLTCS的每个观察期为2年，所以$n=3$，也就是每2年给付保险金。

被保险人在下一年度护理过程的转移概率矩阵为f_x，那么多年度累计转移概率矩阵为：$F_x=F_{x-1}\cdot f_x$。以NTLCS健康状态转移矩阵（见表4－3）作为基础计算数据，分别得出累计转移概率矩阵如表4－4、表4－5和表4－6所示。

表 4-4　　健康状态转移矩阵　$k=1$

期初健康状态	期末健康状态						
	1	2	3	4	5	6	7
1	0.774	0.11	0.014	0.004	0.012	0.022	0.007
2	0.085	0.547	0.071	0.021	0.032	0.065	0.022
3	0.068	0.433	0.111	0.021	0.051	0.062	0.046
4	0	0.224	0.133	0.082	0.174	0.031	0.039
5	0	0.11	0.04	0.11	0.244	0.02	0.15
6	0.027	0.191	0.039	0.04	0.11	0.282	0.128
7	0.009	0.015	0.025	0	0.212	0.033	0.38

表 4-5　　健康状态转移矩阵　$k=2$

期初健康状态	期末健康状态						
	1	2	3	4	5	6	7
1	0.61004	0.15790	0.02225	0.00823	0.02105	0.03185	0.01591
2	0.11907	0.36027	0.05507	0.02116	0.04542	0.06217	0.03819
3	0.09907	0.31524	0.05242	0.02151	0.05300	0.05720	0.04899
4	0.02927	0.22413	0.05072	0.03460	0.08235	0.03886	0.05913
5	0.01396	0.13504	0.04117	0.03981	0.11824	0.02851	0.10471
6	0.04855	0.20118	0.04219	0.03160	0.10038	0.10262	0.10898
7	0.01425	0.05534	0.02323	0.02552	0.13778	0.02881	0.18197

表 4-6　　健康状态转移矩阵　$k=3$

期初健康状态	期末健康状态						
	1	2	3	4	5	6	7
1	0.48810	0.17358	0.02580	0.01049	0.02695	0.03525	0.02237
2	0.12855	0.25619	0.04137	0.01842	0.04547	0.04981	0.04140
3	0.10903	0.22834	0.03802	0.01800	0.04730	0.04539	0.04477
4	0.04674	0.17290	0.03284	0.01934	0.05304	0.03399	0.04862
5	0.02680	0.12217	0.02811	0.02117	0.06770	0.02673	0.06769
6	0.06130	0.17300	0.03459	0.02304	0.07355	0.05228	0.07754
7	0.01973	0.07100	0.02129	0.02011	0.08293	0.02303	0.09688

根据表 4-3 的数据可以得出各健康状态的人数所占比例以及转移至死亡状态的概率，并且在状态转移后保持不变，如表 4-7 所示。

表 4－7　　　　不同健康状态人数占比及转移至死亡的概率

健康状态	1	2	3	4	5	6	7
所占人数	2 122	804	303	72	53	168	85
所占比例	0.58830	0.22290	0.08400	0.01996	0.01469	0.04658	0.02357
转移至死亡状态的概率	0.057	0.157	0.208	0.317	0.325	0.183	0.326

利用 n 年期长期护理保险的趸缴纯保费公式以及健康状态转移矩阵的数据，可以计算出不同健康状态下的趸缴纯保费。然后利用表 4－7 的数据和 n 年期期初年缴纯保费公式，可以计算出投保长期护理保险时不同健康状态下的年缴纯保费。如表 4－8 所示。

表 4－8　　　　不同状态下的趸缴纯保费和年缴纯保费

	期初健康状态						
	1	2	3	4	5	6	7
趸缴纯保费	374.031	781.644	899.766	957.314	1 547.62	2 101.30	2 578.94
年缴纯保费	134.865	281.838	324.429	345.180	558.026	757.668	929.889

多状态方法在美国等国家已经被用于长期护理保险定价。在长期的保险经营中，保险公司积累了大量的经验数据，而其国家的数次卫生调查也对这些数据作了有益的补充，从而得到了护理等级之间的转移概率和转移强度，为多状态方法的应用奠定了基础。在中国，由于基础数据的不足，不同护理等级之间的转移概率和转移强度难以获得。因此，目前中国保险市场上的长期护理保险产品定价缺乏科学的数量基础，在定价方法上则采用寿险定价方法，有待进一步改进。

4.2.4　长期护理保险准备金评估

1. 长期护理保险准备金

长期护理保险索赔主要来自于护理院（Nursing Home）、家庭卫生保健（Home Health Care）、辅助生活设备（Assisted Living Facility）、附加保险利益（Ancillary Benefits）以及选择护理（Alternate Care）。长期护理保险的索赔准备金主要有 DLR 准备金、ICOS 准备金、未决赔款准备金（PR）、IBNR 责任准备金、已终止但未来再次索赔责任准备金（Closed But Expected to Reopen Reserve，CBER）、损失调整费用准备金（Loss Adjustment Expense Reserve，LAE）、诉讼准备金（Litigation Reserve）以及豁免保费准备金（Waiver of Premium Reserve，WOP）几种。

● DLR 准备金（Disabled Life Reserve）是指保险人提取的已知赔案未来可能发生长期失能而导致赔付护理保险金的准备金。当被保险人的长期失能索赔得到保险人认可时，保险人在保单约定的期限内负有支付保险金的责任。相应地，保险人必须提取这部分责任准备金。通常，DLR 准备金占所有长期护理保险赔款责任准备金的最大部分，它是未来可能支付的护理保险金的精算现值，已赔付尚未结案的未来赔款也包含在内。同时，已报告未决赔款准备金也可包含在内。DLR 准备金评估通常采用逐案估计法，在估计责任准备金的时候，根据不同的索赔类型和产品类型，其评估假设也有所不同。

- ICOS 准备金（In Course of Settlement）是指已发生赔案中被保险人已接受护理服务但服务提供者尚未获得赔付而计提的准备金，它是长期护理保险所有赔款准备金中最小的部分。ICOS 准备金的评估时间段是上次赔付时间到准备金评估日。通常，对所有的已知赔案都有 DLR 和 ICOS 准备金。ICOS 准备金采用逐案评估法，在评估时，准备金数额等于未赔付天数与日津贴数额的乘积。

- 未决赔款准备金（Pending Reserve）是指为已发生已报告未决赔案提取的赔款准备金。已发生已报告未决赔案中，一部分赔案在得到裁决时就终止，而保险人对剩下的部分赔案仍负有赔款责任。未决赔款准备金可以在 DLR 中评估，也可以在 IBNR 中估计。如果在 DLR 中估计，需要假设无需赔款的赔案占所有已报告未决赔案的比例，并且采用逐案估计法。在评估时，不同类型的赔案和产品的评估假设是不同的。

- IBNR 责任准备金（IBNR Reserve）是指为已发生未报告赔案提取的责任准备金。IBNR 责任准备金可以包含已报告未赔款赔案的准备金（PR）。估计 IBNR 的经典方法是索赔滞后法（Claim Lag Approach），通过估计 IBNR 索赔次数、索赔次数与次均赔付额的乘积来估计 IBNR。在估计 IBNR 时，也可采用估计损失率方法（Estimated Loss Ratio Approach）。对不同类型赔案和产品必须采用不同的评估假设。

- 已终止但未来再次索赔准备金（Closed But Expected to Reopen Reserve，CBER）是指目前已经终止赔付，但在未来被保险人可能再次需要护理而提出索赔的责任准备金。有些已经终止赔付的赔案，在评估日后有可能再次发生索赔，必须计提责任准备金。这些赔案并没有指定一个新的发生日，对于这类赔案，可以采用过去赔付模式估计准备金，或者用索赔次数与次均索赔额的乘积来估计。如果赔案过早的终止，此类准备金将会占全部赔款准备金中很重要的一部分。

- 其他准备金包括损失调整费用准备金、诉讼准备金以及保费豁免准备金。损失调整费用准备金（Loss Adjustment Expense Reserve，LAE）是指为与未来索赔调整相关的费用提取的准备金。诉讼准备金（Litigation Reserve）是指为可能存在的诉讼费用提取的准备金。豁免保费准备金（Waiver of Premium Reserve，WOP）在保单利益有保费豁免时计提，等于未来可能豁免的保费的现值。

2. 长期护理保险准备金评估应注意的问题

护理保险责任准备金评估的精确性依赖于所获得索赔数据的完整性，必须对获得的数据进行检查、识别并更正其中存在的问题，如评估所必要的数据是否已经获得，数据的版本是否可靠等。护理保险准备金评估需要的数据包括申请者在评估日的年龄、索赔期（评估日减去发生日）、申请者性别、保险金额、免责期、索赔类型（NH、HHC、ALF、其他）以及产品类型、保险金结构、已赔付数额、日津贴、服务和赔付的最近日期、剩余保险金、在发生日和赔付日的索赔次数（IBNR）。

护理保险理赔数据库通常存在一些问题：发生日期记录不准确、将一个索赔分为两个或将两个索赔合并为一个、服务日期与赔付日期及发生日期不匹配、错误的赔款、一张保单多次重新记录、赔付超过最大保额、数据每个月都在改变、通货膨胀保险金计算不准确以及新索赔记录更新不及时等等，这些问题必须得到解决。

在中国，长期护理保险的保险金给付方式有一次性给付和分期给付两种方式。一次性给付的长期护理保险的责任准备金评估比较简单，与长期寿险责任准备金评估方法类似。分期给付的长期护理保险的责任准备金评估比较复杂，由于保险金支付的时间较长，主要是评估 DLR 准备金，多采用逐案评估法和年金评估法等。未来，随着长期护理保险的发展，保险责任的不断复杂化，其责任准备金评估将更复杂，也会遇到诸多问题，这给中国的健康保险精算从业人员提出了挑战。

本章小结

失能收入损失保险是为因疾病或意外伤害而失能的被保险人提供收入补偿的一种健康保险。失能的界定直接影响失能收入损失保险产品定价、费率及赔付，目前关于失能的定义主要有职业性定义、工作任务定义及日常活动能力定义。短期失能收入损失保险具有非寿险特征，可采用非寿险定价方法，长期失能收入损失保险定价主要有增量—减量表方法、多状态方法等。短期失能收入损失保险责任准备金评估主要采用非寿险方法，长期失能收入损失保险责任准备金评估与寿险类似，但要注意长期失能收入损失保险的保险利益和保障范围对准备金的影响。长期护理保险为那些因年老、疾病或意外事故的影响而需要在家中或在设施齐备的私营疗养院长期护理的被保险人提供医疗或其他服务费用给付。长期护理保险定价方法主要采用多状态方法，其需要评估的准备金有 DLR 准备金、ICOS 准备金、未决赔款准备金（PR）、IBNR 责任准备金等。在中国，长期护理保险的责任准备金评估方法多采用寿险、年金、逐案评估等方法。

关键词

失能　失能收入损失保险　长期护理　长期护理保险　多状态方法
增量—减量表方法　转移概率　失能收入损失保险责任准备金
长期护理保险责任准备金

思考题

1. 如何正确理解失能及失能收入损失保险的概念？
2. 短期失能收入损失保险如何定价？如何评估责任准备金？
3. 长期失能收入损失保险如何定价？如何评估责任准备金？
4. 简述长期护理保险的概念及产品形态。
5. 长期护理保险有哪些定价方法？
6. 长期护理保险责任准备金有哪些？

附录　失能收入损失保险定价的多状态方法

基于多状态模型的一般知识和失能收入损失保险的特点，在国外理论和实务中，根据失能发生率的估计和失能持续时间的考虑，产生了如下所述的多种定价方法：

1. 挪威法

保单条件定义为 $\Gamma = [0, n, 0, \infty, n]$。由于失能收入损失保险金的支付一般按周或月支付，因此，其趸缴纯保费采用年金计算法，即 $\bar{a}_{x:\overline{n|}}^{12} = \int_0^n {}_tP_x^{12} v^t dt$。

挪威法定义了一个关于 x 和 t 的二元函数：

$$j_{[x]+t} = \Pr\{S(x+t)=2 \mid S(x)=1 \cap [S(x+t)=1 \cup S(x+t)=2]\}$$

这个函数表示的是被保险人在 x 岁健康且在 $x+t$ 岁生存的条件下，在 $x+t$ 岁处于失能状态的概率。

因为 $\Pr\{S(x+t)=1 \cup S(x+t)=2 \mid S(x)=1\} = {}_tP_x^{11} + {}_tP_x^{12}$，于是可得：

$${}_tP_x^{12} = ({}_tP_x^{11} + {}_tP_x^{12}) j_{[x]+t}$$

由此得到：

$$\bar{a}_{x:\overline{n|}}^{12} = \int_0^n {}_tP_x^{12} v^t dt = \int_0^n ({}_tP_x^{11} + {}_tP_x^{12}) j_{[x]+t} v^t dt$$

如果用简单的生存概率 $\frac{l_{x+t}}{l_x}$（这与被保险人在 x 岁时的起始状态无关）近似代替上式中的 ${}_tP_x^{11} + {}_tP_x^{12}$，得到长期失能收入损失保险的趸缴纯保费为：

$$\bar{a}_{x:\overline{n|}}^{12} \cong \int_0^n \frac{l_{x+t}}{l_x} j_{[x]+t} v^t dt$$

这就是所谓的“挪威方法”（Norwegian）。需要指出的是，挪威方法是基于持续失能的概率（the Probability of Being Disabled）基础之上的。

2. 曼联法

曼联法是计算长期健康保险费率的传统方法，它是根据经验数据反映出的伤病发生率和伤病持续时间来直接求出一系列保险金给付额的精算现值。过去（现在某些情况下仍然在使用），曼联方法在英国被广泛应用于失能收入保险的定价。在德国，精算师多年来一直运用此方法计算长期护理保险的费率。

保单条件与挪威法一致。曼联法在此定义了另外一个函数：设 f_{x+t} 为被保险人在 $x+t$ 岁时失能且生存的条件下在 $x+t$ 岁时处于失能状态的概率，则：

$$f_{x+t} = \Pr\{s(x+t)=2 \mid s(x+t)=1 \cup s(x+t)=2\}$$

上面的f_{x+t}仅仅是到达年龄$x+t$的函数，也就是说它没有考虑$x+t$岁以前被保险人所处的状态和转移情况，只考虑在$x+t$岁时被保险人的状态和转移情况。因此，转移概率${}_tP_x^{12}$的曼联估计方法为：

$$
{}_tP_x^{12}=\frac{l_{x+t}}{l_x}f_{x+t}
$$

根据前面讨论的计算失能收入保险趸缴纯保费的计算公式，长期失能收入损失保险趸缴纯保费的曼联估计式为：

$$
\bar{a}_{x:\overline{n}|}^{12}=\int_0^n {}_tp_x^{12}v^t dt=\int_0^n v^t pr\{s(x+t)=2\mid s(x)=1\}dt=\int_0^n \frac{l_{x+t}}{l_x}f_{x+t}v^t dt
$$

进一步，有下面的近似公式：

$$
\bar{a}_{x:\overline{n}|}^{12}=\int_0^n \frac{l_{x+t}}{l_x}f_{x+t}v^t dt=\sum_{h=1}^{n}\frac{1}{l_x}\int_0^1 f_{x+h-1+s}l_{x+h-1+s}v^{h-1+s}ds
$$

$$
\cong\sum_{h=1}^{n}\frac{l_{x+h-\frac{1}{2}}}{l_x}v^{h-\frac{1}{2}}\frac{\int_0^1 f_{x+h-1+s}l_{x+h-1+s}ds}{\int_0^1 f_{x+h-1+s}ds}
$$

更进一步，如果定义中心失能率为：

$$
\alpha_y=\frac{\int_0^1 f_{y+\tau}l_{y+\tau}d\tau}{\int_0^1 l_{y+\tau}d\tau}
$$

则趸缴纯保费可简化为：

$$
\bar{a}_{x:\overline{n}|}^{12}\cong\sum_{h=1}^{n}\frac{l_{x+h-\frac{1}{2}}}{l_x}v^{h-\frac{1}{2}}\alpha_{x+h-1}
$$

3. 瑞典（Swedish）方法

考虑保单条件$\Gamma=[0,n,f,\infty,n]$，相应的趸缴纯保费$\bar{a}_{x:\overline{n(f)}|}^{12}$由下式给出：

$$
\bar{a}_{x:\overline{n(f)}|}^{12}=\int_0^{n-f}\frac{l_{x+u}}{l_x}\mu_{x+u}^{12}{}_fP_{x+u,0}^{22}v^{u+f}\left[\int_{u+f}^{n}{}_{t-u-f}P_{x+u+f,f}^{22}v^{t-u-f}dt\right]du
$$

需要指出的是，上式是属于式（4.1.4）一类的定价模式，但是式（4.1.4）中的概率${}_uP_x^{11}$由生存概率$\frac{l_{x+u}}{l_x}$所代替；若考虑从失能状态到健康或死亡的转移，则此概率方法被假设为起始—选择型（Inception - Select）。

延期f需要用到概率${}_fP_{x+u,0}^{22}$。

现在，定义$\lambda(y,z)={}_zP_{y,0}^{22}$，$v(y,z)=\mu_{y,z}^{12}P_{y,0}^{22}=\mu_y^{12}\lambda(y,z)$。

于是，$\lambda(y,z)$就是一个考虑了失能持续期的选择生存函数，而$\nu(y,z)dy$表示的就是一个在y岁健康的被保险人在y岁和$y+dy$岁之间发生失能并且至少持续了z时期的概率。因此，

$$ {}_{f}P^{\underline{22}}_{x+u,0}\ {}_{t-u-f}P^{\underline{22}}_{x+u+f,f} = {}_{t-u}P^{\underline{22}}_{x+u,0} $$

故而，此时趸缴纯保费可化为：

$$ \bar{a}^{12}_{x:\overline{n(f)}|} = \int_0^{n-f} \frac{l_{x+u}}{l_x} \nu(x+u,f) v^{u+f} \left[\int_{u+f}^{n} \frac{\lambda(x+u,t-u)}{\lambda(x+u,f)} v^{t-u-f} dt \right] du $$

在瑞典的精算实践中，通常是估计函数 λ 和 μ^{12} 或 λ 和 ν，并且将上式作为其厘定趸缴纯保费的表达式。需要指出的是，瑞典方法是基于失能发生概率 $\mu^{12}_{x+u}du$ 和失能持续概率 $P^{\underline{22}}$ 或 λ 的基础之上的。

4. 起始—年金（Inception - Annuity）方法

现在再回头来看式（4.1.4），它可以变化为下面的形式：

$$ \bar{a}^{12}_{x} = \sum_{h=0}^{\infty} \int_0^1 {}_{h+u}P^{11}_{x} \mu^{12}_{x+h+u} v^{h+u} \left[\int_{h+u}^{\infty} {}_{t-h-u}P^{\underline{22}}_{x+h+u} v^{t-h-u} dt \right] du $$

前面已经指出，方括弧内的积分表示的是支付给失能被保险人直到死亡或康复的连续失能年金的期望现值。在时间离散的年金情形下，这个积分需要用一个适当的求和表达式来代替。用 a^{*}_{x+h+u} 来表示这个求和式，那么，上式的右端将变成一系列下面的表达式之和：

$$ \int_0^1 {}_{h+u}P^{11}_{x} \mu^{12}_{x+h+u} v^{h+u} a^{*}_{x+h+u} du $$

上式可以用下面的表达式来代替：

$$ v^{h+1/2} a^{*}_{x+h+1/2} \int_0^1 {}_{h+u}P^{11}_{x} \mu^{12}_{x+h+u} du $$

下面来考察当 $h=0$ 时，上式中的积分。这个积分表示的是在 x 岁和 $x+1$ 之间转移到失能状态的期望数值，它当然也可以看做当两个或更多的转移到失能状态的转移概率很小时，在 x 岁和 $x+1$ 之间转移到失能状态的转移概率的一个很好的近似，我们用 w_x 表示这个概率。用 ${}_{h+u}P^{11}_{x} \cong {}_{h}P^{11}_{x}\ {}_{u}P^{11}_{x+h}$ 近似代替式中的 ${}_{h+u}P^{11}_{x}$，可以得到：

$$ \bar{a}^{12}_{x} \cong \sum_{h=0}^{\infty} v^{h+1/2} a^{*}_{x+h+1/2} \int_0^1 {}_{h+u}P^{11}_{x} \mu^{12}_{x+h+u} du $$

进一步得到：

$$ \bar{a}^{12}_{x} \cong \sum_{h=0}^{\infty} {}_{h}P^{11}_{x} w_{x+h} v^{h+1/2} a^{*}_{x+h+1/2} $$

上式的右端被称为失能收入保险纯保费厘定的“起始—年金”公式。这是一个时间离散公式，它是基于失能发生概率 w_{x+h} 和当被保险人持续失能时给付年金的期望现值 $a^{*}_{x+h+1/2}$ 的基础之上的。

5. 转移强度为常数的多状态方法

在前面的讨论中，转移强度 μ 不是常数，而是 x 的函数，或者是 t 的函数，或者是它们两者的函数。在常数转移强度假设下，可以得到一些非常简洁且实用的结论。

在具体讨论之前，先来回顾一下人寿保险中年金情形。人寿保险可以用一个两状态方法来描述，见图 1。

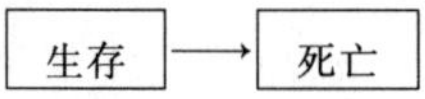

图 1　人寿保险两状态

在上面的两状态模型中，只可能发生一种转移——生存到死亡的转移。在这种情形下，无论是死亡保险还是年金保险，其精算都很简单。例如，一个 x 岁的被保险人每年支付 1 的连续终生生存年金的期望现值为（在此沿用的是人寿保险中标准精算符号，就不再列示）：

$$E[\bar{a}_{\overline{T(x)}|}] = \int_0^\infty \bar{a}_{\overline{t}|}\, {}_tP_x\, \mu_{x+t}\, dt = \int_0^\infty v^t\, {}_tP_x\, dt$$

x 岁的被保险人死亡时立即支付 1 的期望现值是：

$$E[v^{T(x)}] = \int_0^\infty v^t\, {}_tP_x\, \mu_{x+t}\, dt$$

而三状态模型的期望现值的计算更困难。如果我们求处于状态 1 的 x 岁的被保险人在 $x+t$ 岁处于状态 2 时连续支付 1 的期望现值，则可以写成 $\int_0^\infty v^t\, {}_tP_x^{12}\, dt$。

式中，${}_tP_x^{ij}$ 表示在状态 i 的 x 岁的被保险人将在 $x+t$ 岁时处于状态 j 的概率。遗憾的是，这个概率不容易得到，因为它必须考虑被保险人在年龄 x 和 $x+t$ 岁之间回到状态 1 一次或者多次的概率。如果我们作一个简化假设，即从状态 2 到状态 1 不能发生，则有：

$${}_tP_x^{12} = \int_0^t e^{-\int_0^s (\mu_{x+u}^{12}+\mu_{x+u}^{13})du}\, \mu_{x+s}^{12}\, e^{-\int_s^t \mu_{x+u}^{23} du}\, ds$$

式中，μ_x^{ij} 表示在 x 岁时从状态 i 到状态 j 的转移强度。表达式中的积分可以解释为在 x 岁处于状态 1 的人在年龄 $x+s$ 到 $x+s+ds$ 间转移到状态 2 并保持状态 2 直到 $x+t$ 岁的概率。

在长期失能收入保险中，可以假设这种“无康复”来进行分析。然而，在实际应用中，这种状态间的转移是经常发生的，这样的假设是不恰当的。因此，在三个或者更多状态的多状态方法中，我们需要一个求转移概率 ${}_tP_x^{12}$ 的更恰当的方法。

对于 $\forall t$，转移强度 $\mu_{x+t}^{ij} = \mu^{ij}$ 是常数，此时，Markov 过程称为时齐的。常数转移强度假设意味着状态转移的时间间隔服从指数分布，因此，转移概率 ${}_tP_x^{ij}$ 只与时间 t 有关，故可以简写为 $P^{ij}(t)$。此时，Markov 方法具有转移概率矩阵：

$$P(t) = \begin{bmatrix} P^{11}(t) & P^{12}(t) & P^{13}(t) \\ P^{21}(t) & P^{22}(t) & P^{23}(t) \\ 0 & 0 & 1 \end{bmatrix}$$

和转移强度矩阵：

$$Q=\begin{bmatrix} -(\mu^{12}+\mu^{13}) & \mu^{12} & \mu^{13} \\ \mu^{21} & -(\mu^{21}+\mu^{23}) & \mu^{23} \\ 0 & 0 & 0 \end{bmatrix}$$

多状态方法中的转移概率和转移强度满足的 Kolmogorov 前向微分方程为：

$$\frac{d}{dt}{}_tp_x^{ij} = \sum_{l=1}^{3} {}_tp_x^{il} \cdot \mu_{x+t}^{lj}$$

和 Kolmogorov 后向微分方程为：

$$\frac{d}{dx}{}_tp_x^{ij} = -\sum_{l=1}^{3} \mu_x^{il} \cdot {}_tp_x^{lj}$$

这两组微分方程可写成矩阵形式：$P'(t)=P(t)Q$ 和 $P'(t)=QP(t)$，边界条件 $P(0)=I$。

上述方程具有解：

$$P(t)=e^{Qt}=I+Qt+\frac{Q^2t^2}{2!}+\cdots$$

但是这个解不适用，因为它收敛太慢。根据 Cox 和 Miller 的结论：如果 Q 具有不同的特征值 d_1，d_2，d_3，则有 $Q=ADC$，其中，$C=A^{-1}$，$D=diag(d_1, d_2, d_3)$，A 的第 i 列是 d_i 对应的右特征向量，于是，

$$P(t)=Adiag(e^{d_1t},e^{d_2t},e^{d_3t})C$$

这样，求转移概率的问题就转化为求 Q 的特征值和特征向量的问题。容易证明 Q 具有三个不同的特征值。由此可以得到：

$$P^{ij}(t) = \sum_{n=1}^{3} a_{in}c_{nj}e^{d_nt}$$

6. 转移强度为分段常数的 Markov 方法

在上面，假设转移强度不随时间变化是常数，这对于转移概率函数的表达很方便。不幸的是，在许多精算应用中，这是不合适的，因此，要求转移强度随年龄而变化。当保持常数转移强度的易控性时，用分段常数转移强度可以达到这个要求。

设 $\mu^{ij}(t)=\mu^{ij(m)}$，其中，$t\in[t_{m-1},t_m)$，$m=1,2,\cdots,t_0=0$。用 $p^{ij(m)}(t)$ 表示包含在区间 $[t_{m-1},t_m)$ 内的小区间 $[u,u+t)$ 上的转移概率函数，用矩阵形式，我们得到 $Q^{(m)}$ 和 $P^{(m)}(t)$。现在定义 m_t 为满足 $t_{m_t-1}\leqslant t<t_{m_t}$ 的整数，则有：

$$P(s,t)=P^{(m_s)}(t_{m_s}-s)P^{(m_s+1)}(t_{m_s+1}-t_{m_s})\cdots P^{(m_t)}(t-t_{m_t-1})$$

于是给定 s 和 t，就可以计算转移概率矩阵。首先，对每个 m，从 $Q^{(m)}$ 中来计算 $A^{(m)}$，$D^{(m)}$ 和 $C^{(m)}=(A^{(m)})^{-1}$，可以得到 $P^{(m)}(t)$。最后，根据

上式可以得到 $P(s,t)$。

现在考虑一个每年的转移强度是不同常数的马尔可夫过程。用 $\mu^{ij(x)}$ 表示一个人在 x 岁和 $x+1$ 岁间从状态 i 到状态 j 的转移强度，其中，x 是非负整数，i，$j\in\{1,2,\cdots,k\}$。这些转移强度可以用来构造矩阵 $Q^{(x)}$，可以用它来计算 $A^{(x)}$，$C^{(x)}$ 和 $D^{(x)}$。用 $P_{ij}^{(x)}(t)$ 表示在年龄区间 $[x,x+1)$ 上的从 i 到 j 的转移概率函数。假设要计算：一个人在30岁时处于状态 i，在30岁和40岁之间处于状态 j 的期望时间，这个值可以由下面的等式给出：

$$\int_{30}^{40} P^{ij}(30,t)\,dt = \sum_{x=30}^{39}\int_{x}^{x+1} P^{ij}(30,t)\,dt$$
$$= \sum_{x=30}^{39}\int_{x}^{x+1}\sum_{h=1}^{k} P^{ih}(30,x)P^{hj(x)}(t-x)\,dt$$

进一步有：

$$= \sum_{x=30}^{39}\sum_{h=1}^{k} P^{ih}(30,x)\int_{x}^{x+1}\sum_{n=1}^{k} a_{hn}^{(x)}c_{nj}^{(x)}\exp\{d_n^{(x)}(t-x)\}\,dt$$
$$= \sum_{x=30}^{39}\sum_{h=1}^{k} P^{ih}(30,x)\sum_{n=1}^{k} a_{hn}^{(x)}c_{nj}^{(x)}\int_{x}^{x+1}\exp\{d_n^{(x)}(t-x)\}\,dt$$
$$= \sum_{x=30}^{39}\sum_{h=1}^{k} P^{ih}(30,x)\sum_{n=1}^{k} a_{hn}^{(x)}c_{nj}^{(x)}\frac{e^{d_n^{(x)}}-1}{d_n^{(x)}}$$

其中，$P^{ih}(30,x)$ 是矩阵 $P(30,x)=\prod_{y=30}^{x-1}P^{(y)}(1)=\prod_{y=30}^{x-1}A^{(y)}diag(e^{d_1^{(y)}},\cdots,e^{d_k^{(y)}})C^{(y)}$ 的元素。$a_{hn}^{(x)}$ 是 $A^{(x)}$ 的元素，$c_{nj}^{(x)}$ 是 $C^{(x)}$ 的元素，$d_n^{(x)}$ 是 $D^{(x)}$ 的元素。用矩阵形式，上式可以写为：

$$\int_{30}^{40} P(30,t)\,dt = \sum_{x=30}^{39} P(30,x)A^{(x)}diag\left(\frac{e^{d_1^{(x)}}-1}{d_1^{(x)}},\cdots,\frac{e^{d_k^{(x)}}-1}{d_k^{(x)}}\right)C^{(x)}$$

在此也能计算，现在处于状态 i 的30岁的人在30岁和40岁之间处于状态 j，连续支付1的期望现值为：

$$\int_{30}^{40} e^{-\delta(t-30)}P^{ij}(30,t)\,dt = \sum_{x=30}^{39} e^{-\delta(t-30)}\sum_{h=1}^{k} P^{ih}(30,x)\sum_{n=1}^{k} a_{hn}^{(x)}c_{nj}^{(x)}\frac{e^{d_n^{(x)}-\delta}-1}{d_n^{(x)}-\delta}$$

其中，δ 为利息强度，写成矩阵形式：

$$\int_{30}^{40} e^{-\delta(t-30)}P(30,t)\,dt = \sum_{x=30}^{39} e^{-\delta(x-30)}P(30,x)A^{(x)}diag$$
$$\left(\frac{e^{d_1^{(x)}-\delta}-1}{d_1^{(x)}-\delta},\cdots,\frac{e^{d_k^{(x)}-\delta}-1}{d_k^{(x)}-\delta}\right)C^{(x)}$$

第五章　团体健康保险

学习目的

通过本章的学习，读者应该能够：

□ 掌握团体健康保险的概念及经营管理方面的特征

□ 熟悉团体健康保险计划的各种形式和团体健康保险产品的种类

□ 掌握团体健康保险的各种费率模型及不同类型团体健康保险的定价过程

§5.1　团体健康保险概述

5.1.1　团体健康保险及其经营管理上的特征

1. 团体健康保险的概念和特点

（1）团体健康保险的概念。**团体健康保险是以团体方式投保，当被保险人在保险有效期间因疾病或遭受意外伤害导致医疗费用支出、收入损失或其他健康损失时，由保险公司承担给付保险金责任的一种健康保险。**团体健康保险通过一份总保险合同进行承保，保险单由投保人持有，而对于各个被保险人，一般会给予一张保险凭证来说明其获得的保障。投保团体可以是各类机关、企业、工会团体和各种协会，但不能是因购买保险而组成的团体，被保险人数也必须满足一定的数量及比例要求（我国相关规定要求为5人以上，投保比例不低于75%）。团体健康保险的经营主体可以分为两类：一类是承担风险的保险人；另一类是不承担风险的计划管理者。最初团体健康保险的经营主体主要是第一类，随着团体自保的出现，很多团体保险人也在其管理的团体健康保险计划中不再承担风险，而只是充当第三方管理者的角色。

（2）团体健康保险的特点。在保障内容上，团体健康保险可以为疾病、医疗费用、失能收入损失、长期护理费用等提供保障，内容与个险产品大体相同，但也有许多不同于个人健康保险产品的特点，如保障计划更灵活，团体健康保险投保人可以与保险人充分协商，要求保险人在标准条款和费率的基础上扩大保障范围，给予优惠费率或附加特定条款以满足本团体的特殊需求等；再如费率更低，与个人健康保险相比，团体健康保险的费率相对较低，其原因包括两个方面：第一，团体健康保险的经营成本低，投保人可以和保险人一起分享团体保险低成本的好处；第二，团体健康保险承保人数较多，风险相对分散，逆选择风险较小。

2. 团体健康保险经营管理上的特征

（1）产品设计上的特征。与个险产品相比，团体健康保险产品具有较大的灵活性，投保人和保险人就保险金额、保险责任、给付比例等重要条款内容均可以进行协商。在保障责任方面，团体健康保险提供的保障内容与个险大体相似，但团险产品可以根据客户的需求适当扩大保障范围、提高报销比例等。在对既往症的认定上，团体健康保险一般会比个人健康保险适当放宽条件。某些团体健康保险产品会提供转换条款，该条款允许被保险人在离开团体时，以个人名义购买个人健康保险，而无需提供可保证明。

（2）销售方面的特征。在团体健康保险的销售中，一般需要制订详尽的计划书，说明不同投保计划的成本及利益，供投保团体比较选择。在计划书的制订过程中，客户有较大自主选择的权利，团体的规模越大，逆选择风险越小，团体的选择权一般也越大。与个险不同，团体健康保险的定价受竞争者的影响较大。团体健康保险的价格竞争非常激烈，投保团体（尤其是人数众多的大团体）一般会采用多方议价或竞标的方式来获得更优惠的价格。团体健康保险的销售渠道主要为直销渠道和中介渠道。

- **直销**是一种由保险公司的团险业务员直接销售本公司产品的销售方式。团体健康保险的销售对业务员有较高的专业要求，不但要具有专业的团体保险、医学等方面的知识，还需要了解费率的计算、员工福利政策、税收规定及行业的发展趋势等，故团体健康保险的业务员需经过更严格的专业培训，以便在开展业务时能为客户提供专业的意见。

- **中介销售**是一种由保险经纪公司或代理公司等中介机构销售团体健康保险的方式。保险经纪人通常代表客户选择最具有竞争力的保险公司，而保险代理人代表的是保险公司，一般面对的是中小型客户团体。团体健康保险的中介人一般会提供很多团体健康保险的后续服务来留住客户，如对保险计划的宣讲、安排保险公司提供的体检活动、收取赔付票据等。

（3）核保方面的特征。团体健康保险的核保不只是医学上的核保，更主要的是精算核保。在核保的过程中，需要根据不同团体的情况提供保险计划的报价。在个险核保中，考虑的是个人的可保性，而团险核保则关注整个团体的可保性。此外，团体赔付经验数据的可信度也是核保需要考虑的重要因素，一般情况下，团体的规模越大，经验数据的可信性越高。

（4）保全方面的特征。团体成员一般具有较大的流动性，团体成员增加或减少时，投保人要及时通知保险公司，并且团体成员的参保比例要满足合同规定的比例（如75%）。当团体成员增加时，新增成员一般需提供可保证明，有时还会要求必须以全职身份工作满一定的时间，才能加入团体健康保险计划；当该团体因成员变化而导致参保比例低于规定比例时，保险公司可以解除保险合同。投保团体对保障计划不满意时也可以提出退保。在团体健康保险中，个别被保险人的保险关系终止并不会导致整个团体合同的终止。"雇主—雇员"团体中的个别被保险人保险关系终止原因通常包括：被保险雇员的雇用关系终止；被保险雇员的保单期限届满；主保单终止或修改从而导致原被保险雇员不再属于合格雇员之列。一般情况下，如果团体雇员的保险效力终止，家属及其受抚养人也将不再受到保障。

（5）理赔方面的特征。在团体健康保险中，赔付延迟时间的长短因险种而有所不同。如对于门诊费用保险，因其赔付金额较低，一般会较长时间（如一个季度或半年）才集中进行一次理赔，故其赔付延迟时间较长；而对于重疾险，因赔付金额较高，一般都会及时报案，及时赔付，其赔付延迟相对较短。在团体健康保险理赔中，通融赔付所占的比例相对于个险要大，这是因为保险公司为了维护和客户的关系、保持市场的竞争力，可能会降低赔付标准，进行通融赔付。

（6）经营成本方面的特征。团体健康保险的经营成本相对较低，其原因是：第一，团险支付给经纪人、代理人的手续费比例较个险的佣金比例低；第二，团体健康保险在承保时核保相对简化，体检要求也较少，另外单证成本、单证管理成本、保费收取成本等都比个险低。这些多方面的因素使得团体健康保险的管理成本要比个人健康保险大大降低。

在国外成熟的保险市场上，经验返还也是团体健康保险经营的一项重要特征。在年末评估时，如果团体健康保险计划盈利，保险公司将根据经验返还公式的计算，给予投保人一定数量的返还。常见的返还形式是作为未来保费的预付，以此鼓励投保团体继续与该保险公司合作。此外，对于投保人而言，团体健康保险的保费支出一般能够享受更多的税收优惠。如在美国，对于雇主资助的团体健康保险，其获得的税收补贴要比在非团体市场上购买保险的补贴力度更大。

我国2007年底公布的《中华人民共和国企业所得税实施条例》第三十五条规定："企业为投资者或者职工支付的补充养老保险费、补充医疗保险费，在国务院财政、税务主管部门规定的范围和标准内，准予扣除。"

5.1.2　团体健康保险计划

1. 传统的团体健康保险计划

美国最早的团体健康保险计划在1870年之前就形成了，该计划主要为意外事故提供保障。此后，团体健康保险不断发展，保障范围不断扩大，各种住院费用、门诊费用、护理费用、失能收入损失等责任被添加进来，团体健康保险产品得到极大丰富。传统的团体健康保险计划是根据投保团体的具体状况以及相关需求，将不同的健康保险产品进行组合，为投保团体提供住院、门诊、疾病、护理等多方面的保障。同时，投保团体一般都具备一定的议价能力，可以与保险人充分协商，要求保险人根据团体的个性化需求调整保障范围、附加特定条款、给予费率优惠，获得比个人健康保险更多的优惠。在传统团体健康保险计划的制订过程中，保障范围、保障程度、等待期、给付方式等条款内容一般都由投保人确定，被保险人不参与计划的制订，也没有选择保障范围的权利。

2. 多重保障的团体健康保险计划

传统团体健康保险计划提供的保障内容相对固定，无法满足被保险人的个性需求，而多重保障的团体健康计划的出现满足了被保险人选择不同医疗服务的需求。多重保障的团体健康计划有两种形式：一种是被保险人可以在一个计划中选择不同的保障范围；另一种是有多个计划或保险人可供被保险人选择。当被保险人被赋予选择保障范围的权利时，保险公司通常会规定一些必须选择的保障范围，在投保人和被保险人共同缴费额度的总额限制下，被保险人可在购买必需保险项目后，另外选择对自己最有价值的保障范围。常见的可供选择的保障包括牙科、处方药、视力和听力等方面的保障。当被保险人可以根据自己的需求选择保险计划或保险人时，被保险人通常会比较不同计划的被保险人分担、给付水平、等待期等因素，然后选择对自己最有利的保险计划或保险人。在美国，如果涉及管理式医疗计划的选择，被保险人还会考虑医疗服务提供者网络的规模和可获得性、管理式医疗计划的程序要求、投保人对管理式医疗计划的态度等因素。多重保障提供给被保险人的选择权，往往使被保险人选择对自己最有利的保障，这样会产生一定程度的逆选择。

5.1.3 团体自保和第三方管理计划

随着团体保险技术的成熟、投保团体规模的扩大，团体自保在20世纪70年代开始出现，大型团体通过自保公司或自保基金为团体成员提供保险保障。在自保计划中，一般由第三方管理公司为自保团体提供各种相关的管理服务，这也促进了第三方管理的发展。

1. 团体自保计划

团体自保计划或称“自保团体”的出现是近年来健康保险市场的一个新动向。一些大公司或行业组织不再为其雇员向保险公司投保健康保险，而是建立自己的健康保险计划，通过在团体内筹集健康保险基金来支付所有团体成员的健康保险赔款，或者由自保公司提供承保、索赔等保险服务。

团体自保计划没有把风险从团体内部转移到团体外部，而是将风险留在团体内部，主动有意识地对潜在风险进行识别和管理。团体自保的形式包括自保基金和自保公司。**自保基金**是自保团体为防范潜在的风险而提取的风险管理基金，团体成员的健康保险索赔从自保基金中支付，自保基金的投资选择范围可以适当扩大，但仍受监管法律法规的约束。而**自保公司**是在企业之外成立专门的自保公司，由自保公司为母公司及其子公司提供承保、索赔等保险服务。大多数的团体自保计划需要由保险公司或第三方管理公司提供管理服务，这些管理服务通常包括承保、理赔和其他管理服务，有时还包括保险计划设计的咨询、精算、财务等方面的服务。从风险管理的角度来看，由于不存在由信息不对称引起的逆向选择和道德风险以及保险人和被保险人利益不一致等问题，团体自保提供了内在激励机制，可以有效地促进企业自我防范和管理风险，降低风险水平，进而降低风险成本。

2. 第三方管理计划

第三方管理（Third Party Administrator，TPA）的概念很广泛，很多机构可以作为第三方管理者提供各种服务，如保险公司为自保团体提供日常管理服务、保险经纪机构帮助团体自保计划的成员填写表格申请和索赔文件、制药厂商为健康保险计划提供处方药管理服务、咨询事务所向雇员福利计划提供法律咨询和流程管理服务等。其中，唯一管理服务（Administration Service Only，ASO）是 TPA 的主要形式，它是指保险公司为团体提供日常管理服务，如赔付处理和各种文件工作等，收取管理费，但不承担任何财务上赔付风险的一种合同安排。保险公司通常针对各种自保风险的雇员福利计划开展此类业务。ASO 主要针对各种自保计划，提供的服务业务范围包括保险业务计划宣传和推广、成员准入和合格性审查、索赔审核和赔付管理、成员咨询服务、提供医疗网络等。其中，索赔审核和赔付管理是最常见的服务。ASO 的唯一风险是费差损风险，当实际发生费用高于收取的管理费用时，保险公司需要自行承担超额管理费用。

3. 团体自保和第三方管理在我国的应用

在我国，团体自保还处于初级发展阶段，保障内容主要为住院医疗费用和门诊费用，采用的形式主要是自保基金的形式。公费医疗制度下的单位报销医疗费用可以看做是我国团体健康保险自保的雏形，近几年，随着自保的不断发展，自保的保障范围也不断扩大，有些自保计划也开始为重大疾病提供一定程度的保障。随着人身保险市场的发展，部分保险公司开始尝试向团体客户提供不承担赔付风险的管理服务，如太平洋保险公司的“高额补充团体健康保障委托管理协议”、中国人寿的“国寿团体补充医疗保险（基金型）”等都属于承担唯一管理服务的合同，这些合同都约定承担的赔付总额以保费扣除管理费用后的余额为限，其实质上都未承担任何赔付风险。目前，我国商业健康保险公司除为相关团体提供第三方管理服务之外，也正积极介入社会基本医疗保险，尝试为政府举办的社会保险提供第三方管理服务。其中，“湛江模式”的运作相对成熟。

专栏

“湛江模式”简介

广东省湛江市在进行医药卫生体制改革时，将商业健康保险引入到城乡一体化基本医疗保险中，商业健康保险公司提供补充医疗保险和管理服务。这样不但提高了保障程度和医疗保障管理水平，也减轻了政府的负担，方便参保人群看病就医，实现了参保人、政府、医院、保险公司四方共赢，是商业保险参与新医改的典范，被称为“湛江模式”，其主要做法是：

（1）配合基本医疗保险，提供补充医疗保险。2009 年 1 月，湛江市将新农合和城镇居民基本医疗保险并轨运行，建立了城乡居民统一参保的全民医保体系。人保健康参与城镇和农村社会医疗保障体系的建设，为其提供了补充医疗保险服务，经办的具体项目包括“城乡居民基本医疗大额补助保险”、“城镇职工医疗大病救助保险”、“公务员基本医疗统筹补充医疗保险”等。原城乡居民基本医疗保险个人缴费部分的 85% 继续用于基本医疗保险支出，其余 15% 用于购买人保健康的大额医疗补助保险。这样，在政府财政支持和个人缴费标准不变的情况下，根据缴费档次的不同，城乡居民的保障限额由原来的 1.5 万元分别提高了 3.5 万元和 6.5 万元。

（2）为“城镇职工基本医疗保险”和“城乡居民基本医疗保险”提供一体化的管理服务。人保健康在提供补充医疗保险的同时，还同时为基本医疗保险和补充医疗保险提供一体化的管理服务。人保健康在湛江市各级社保部门办公大厅设立服务窗口，向参保人员提供基金征缴、凭证审核、费用报销等服务项目，与社保部门共同组建由专业人员组成的咨询服务队伍，通过医保咨询热线，向全市参保人员提供包括基本医疗、补充医疗、健康管理、普通健康保险等在内的全面咨询服务，实现了基本医疗保险和补充医疗保险的一体化管理和“咨、征、审、付”相结合的一站式服务。

（3）全程监控参保患者的就医行为，提供专业的就医管理服务。人保健康组建了医疗服务巡查队伍，向就医集中的重点医院派驻医保专员，针对县区医院组建片区巡查小组，全面跟踪干预参保群众的就医行为，通过信息管理系统监控参保患者的就医过程，确保医疗信息及时传递到保险公司，有效地降低了医疗信息不对称导致的道德风险。在严格审查医疗档案、加强住院巡访的同时，针对参保人员的病情，提供专业的诊疗建议，协助医院制订适宜的诊疗方案，有效控制挂床住院、小病大医等不合理的医疗行为，基本实现了参保人员的合理治疗、合理付费。

(4) 完善医疗服务质量评价制度，加强对定点医院的管理。人保健康充分发挥其医疗检查方面的专业技术优势，加强对基本医疗和补充医疗保险的服务巡查，同时还建立了一套针对定点医院的医疗服务质量评价制度，在每个社保年度结束前，人保健康都会对参保人群开展医疗服务满意度调查，将调查结果作为对定点医院服务质量评估的重要依据之一。此外，人保健康与定点医院签订合作协议，明确各自的权利、义务、职责和处罚规定，加强对定点医院的管理。

(5) 开发医疗管理信息系统，共享费用结算信息。人保健康开发了医疗管理信息系统，实现保险公司、社保部门和定点医院三方之间的数据交换，共享参保患者诊疗和费用结算方面的信息。人保健康和社保部门对定点医院采取“总量控制、按月预付、年终结算”的先预付后审核的结算方式，每月按实际应付款总额的80%预付给定点医院，10%左右作为年终结算资金，10%作为审核资金，待赔付案件审核完毕后，根据审核结果多退少补。

§5.2　团体健康保险产品

5.2.1　团体医疗保险

团体医疗保险是在合同约定的范围之内为被保险人提供医疗费用保障。根据保障内容的不同，团体医疗保险包括住院医疗保险、门诊医疗保险、综合医疗保险、社保补充型医疗保险、牙科保险和眼科保险等，这些团体医疗保险在等待期、免赔额、保障范围等方面与个险产品都有一定的不同。在不同的团体医疗保险中，被保险人分担计划成本的方式和程度也有所不同，如在费用补偿型的医疗保险中，免赔额既可以是固定金额（如每次入院的免赔额），也可以表示为薪金的一定比例；而在定额给付型医疗保险中，通常是规定免赔天数。在免赔额的设置上，可以是针对医疗服务项目设置，也可以是针对总医疗费用设置。团体医疗保险中最常见的共保比例为50%~90%，最高赔付限额主要用来对保险人承担的最高赔付额度进行限制，最高住院天数则是通过对被保障服务的天数进行限制来控制医疗成本。在团体医疗保险中，一般都有等待期条款，如一般疾病的等待期较短（如30天），而对某些特殊疾病可能规定更长的等待期（如90天），而续保或因意外伤害导致的保险事故一般没有等待期。最后，在团体医疗保险中，一般都有责任延续条款，如保险期限届满时，被保险人的本次医疗行为仍未结束，保险公司仍会对保险期限之外的医疗承担保险责任，但通常都有时间限制，如最长不超过15日。

1. 团体住院医疗保险

（1）定额给付型团体住院医疗保险。定额给付型团体住院保险的基本保险责任为一般住院日额保险金。团体被保险人因遭受意外伤害或疾病，经医疗机构确诊必须住院治疗的，保险人将按实际住院天数减去免赔天数乘以约定的住院日额，给付一般住院日额保险金。定额给付型医疗保险一般还会提供一些可选择的保险责任，如出院疗养日额津贴、癌症住院日额津贴、重症监护日额津贴、手术医疗津贴等。不同保险责任的日额津贴和累计天数的计算方法有所不同，日额可以协商约定或规定为一般住院日额津贴的一定比例。

（2）费用补偿型团体住院医疗保险。费用补偿型团体住院医疗保险一般保险责任为住院医疗保险金。通常要求住院医疗费用必须是符合当地社保规定的合理医疗费用，免赔额和给付比例可由投保双方约定。对于超过免赔额的合理医疗费用，保险人通常在保险金额的限制内按约定的给付比例给付保险金。在费用补偿型医疗保险中，如果被保险人已从当地社会基本医疗保险或其他途径获得补偿，保险公司只对剩余未获补偿的部分按规定给付保险金。有的费用补偿型团体住院医疗保险也对住院前一段时间（如15日）内在门、急诊治疗发生的，符合当地社保规定的合理门急诊医疗费用，按约定的给付比例给付住院前门、急诊医疗保险金，但是住院前的门、急诊治疗和住院治疗必须是由同次意外伤害事故或疾病导致的。

2. 团体门诊费用医疗保险

门诊费用医疗保险保障的是因疾病或意外伤害在医院就诊而导致的合理门、急诊医疗费用，通常包括药费、治疗费、检查检验费、门诊手术费等，符合社会基本医疗保险规定的医疗费用通常都受保障，保障范围较广。免赔额及给付比例在住院费用医疗保险和门诊费用医疗保险中控制成本支出和风险的作用是不同的。在门诊费用医疗保险中，免赔额控制风险的作用很明显，对保险人来说，可以降低小额理赔操作成本，控制被保险人的医疗行为，降低门、急诊赔付支出，而企业团体也可以控制保费支出。在住院费用保险中，免赔额的作用不是很明显。

3. 综合性团体医疗保险

综合性医疗保险的保障范围通常很广泛，保险责任覆盖住院、门诊、生育、牙科、预防保健等。其中，牙科医疗为牙科疾病提供保障，包括基本牙科治疗和重大牙科治疗，而因意外事故导致的牙齿紧急治疗、修复等保障是包含在门诊医疗中的；生育保险金可以为女性被保险人流产、在妊娠期间和分娩住院期间发生的合理且必要的医疗费用提供保障。不同保险责任的保险金给付方式可以有所不同，通常包括定额给付型和费用补偿型两种形式。在综合医疗保险中，不同保险责任的等待期一般是不同的，如门诊治疗的等待期为15天，牙科门诊治疗的等待期为3个月，住院医疗的等待期为1个月到3个月。这是因为门诊费用一般较低，故可以设较短的等待期，甚至可以无等待期；而住院治疗的各项费用相对较高，道德风险的逆选择较大，所以住院医疗保险责任都会规定相对较长的等待期。

4. 补充型团体医疗保险

由新型农村合作医疗、城镇职工基本医疗保险、城镇居民基本医疗保险构成的社会基本医疗保障体系为不同人群提供了基本的医疗保障。社会基本医疗保险具有广覆盖、低保障的特点。当参保人群发生医疗费用，其报销会受当地医保报销目录、起付线和封顶线的限制，对于起付线以下和封顶线以上的医疗费用，还有不属于报销目录范围的医疗费用，将完全由参保人自行承担。另外，在补偿比例方面，目前城镇职工医保的补偿比例大约为70%～80%，而城镇居民医保的补偿比例只有50%～60%，新农合的补偿比例则更低，这意味着农村参保人还需自行承担不少的医疗支出。

社保补充医疗保险为社会基本医疗保险未给予保障的相关医疗费用提供保障，主要包括以下四种类型：

（1）起付线以下的部分医疗费用；

（2）起付线以上、封顶线以下，由被保险人自付一定比例的部分，如社保报销80%，个人自付20%，则补充型医疗保险补偿的就是个人自付的20%部分；

（3）社保封顶线以上部分的高额医疗费用；

（4）基本医疗保险保障目录外的费用，如某些昂贵的特殊检查、某些进口药品等，这些社保不保的项目费用都可以由社保补充保险提供保障。

5. 团体牙科和眼科保险

（1）团体牙科保险。牙科保险是美国健康保险的一个特色，很多公司都选择牙科保障作为对其核心福利计划的补充。常见的牙科保险提供的保障包括：①预防医疗：洁牙、常规检查和X射线，这些项目共保比例通常为100%；②基本医疗：一些基本服务，如填充、拔牙、牙周治疗和牙内治疗，共保比例为80%。③恢复治疗：托牙、牙桥、牙冠，共保比例为50%。④牙齿矫正：预防和修正牙齿问题及牙齿复位的矫正治疗，共保比例为50%。在加拿大，牙科保险主要包括诊断和预防性医疗、次要复原诊疗和手术、牙周和牙内治疗、修复和主要复原治疗、牙齿矫正等五个方面的保障。大多数的牙科保险包括前四项保障，约有一半的牙科保险提供牙齿矫正保障。

在我国，独立设计的牙科保险产品很少，团体牙科保障主要包含在各种团体医疗保障计划中，对因意外伤害直接导致的牙科基本治疗费用提供保障的产品较多，对各种牙科疾病提供保障的产品相对较少。也有少数计划提供预防性治疗（给付比例为100%，洁牙治疗次数以2次为限）、假牙和植牙保障（给付比例为50%）。意外牙科治疗费是指因意外事故，在医院牙科门急诊治疗原本完整无损的、未经过任何治疗的自身牙齿而产生的合理且必要的紧急治疗和修复费用，通常不包括牙科例行检查和牙病治疗。牙科疾病保障通常包括基本牙科治疗和重大牙科治疗，基本牙科治疗包括简单补牙（包括银汞合金或复合树脂充填）、简单拔牙、牙周治疗（包括牙周刮治、牙根平整术等），而重大牙科治疗通常包括根管治疗（包括麻醉和拍片费用）、牙冠修复、桥式义齿（包括化验和麻醉费用）、智齿拔除。

（2）团体眼科保险。在美国和加拿大，验光师所作的眼部检查一般也包括在团体医疗保险计划中，视力保险一般保障普通眼镜、隐形眼镜的配镜费用及眼部检查费用，在各保障的给付上，通常会限制服务的使用次数，并且还有每年最高限额的限制。在我国，与国外类似的团体眼科保险产品很少，主要是为各种眼睛治疗手术提供保障，如白内障超声乳化术、人工晶体植入术等。

5.2.2 团体疾病保险

1. 团体重大疾病保险

团体重大疾病保险具有低费率、高保障的特点，是消费者需求较大的产品之一。目前，市场上销售的团体重大疾病保险产品很多，不同保险公司的不同产品差别不大，尤其是在《重大疾病保险的基本定义使用规范》颁布之后。团体重大疾病保险大多数为一年期短险，等待期很短，通常为30天，续保或因意外伤害导致的重大疾病一般都没有等待期。市场上有少量的终身团体重大疾病保险，其等待期通常为1年。

各团体重大疾病保险产品保障的疾病除了包括《重大疾病保险的疾病定义使用规范》中规定的6种必保疾病之外，一般对19种可保疾病也提供保障，有些公司还另外再保障一些其他疾病。短期团体重大疾病保险通常只提供重大疾病保障，而终身团体重大疾病保险通常还包括身故保险金给付。

2. 团体癌症保险

癌症保险是为罹患恶性肿瘤的被保险人提供高额保险金的一种疾病保险。近年来，随着癌症发生率的不断升高，再加上高昂的治疗费用，人们对癌症普遍存在恐慌心理，因此，专保癌症的保险产品颇受市场的欢迎。目前，我国保险市场上出售的团体癌症保险产品种类很多，保险期间一般为1年。团体癌症保险为恶性肿瘤和良性肿瘤提供保障，但对两者保障的程度是不同的，对恶性肿瘤一般是按保险金额给付恶性肿瘤保险金；而对良性肿瘤只给付保险金额的一定比例（如3%），对良性肿瘤进行手术切除治疗时，给付的良性肿瘤手术保险金一般也为保险金额的一定比例（如7%）。

团体癌症保险的保险给付方式主要为定额给付，各保险金一般会根据保障形式的不同而规定不同的给付额度和给付次数。例如，一旦确诊为癌症，保险人将根据保额一次性支付癌症保险金；以治疗癌症为直接目的住院治疗时，保险人按每天100元给付癌症住院保险金，每次住院最高给付的天数为90天，累计最高给付天数为180天；以治疗癌症为直接目的施行手术时，保险人每次给付癌症手术保险金5 000元，累计最多给付次数为3次；以治疗癌症为直接目的在门诊接受放射线治疗时，保险人每次给付癌症门诊放疗保险金30元，累计最多给付次数为40次。近年来，女性的健康问题越来越引起人们的关注，专门针对女性的癌症保险也随之出现。从保障病种来看，团体癌症保险可视为只保障一种疾病的团体重大疾病保险，故在等待期的设置上与团体重大疾病保险基本一致。

5.2.3 团体失能和护理保险

1. 团体失能收入损失保险

团体失能收入保险有短期和长期两种基本形式，通常是根据给付期限的长短来划分长、短期失能收入保险。团体短期失能收入保险（Group Short Term Disability Insurance，GSTD）给付期间通常较短，一般不超过两年。团体长期失能收入保险（Group Long Term Disability Insurance，GLTD）给付期间较长，通常至正常退休年龄。前者的保险金通常按周给付（一般为13周或26周），而后者的保险金按月给付，给付期间也比前者长很多。

对失能的界定是失能收入保险合同的关键要素。目前，北美市场上的团体长期失能收入保险对失能的定义普遍包括的两个要素：（1）被保险人必须在一定时期内无法履行他们自身工作的实质性重要职责及以后的任何工作；（2）由于无法履行职责直接导致被保险人至少20%的收入损失。

在美国，被保险雇员在领取失能收入保险金前，必须处于失能状态一段时间，一般为1个月至2年不等，最常见的是3~6个月。较长的等待期减少了与持续期较短的失能相关的赔款支出，从而降低了失能收入保险的成本。而短期团体失能收入保险的等待期较短，一般为8天。在团体失能收入保险中，按月支付的保险金一般都等于残疾前收入的一定比例（如60%），同时不超过某一预定数额或最大给付金额，最大给付金额通常因行业的不同而不同。

2. 团体护理保险

团体长期护理保险责任的设计灵活，投保要求也比个险的要低。在大多数情况下，投保人不需要进行体检，保险人根据保单上投保人的陈述及医院出具的健康状况证明来进行风险选择和风险控制。不同保险公司的条款不同，但大多数产品都会包括通货膨胀条款、保证续保条款和不丧失价值条款。通货膨胀条款通常规定给付额可以5%的年增长率增加或赋予被保险人定期购买额外保险的权利；保证可续保性条款规定只要保单所有人缴纳保费，保单就不得取消，续保时，保险人可以提高一组被保险人的保费，不可作个别调整；而不丧失价值条款则提供了一种购买减额缴清保险的保单选择权，当保单退保时的累积现金价值可以购买减额缴清保险时，可以原保单的退保现金价值作为净保费购买减额缴清保险。

对护理状态的界定是长期护理保险进行理赔和定价的关键因素。团体长期护理保险和个人长期护理保险在对长期护理状态的界定上是一致的。在美国，团体长期护理保险的保险期间根据投保年龄和被保险人的实际需求可调至较大年龄。另外，不同的承保方式对应的保险金的给付限额有所不同，独立签发的团体长期护理保单的给付限制规定一般为最高给付额限制或给付期限制：（1）最高给付额，即保险人对被保险人的护理费用补偿不能超过规定的给付额；（2）给付期，规定1年、数年、终身等几种不同的给付期，由被保险人自行选择；而作为终身寿险的批单的方式签发的团体长期护理保单，保险金一般按月给付，月给付额一般为保额的1%～2%，累积达50%左右时就会停止支付。

§5.3 团体健康保险精算

5.3.1 团体健康保险定价的影响因素和定价过程

1. 团体健康保险定价的影响因素

（1）团体健康保障计划的特性。

①保障范围和保障程度。团体健康保险计划的保障范围、保障程度是确定保费最重要的基础，保障范围、保障程度上一些小的差异都可能带来价格上的较大不同。比如，同样是住院医疗费用保险，自费医疗项目的保障与否、不同的可保障医院范围等都会对保费产生较大影响；而保障程度的差异，如保额的高低则更是直接影响保费的重要因素。另外，团体健康保险计划中为不同类别人员确定不同的保障范围和保障程度也会对保费价格产生相应的影响。

②成本分担。在团体健康保险中，常见的成本分担方式包括免赔额、等待期、共保比例等，投保团体可以通过成本分担降低保费支出，保险人则可通过成本分担控制赔付支出、降低理赔成本。因此，成本分担的方式和程度是定价考虑的重要因素。

③保障计划的缴费特征。团体健康保险计划的缴费形式可能是团体全额缴费，也可能是团体与个人共同缴费。个人缴费比例的大小将与保费的计算直接相关，其原因在于个人缴费比例的大小将影响保障计划的逆选择程度。一般而言，个人缴费比例越高，其参保比例就越高，逆选择风险就越小。

④保障计划的选择权。有的团体健康保险计划包含有计划选择权，允许团体被保险人在一定的范围内选择保障范围或保障计划，此时，被保险人往往会选择对自己最有利的保障范围或保障计划，这样就会相应产生一定的逆选择风险。一般情况下，提供的选择权越大，逆选择倾向越大，风险也就相对越大。

（2）团体自身的风险特征。

①团体所属行业。不同行业面临的风险不同，疾病和伤害发生率不同，如制造行业和采矿行业就比一般行业有更高的保险事故发生率和风险赔付。另一方面，一些对团体健康保险比较了解的行业往往也存在较高的赔付，医疗行业就是一个典型的例子。

②团体规模。团体规模越大，同样的保障其保险价格可以越低。其原因主要有两方面：首先，随着规模的增大，风险更加分散，逆选择风险相对更小，损失的波动也会更小，净保费和用于防止波动影响的风险附加保费都可以更小；其次，团体规模会直接影响保险的经营规模效应，团体规模越大，意味着相关费用可以更好地摊薄，附加于保费中的费用成本可以更少。

③团体所属地域。各个地区的经济发达程度不同，医疗服务水平和价格也有所不同，再加上地区差异造成的发病率差异，使得各地的团体健康保险产品的定价存在较大不同。另外，我国不同地区的社保政策也不同，这也直接影响了与之相关的团体健康保险产品的定价。

④团体成员结构。当团体成员中有较高健康风险的人员比较多时，其保费定价相对较高，反之亦然。影响团体成员健康风险水平的首要因素是年龄和性别构成。年轻人的健康风险较老年人明显偏低，而不同性别的疾病发生率也是有较大不同的。一般来说，年轻时男性健康风险相对较小，到年老时则女性的健康风险相对较小。另外，团体中不同职业风险等级的人员构成也对定价有较大影响。当一个团体中从事较高风险等级的人员比较多时，其保费也会相应较高。还有一点就是团体成员的变动。年老成员的退出以及新成员的不断加入可以保持团体规模及年龄结构的稳定性，这样团体的预期损失率也就比较稳定。

⑤团体参保比例。团体的参保比例较低时，意味着逆选择风险较高，这时一般保费会相对偏高。为了防止逆选择的发生，保险公司通常会规定

投保团体的最低参保比例或最低参保人数，如果达不到这一要求，保险公司将不予承保。

上述因素是影响团体健康保险定价的主要因素，另外还有一些因素也会影响团体健康保险的定价，但其影响会相对较小。比如，投保团体为被保险人提供的社会基本医疗保险，提供高质量的医疗保健，办公楼与工作地点的现代化设施及劳动保护设施，投保团体的日常管理制度，例行的员工体检、饮食供给、无烟政策等。

2. 团体健康保险的定价模型和定价过程

团体健康保险的定价模型有三种：表定费率模型、混合费率模型和经验费率模型，具体采用哪种定价模型与投保团体的规模有关。在团体健康保险的定价实务中，我们一般把团体分成小型团体、中型团体和大型团体三种，分别对其采用不同的定价模型和方法。

（1）团体健康保险的定价模型。

①**表定费率模型**。表定费率模型法是在对团体成员进行风险分类的基础上，根据每一个风险分类被保险人的平均风险水平来确定费率的方法。因为不同风险分类的费率常用表格的方式呈现出来，故称费率表或费率手册。计算团体健康保险保费时，根据每个成员的风险状况，查表得到其应缴的标准费率，再根据该成员的健康状况等因素作一些适当的调整，得到该成员最终应缴的保费，把每个成员应缴的保费加总，就得到该团体应缴的总保费。

为编制团体健康保险的费率手册，需要知道赔付的相关信息，这种详细的赔付资料可以从团体健康保险的业务管理系统中获得。计算表定费率时还需考虑相关影响因素，包括年龄、性别、地区、团体规模、行业、收入水平等，这实际上是利用上述因素将团体成员划分得更细的风险分类，然后再依据每个风险分类内部平均的风险水平来确定最终的给付成本。

②**经验费率模型**。大型团体成员数量较大，一般不采用表定费率模型法，而是完全依赖团体过去的经验赔付额来确定应缴纳的费率水平，称为“经验费率模型法”或“经验定价法”。

如果按每个团体成员的风险特征决定其应缴的保费，再加总得出大型团体应缴的保费，这从理论上是可行的，但在实务中工作量太大，而直接以一个团体的风险特征来决定这个团体应缴纳的保费才是比较现实可行的方法。直接以团体风险特征来决定保费还有其他的优点，首先它可以有效地防止团体因为不满意个别被保险人的定价水平而选择性投保，此外，赔付的多少将直接影响下一年的费率，因此，雇主就有动力去尽量减少风险事故的发生，有助于控制风险、降低赔付。

对于大型团体而言，其经验保费的确定要考虑固定因子、保险人因子、团体因子、被保险人因子、抽样误差等多方面因素。其中，固定因子反映的是该团体风险特征（如年龄、性别结构）所代表的与所有团体平均风险相比的相对水平。保险人因子代表了与保险人有关的因素，如保险人的市场战略、核保技术和方法等，对投保团体来说，只要它们的承保人（保险人）是一样的，这个因子的大小就相同。团体因子代表了这个投保团体的特征，如这个团体所处的地区和行业等，对于同一个团体的成员来说，这个因子是相同的，对于不同的团体，这个因子的值不同。被保险人因子反映投保团体中各个成员的特征，如被保险人的生活方式及运动习惯等，当团体有新成员加入时，这个新成员不会改变保险人因子和团体因子的大小，但会改变被保险人因子的大小。抽样误差与团体索赔额的真实值间的随机波动有关。根据团体的经验数据，可以分别得出这些值，并相应计算出其经验保费。

③**混合费率模型**。当投保团体的规模介于大、小两者之间时，可采用混合费率模型定价，它实际是将上面的表定费率和经验费率综合而成，常用它们的线性组合，此时费率计算公式为：

$$混合费率 = 表定费率 \times (1 - Z) + 经验费率 \times Z$$

式中，Z 称为信度因子，是指团体经验保费在总风险保费中所占的权重，一般团体规模越大，团体过去的经验数据就越可靠，Z 越大；团体规模越小，Z 越小。实践中，Z 主要根据健康保险精算人员的经验确定，当精算人员认为投保团体实际损失数据的可信度较高时，确定混合费率时将提高经验费率的比重，反之则提高表定费率的比重。因此，中等团体的混合费率就是把一个表定费率同团体的索赔经验数据进行加权平均来决定该团体应缴的保费，而权数的确定利用的是信度理论的方法。

混合费率的计算公式是团体健康保险费率的通式。因为当 $Z = 1$ 时，应收保费 $P =$ 经验保费，此时就是大型团体定价时的经验费率法；而当 $Z = 0$ 时，应收保费 $P =$ 表定费率，此时就是小型团体定价时的表定费率法。

（2）各类团体健康保险的定价过程。

①小型团体健康保险的定价过程。小型团体由于成员人数不多（一般最多不超过 50 人，美国有少数几个州的规定是不超过 100 人），所以，它主要采用表定费率法。在制定团体费率时，通常都是先根据每个成员的基本状况，查表得到其应缴的表定费率；再根据该成员的健康状况等因素作一些小的调整，然后计算出该成员最终应缴的保费；把每个成员应缴保费根据其所占团体规模的比例加权汇总，就得到该团体每个成员应缴的平均保费。

【例 5 – 1】 表 5 – 1 是一个表定费率定价的示例。下面利用该表的数据来简单说明一个保险公司如何利用本公司上一年所承保业务的赔付数据，制定一张简易的表定费率表，然后利用这张表的数据，运用表定费率法，介绍对一个团体 A（50 个人的小团体）进行定价的大概过程。

表 5－1　　表定费率示例表

级别	性别	年龄组	赔付均值 E_X	标准差	承保人数	比例（%），P_c	团体 A 人数	比例（%），P_a
X01	男	<25	100	20.0	1 000	6.65	3	6
X02	男	25～34	130	14.1	2 000	13.30	5	10
X03	男	35～44	185	12.6	2 500	16.62	8	16
X04	男	45～54	260	14.1	2 000	13.30	7	14
X05	男	55～64	375	16.3	1 500	9.97	6	12
X06	男	>65	515	31.6	400	2.66	2	4
X07	女	<25	90	25.8	600	3.99	2	4
X08	女	25～34	117	18.3	1 200	7.98	3	6
X09	女	35～44	167	16.3	1 500	9.97	5	10
X10	女	45～54	234	18.3	1 200	7.98	5	10
X11	女	55～64	338	21.1	900	5.98	3	6
X12	女	>65	464	40.8	240	1.60	1	2
合计					15 040		50	

表 5－1 把年龄分为 6 组，再按性别划分为 12 个组别，每个成员分属一个组别。在求各组别的表定费率时，把各个成员的赔偿额归入相应的组别，求其平均值和方差，所得的平均值（即赔付均值 E_X）就是表定费率，而标准差可以表示这个数据的偏差大小。

假设同一个团体的成员都缴纳统一费率，我们来求团体 A 的平均保费。利用每个组别的人数在整个团体中所占的比例为权数，将其各自的保费加权后就可以得到这个团体每人应交的平均保费 X 了。由表 5－3 可知，$X = \sum E_X P_a = 230.88$。

②大型团体的定价过程。由于大型团体成员人数较多，一般不采用表定费率，而是采用经验费率；即承保人在制定投保团体应缴费率时，要考虑这个团体过去的经验数据，根据团体过去的经验预估出下一保险年度的费率，经验费率的厘定过程包括：

第一步，搜集和整理历史经验数据：搜集投保团体的历史保费和经验赔款，一般而言，经验数据记录越多、越详细，就越有助于后期定价。在整理经验赔款数据时，应注意区分险种和被保险人详细记录历史赔款。

第二步，剔除异常赔付数据的影响：对于一些发生概率极小的异常事件导致的赔付，如巨灾赔付，在利用经验数据进行费率厘定时，应考虑将这些异常赔付进行相应的剔除。

第三步，调整和计算历史赔付经验：在团体健康保险中，年度最终历史数据不但包括经验期内的合同赔付责任，还包括经验期以前的合同赔付责任，而经验费率厘定是基于已发生保险事故的赔付数据的，因此，需要调整和计算出经验期内的合同赔付责任。从经验期内支付的总赔款中，减去发生在经验期之前、但在经验期内支付的赔款，加上为发生在经验期内、但尚未支付的赔款而提取的准备金，即可得到经验期内保险责任需支付的赔款。已发生赔款的一般计算公式为：

$$\text{已发生保险事故的赔款} = \text{已付赔款} + \text{期初责任准备金} - \text{期末责任准备金}$$

$$= \text{已付赔款} + \text{责任准备金的提转差}$$

第四步，将历史经验转换为预期赔付：将历史经验转换为预期的未来赔付时，需要考虑经济环境、社会政策、保险人、被保险人、投保团体等各方面的风险变化等对预期成本的影响。另外，经验数据的可信性也是需要考虑的重要因素。

第五步，根据纯保费计算毛保费：将历史经验数据转换为预期的未来经验数据后，可初步得到该团体下一年的纯保费，然后考虑异常赔付的影响，在纯保费的基础上增加相应的风险附加成本；最后考虑各种费用附加及利润附加，即可得到根据经验数据厘定的最终毛保费。

5.3.2　信度理论在团体健康保险定价中的应用

1. 信度理论与可信性模型

信度理论（Credibility Theory）在经验费率厘定中的应用萌芽于20世纪20年代，最早被意外险精算师应用于计算劳工补偿保险（Workers' Compensation）费率，它研究的是如何利用经验数据（X）和表定数据（M，也称“先验数据”）加权平均得出后验数据（P）的估计值。其计算公式为：

$$P = (1 - Z) \cdot M + Z \cdot X$$

式中，Z 为信度因子。

常见的可信性模型主要包括有限波动信度（Limited Fluctuation Credibility）模型和最大精度信度（Greatest Accuracy Credibility）模型两类。

- **有限波动信度**最早是由美国精算师 A. Mowbray 于1914年在处理美国劳工补偿保险费率厘定问题时提出的。这种方法旨在控制数据中的随机波动对估计的影响，为保证模型可信性，其要求投保人索赔经验数据稳定。有限波动信度理论是在假设 P 的估计值与真实值的相对误差不超过一定限度时求出信度因子 Z。

- **最大精度信度**是由美国精算师 A. Whitney 于1918年——同样是在处理劳工补偿保险费率厘定问题时提出的。该方法侧重于精确计算保费，基本思想是通过使估计误差最小导出信度因子。在最大精度信度方法中，发展最为完善的是最小平方信度（Least Squares Credibility），它就是通过使均方误差最小来求出信度因子。

信度理论最早应用于计算劳工补偿保险费率，早期的相关模型对于团体健康保险并不太适用，后来精算师通过在实务工作中的不断探索，提出了适合于团体健康保险的信度因子计算方法。下面首先介绍的是精算师 Charles S. Fuhrer 提出的信度因子公式（简称"Fuhrer 信度公式"），另外还将介绍均方误（Mean Square Error，MSE）方法来计算信度因子。

2. Fuhrer 信度方法

精算师 Charles S. Fuhrer 提出的 Fuhrer 信度公式由于容易理解，简单适用，在精算实践中被广泛应用，其信度因子的计算公式为：

$$Z = \frac{k_1 + (m-1)k_2}{1 + (m-1)k_2}$$

式中，Z 为团体信度因子；m 为团体的投保人数；k_1 为个人信度因子；k_2 为同一团体中所有成员之间的相关性。

这个公式基于以下三点假设：①如果个人信度因子 k_1 越高，则团体信度因子 Z 越高。个人信度因子 k_1 是指个人上年的经验赔付数据对下一年的参考意义，它主要体现的是团体经验数据在纵向上的影响。②如果同一个团体中的所有成员之间的相关性 k_2 越高，则团体信度因子 Z 越高。k_2 主要体现的是团体经验数据在横向上的影响。③如果一个团体的投保人数 m（或规模）越多，则团体信度因子 Z 越高，m 的取值可以为 1。

在实务中，通常把信度因子 Z 看成是团体投保人数 m 的单变量函数，而 k_1 和 k_2 都是常数。因此，我们必须先确定 k_1 和 k_2 的值，然后在确定不同团体规模的信度因子 Z 时，只需把相应的团体投保人数 m 代入公式，即可求出 Z 值。

（1）系数 k_1 的确定。我们可以把每一年的索赔都看成是一个随机变量，设第 i 个人在第一年的索赔变量为 X_{i1}，在第二年的索赔变量为 X_{i2}，那么，最适合表示个人信度因子 k_1 的变量就是这两个变量的相关系数，因为相关系数的含义就是两个变量的线性关系。两个变量的相关系数 ρ 的表达式为：

$$\rho = \frac{Cov(X_{i1}, X_{i2})}{\sqrt{Var(X_{i1})} \cdot \sqrt{Var(X_{i2})}} = \frac{E(X_{i1}X_{i2}) - E(X_{i1})E(X_{i2})}{\sqrt{Var(X_{i1})} \cdot \sqrt{Var(X_{i2})}}$$

可以看到，为了求出 ρ 的估计值，需要用到变量 X_{i1} 和 X_{i2} 的均值与方差。最精确的方法就是找出 X_{i1} 和 X_{i2} 的分布，然后根据分布求出其均值和方差。但是实际上，X_{i1} 和 X_{i2} 的分布不易求出，因此，实务中我们通常利用经验数据来估计其均值和方差。

在实务中，单个成员的经验数据比较有限，使用其来估计分布的均值和方差是不太现实的。如果每个成员的经验数据都服从同一分布，我们就可以把所有成员的经验数据看成是一个成员的经验数据，这样就可以大大提高均值和方差的估计值的有效性。但由于性别和年龄的影响，每个成员的经验数据是不可能服从同一分布的。为了解决该问题，我们可以考虑这样一个思路：重新构造一个与索赔经验数据相关的新变量，使得在同一年，每个投保成员，无论其年龄或者性别如何，他们的这个变量都服从同一分布。根据这个思路，我们发现，每个成员的损失比变量（Loss Ratio，定义为赔付变量除以表定费率）可以近似被认为服从同一分布。对老年人来说，虽然他的赔付均值大，但他的表定费率也大，因此，两者相除后所得的损失比的均值在大数法则下，与年轻人的损失比均值应该是几乎相等的。为了使上式更具合理性，我们不再令 X_{i1} 和 X_{i2} 代表索赔金额，而是代表索赔金额除以相应的表定费率所得的损失比，这样我们就可以认为新变量对于团体中每个成员而言，在每一年内都是服从同一分布的，我们就可以用团体中所有成员的损失比经验数据来计算相关均值和方差，从而确定出 k_1 的值。需要说明的是，在这样的假设下，团体成员是一个共同的 k_1 值。

$$K_1 = \frac{E(X_{i1}X_{i2}) - E(X_{i1})E(X_{i2})}{\sqrt{Var(X_{i1})} \cdot \sqrt{Var(X_{i2})}}$$

在求 k_1 时，所集合的人群的数据越多，所求的 k_1 的可信性越高。

（2）系数 k_2 的确定。在确定 k_1 的值时，需要用到连续两年的数据。与之不同的是，在求 k_2 的值时，只需用到一年的数据即可。k_2 的值定义为某一年在同一团体中的所有成员（用角标 i 和 j 表示）的损失比之间的协方差，再除以两者的标准差所得。即：

$$K_2 = \frac{Cov(X_{it}, X_{jt})}{\sqrt{Var(X_{it})} \cdot \sqrt{Var(X_{jt})}} = \frac{E(X_{it}X_{jt}) - E(X_{it})E(X_{jt})}{\sqrt{Var(X_{it})} \cdot \sqrt{Var(X_{jt})}} \qquad (i \neq j)$$

根据前面的假设，损失比变量对于团体中每个成员而言，在每一年内都是服从同一分布的，即 $E(X_{it}) = E(X_{jt})$，$Var(X_{it}) = Var(X_{jt})$。所以上式可变化为：

$$K_2 = \frac{E(X_{it}X_{jt}) - [E(X_{it})]^2}{Var(X_{it})}$$

（3）信度因子手册的构建。在求出系数 k_1 和 k_2 的值之后，只需把团体的投保人数代入，即可求出信度因子的大小。团体规模不同时，团体的信度因子也不同，但是如果团体规模差别不大的话，信度因子的差异是相当小的，因此，可以为投保人数处于一定范围内的团体都确定一个相同的信度，表 5－2 是某再保险公司计算团体健康保险费率时的信度因子示例。

表 5-2　　团体健康保险费率信度因子示例表

团体人数	<51	51~100	101~200	201~300	301~400	401~500	501~600	601~800	801~1 000	1 001~1 500	>1 500
Z（%）	0	10	20	30	40	45	50	55	60	70	80
1-Z（%）	100	90	80	70	60	55	50	45	40	30	20

3. 均方误信度方法

Fuhrer 信度方法是以团体人数来确定信度的。团体的人数越多，信度因子越大，即团体的经验赔付数据的可信度就越大。

虽然团体投保人数是决定团体经验数据可信度的一个重要因素，但它不是唯一的因素。比如，设 A 和 B 两个团体的投保人数相同，我们在初次定价时，对它们的经验数据赋予了相同的信度；但是经过几年的观察，极有可能发生这样的情况：就是我们利用经验费率加权公式算出的两个团体的费率，一个与下一年的真实值的偏差很少，而另一个与下一年的真实值的偏差却很大。因此，仅仅依靠团体人数来确定信度因子的大小只是一个初步的方法。

在团体续保定价时，既可以采用 Fuhrer 信度方法，也可以采用下面介绍的均方误（Mean Square Error，MSE）信度方法。这种信度方法与 Fuhrer 信度方法的主要区别在于：它是用均方误[①]来确定信度因子的，团体经验赔付数据 X 的均方误越小或（和）团体表定费率 M 的均方误越大，那么信度因子越大。

下面将简单介绍一下如何推导均方误信度因子。

如果保险人能够连续多年承保某一个团体，那么，它就可以拥有关于这个团体多年来的索赔经验数据。保险人就可以利用这几年的数据来求出精度更高的信度因子，避免单纯依靠团体规模来选定或者计算信度因子带来的缺陷。如上所述：

$$P = M \times (1 - Z) + X \times Z$$

实际上，M 和 X 都是随机变量，所以才导致了 P 也是一个随机变量。我们可以把表定费率变量 M 与投保团体过去经验变量 X 看成是相互独立的两个变量，因此，在参数估计无偏的情况下，可以得到：

$$Var(P) = Var(M) \times (1 - Z)^2 + Var(X) \times Z^2$$

要使 Z 值最佳，那么，就是要使 $Var(P)$ 最小。为此，令 $Var(P)$ 对 Z 求一阶导数，则可得：

---

① 均方误：在相同条件下，各样本值误差的平方和的平均值的平方根。记 n 个样本值与其实际值的误差为 ε_1，ε_2，…，ε_n，则这组测样本值的均方误为 $MSE = \sqrt{\dfrac{\varepsilon_1^2 + \varepsilon_2^2 + \cdots + \varepsilon_n^2}{n}}$。

$$\frac{d}{dZ}Var(P) = -2 \times (1-Z) \times Var(M) + 2 \times Z \times Var(X)$$

当 $Var(P)$ 取极值时，其一阶导数为0。因此，令上式为0，则可得：

$$Z = Var(M)/[Var(M) + Var(X)]$$

我们的目的是取得一个最佳的 Z 值，使得 $Var(P)$ 不但取极值，而且必须是极小值。因此，令 $Var(P)$ 对 Z 取二阶导数，则可得：

$$\frac{d^2}{dZ^2}Var(P) = 2 \times Var(M) + 2 \times Var(X)$$

由于 $Var(M)$ 和 $Var(X)$ 均大于0，所以上式大于0。这也意味着当 $Z = Var(M)/[Var(M) + Var(X)]$ 时，所求得的 $Var(P)$ 即是极小值。

但事实上，如果样本过少，且参数无偏估计的有效性较差，就不能使用 Var 作为衡量偏差效果的统计量指标。在这种情况下，应该使用均方误来判断估计量的好坏。用数据的均方误 MSE 代替 Var，可以得到相同的结论，此时，最佳信度因子为：

$$Z = MSE(M)/[MSE(M) + MSE(X)]$$

5.3.3　团体健康保险准备金

团体健康保险准备金包括保单准备金、赔款准备金和其他准备金。保单准备金是为了履行团体健康保险合同未来的给付责任而提取的准备金，包括短期健康保险未到期责任准备金、长期健康保险精算准备金和保费不足准备金。赔款准备金是为在合同有效期内发生、但尚未理赔的保险事故未来的赔偿或给付而提取的准备金，包括已发生已报案未决赔款准备金、已发生未报案未决赔款准备金（IBNR）和理赔费用准备金。其他准备金包括应急准备金（contingency reserves，应付发病率中不利且不可预见的波动）、保费稳定化准备金（避免因赔付波动而引起保费大幅调整）、失能收入保险中的应付赔款尚未到期的精算现值（相当于失能收入保险的已报告未给付准备金）、不可撤销或保证续保健康保险的附加准备金等。由于团体健康保险准备金的评估方法与个险基本相同，此处不再赘述。

本章小结

团体健康保险是以团体方式投保，当被保险人在保险有效期间因疾病或遭受意外伤害导致医疗费用支出、收入损失或其他健康损失时，由保险公司承担给付保险金责任的一种健康保险。团体健康保险具有风险评估对象是团体、使用团体总保单、经验成本低、保险计划灵活、采用经验费率等特征。团体健康保险产品包括团体医疗保险、团体疾病保险、团体失能收入保险、团体长期护理保险。目前，国内保险市场上出售的团体医疗保险和团体疾病保险产品较多，团体失能收入保险和团体长期护理保险产品较少。团体的风险特征是影响团体健康保险定价的重要因素，常见的团体健康保险定价模型有表定费率模型、混合费率模型和经验费率模型，根据投保团体规模的不同，团体健康保险的定价方法也不同，一般小型团体采用表定费率，大型团体采用经验费率，中型团体则采用混合费率。混合费率是利用信度理论对表定费率和经验费率的一种加权平均。信度理论方法中适用于团体健康保险定价的有 Fuhrer 信度方法和 MSE 信度方法。团体健康保险准备金包括保单准备金、赔款准备金和其他准备金，其评估方法与个险准备金的评估方法类似。

关键词

团体健康保险　团体医疗保险　团体重大疾病保险
团体失能收入保险　团体长期护理保险　团体自保　TPA
信度理论　经验费率　表定费率　混合费率

思考题

1. 团体健康保险在经营管理上有什么特征？
2. 有哪些团体健康保险产品？
3. 有哪些团体健康保险定价模型？
4. 简述不同类型团体健康保险产品的定价过程。
5. 简述 Fuhrer 信度方法与 MSE 信度方法的区别。
6. 团体健康保险准备金包括哪些内容？

第六章　社会健康保险

学习目的

通过本章的学习，读者应该能够：

☐ 掌握社会健康保险的概念、模式特点与运行管理的基本原则

☐ 熟悉中国社会健康保险体系现状及未来发展趋势

§6.1　社会健康保险概述

6.1.1　社会健康保险的概念与原理

1. 社会健康保险的概念与内涵

社会健康保险是通过立法强制全部或部分居民参与，从国家、企业、组织和个人多方筹资，建立社会健康保险基金，当人们因生病、受伤、需要治疗或生育时，由国家或社会专门的管理机构向其提供必需的医疗服务或经济补偿的制度。早期健康保险的发展并没有明显的政府行为，工业化产生了大企业，这些大企业的工人组建了工会，形成了互助式的疾病基金组织，以应对恶劣的工作环境带来的疾病风险。这一组织往往由一家企业的所有雇员或一部分雇员组成，主要由员工自己管理。为了解决工业化带来的社会问题和缓解阶级矛盾，雇主有时也会提供一些经济资助。1883 年德国政府颁布了《疾病保险法》，首先将这种自愿形式的保险以法律规定下来，建立了疾病保险制度，实行国家监管，这是最初的社会健康保险形式。后来，各国陆续建立社会健康保险以应对社会化的疾病风险，由于各国情况不同，其制度选择和安排也不尽相同，但社会健康保险具有两个非常重要的特征：缴费通常基于被保险人的工资收入；独立的准公共组织（通常称为疾病基金组织）作为该体系的管理主体和医疗服务的购买者。社会健康保险的内涵主要涉及社会健康保险系统构成和运行管理模式。前者一般包括政府、经办管理机构、参保人、医疗服务提供者，后者则涉及健康保险基金的筹资、费用支付、监管等内容。因此，社会健康保险作为一项社会制度安排，其核心是保障国民的基本健康需要，实质是在保险这种制度安排下，由社会统筹、互助共济、国家资助，帮助社会成员防范和抵御疾病风险，维护和促进经济发展和社会稳定。

2. 社会健康保险的基本原理

（1）社会健康保险的筹资模式。社会健康保险是政府主导下，集中社会多方面力量对参保人员提供的医疗保障。各个国家在建立和完善社会健康保险制度的过程中，结合本国国情，实施过各种筹资模式，大致可以分为以下三种：

①现收现付模式。现收现付模式（Pay - as - you - go）以短期“横向平衡”为依据，也就是说每年筹集的健康保险资金要全部用于支付当年的医疗费用，即由用人单位和在职工人按工资总额的一定比例缴纳健康保险基金，能够且只能满足当年的医疗费用支出。这种筹资模式实施期限不长，每年筹集的保险费与当年的支出基本平衡，只留有供周转之用的少量储备金。现收现付模式实现了医疗费用的代际转移，通过再分配达到了公平目的，同时只需考虑资金的短期平衡，不必承担长期风险，但当经济不景气、失业率上升且较长时间居高不下时，现收现付模式必然陷入收不抵支的困境。

②完全积累模式。完全积累模式（Fully funded）以远期“纵向平衡”为依据，在对有关的人口健康指标和社会经济指标（如患病率、工资水平、平均医疗费用和通货膨胀率等）进行长期宏观测算之后，将被保险人在保险期间的医疗费用总和分摊到整个筹资期间，并对已提取但尚未支付的保险基金进行有计划的管理和运营。完全累积模式可增强参保单位和个人的保险意识，但基金要承担保值和增值的风险，还需要对通货膨胀率进行准确预测，由于实施过程复杂，不定因素多，保持长期的精算平衡仍有较大困难。

③部分积累模式。部分积累模式（Partially funded）是介于现收现付模式与完全积累模式之间的混合筹资模式。在这种模式中，社会健康保险基金的收支呈“T”型平衡结构，一方面，在一定区域内的人群中“横向”筹集健康保险基金，费用共济，风险分担；另一方面，保险费中的一部分资金进入个人账户进行“纵向”积累，以劳动者年轻力壮时积累的资金弥补年老体弱时的费用缺口，缓解后顾之忧。这种把社会共济与个人自我保障综合起来的筹资模式，既体现了社会公平的原则，又有利于培养被保险人的费用意识，自觉约束其医疗消费行为。目前我国城镇职工基本医疗保险实行的社会统筹与个人账户相结合的模式即是一种符合我国目前的国情和未来发展的需要，并具有创新意识的部分积累模式。

（2）社会健康保险成本估计的基本原理。社会健康保险计划是集合大量参保人的疾病风险建立的，虽然对每一个社会健康保险参保人来讲，何时会得疾病、医疗花费多少等都难以准确预测，但通过对面临同样风险的个体进行大量观察，可以发现风险事故发生的规律，通过对风险事故发生的概率和平均损失额度进行估计，在此基础上即可估计出社会健康保险计划的风险成本及其变动范围。将上述风险成本和相应的管理费用分摊给每个计划参加者，就可以确定社会健康保险基金相应的筹资比例（Contribution rate），或称“缴费费率”。在实行现收现付制的社会健康保险中，社会健康保险基金主要由雇主资助、个人出资、国家补贴三方共同负担。其他筹集渠道还包括社会健康保险基金的保值增值收入、区域调剂收入、转移收入、滞纳金等。

（3）社会健康保险基金的平衡原理。健康保险计划作为社会保障计划的一部分，不论是通过保费筹资还是通过税收筹资，都应该遵循基金总体均衡（Collective equivalence）的原则。这就意味着在某一特定时期内，社会健康保险计划的支出现值应该等于该时期内该保险计划的收入现值。基于基金总体均衡原则，我们可以给出 1 到 T 年的基金平衡等式如下：

$$R(0) + \sum_{t=1}^{T} CR(t) \times TAB(t) \times v^t = \sum_{t=1}^{T} TE(t) \times v^t$$

式中，$R(0)$ 为第 0 年末的储备金；$CR(t)$ 为第 t 年的保险筹资比例（所缴保险费占收入比例）；$TAB(t)$ 为第 t 年缴费人的总收入；v^t 为折现率 $v=1/(1+i)$ 的 t 次幂；$TE(t)$ 为第 t 年的总支出。

上述公式反映了基金总体平衡的规律，对于各种基金筹集模式都有效，包括现收现付模式和完全累积模式等。但是长期的基金平衡并不能保证其每时每刻都具有偿付能力，而保险计划又要求随时都有充足的现金来支付医疗补偿费的支出，因此，实际的社会健康保险精算中还要在上述平衡等式的基础上做许多的调整和分析工作。

6.1.2 社会健康保险的制度体系与制度设计

1. 社会健康保险制度体系

制度作为人类社会活动的规范体系，不仅包括一定价值原则、道德观念和明文规定的政策法规，还涉及运行管理规则的制定，这直接关系到制度的价值观、道德观和行政、法律等目标的实现。社会健康保险制度的建立也是如此，除了通过国家相关政策法规明确社会健康保险的制度规范与设计，另一方面还要通过一定的组织保障和政策落实，稳妥地进行组织、管理和资金运作，确保社会健康保险目标的实现。

社会健康保险的制度体系包括三个层次：一是与健康保险有关的宏观体系，包括国家的健康保障体系、卫生医疗体系和药品管理体系等，既涉及健康保障管理的外部社会经济环境，也涉及健康保障的管理模式；二是不论具体承保对象是否不同，健康保险制度中最基本的主体总涉及健康保险经办机构、健康服务提供者、参保人员和政府有关部门及其在组织系统中的地位和职能；三是与健康保险运行有关的微观系统，如医院和医生、参保人员和病人、保险管理人员和机构。围绕医疗的需求与供给以及医疗费用的筹集、管理和支付过程，分析相关的各个方面及相互作用而形成的一个有机整体，就形成了一个由健康保险机构、被保险人、医疗服务提供者和政府组成的三角四方的立体关系（见图6－1）。

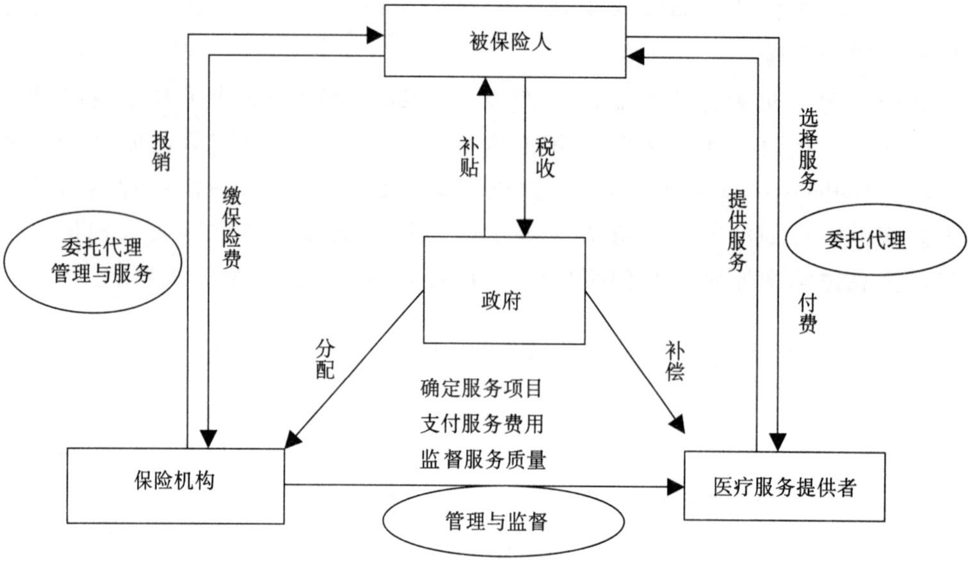

图6－1　社会健康保险系统

2. 社会健康保险计划设计

各国政策的制定者在设计社会健康保险制度时首先应清晰回答制度政策的目标，并明确其约束因素（见图6－2）。

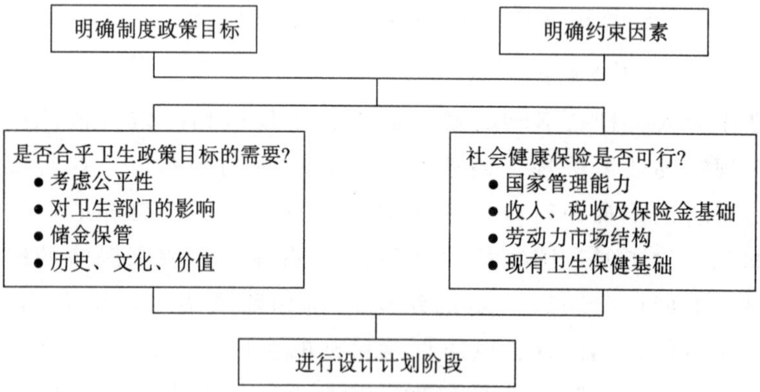

图6－2　政策设定流程图

在界定目标和全面考虑政策实行的各限制因素后，即可进行健康保险制度的设计。实行健康保险制度的国家，由于各自的经济发展水平、文化背景、价值理念不同，其制度选择也呈现出不同的特点。纵观世界各国的健康保险制度，形式多种多样，可以从不同的角度分类。

如按医疗服务提供方式分类，可分为直接关系型和间接关系型。直接关系型是指医疗保险的承办机构同时也是医疗保险的提供机构，在医疗提供方（供方）与患者（需方）之间不存在偿付医疗费用的“第三方”，如美国的健康维持组织及我国的劳保医疗和公费医疗等。间接关系型是指医疗保险承办机构与医疗服务机构不是同一个机构，在医疗单位与患者之间还存在偿付医疗费用的“第三方”。其三者之间的关系是，由雇主和雇员组成的需方将保险费交给社会保险机构（第三方），当雇员发生疾病风险时，由医疗服务提供者（供方）提供治疗服务，社会保险机构向医疗服务提供者支付医疗费用。

按医疗费用的支付方式分类，可分为按服务项目付费、按服务单元付费、按人头付费、按病种付费、总额预付等类型。按医疗费用负担方式分类，可分为患者全免费、半免费、自费等类型。按健康保险基金筹集方式分类，可分为国家健康保险、社会健康保险、社区合作健康保险。结合各健康保险制度的特点，根据需要达到的政策目标，可进行制度的具体选择和设计。

6.1.3　社会健康保险运行管理

1. 基金筹集

国际上健康维护的筹资方式主要有四种：**第一种**是税收筹资模式，健康保险基金主要通过税收筹措，以英国为典型代表；**第二种**是通过收取健康保险费来筹集健康保险资金，以德国为主要代表，其筹资主体是专业化的疾病基金会，筹资对象是雇主和雇员，缴纳的基础是一定比例的工资收入；**第三种**是以美国为代表的采取自愿投保私营保险为主渠道的筹资方式，主要形式是雇主购买团体险；**第四种**是医疗储蓄账户，其实质是个人生命周期中的财务再分配。社会健康保险基金的筹集属于第二种，征缴通常基于被保险人的工资收入水平而定，由独立的准公共组织（通常称为疾病基金组织或基金管理中心）作为筹集的主体，其筹资强调公平，筹资依据与被保险人的风险程度无关，不需要进行体格检查和严格的危险选择，带有法律强制性，但又区别于国家其他税收形式。图 6－3 反映了社会健康保险筹资和资金流的情况。

社会健康保险筹资的主要特征是保费根据工资或收入的一定比例缴纳，其保险给付额与保费缴纳的多少没有太大关系，不特别强调权利和义务对等。社会健康保险机构作为第三方参与医疗保险服务定价和付费过程，代表参保人的利益，以集体力量与医疗服务提供者博弈。从图 6－3 中看出，社会健康保险筹资系统是一个独立的、透明的基金流动系统：从缴费方到

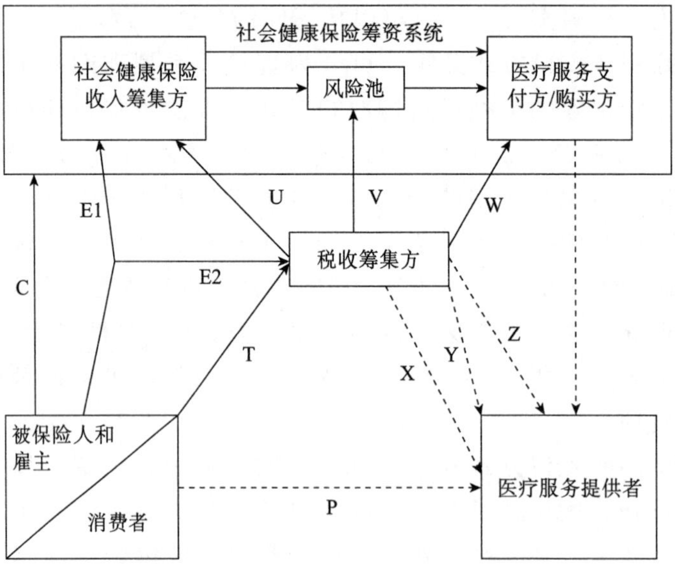

图 6－3　社会健康保险的资金流以及筹资功能的简化模型

说明：C＝保费（包括收入相关性保费和非收入相关性保费）

E＝社会保险专项税收

P＝个人费用（包括社会健康保险共付段费用；自愿健康保险部分费用；非社会健康保险服务的自费费用）

T＝（公共）税收

U＝税收性保费，如那些用于无工作人群的保费

V＝社会健康保险风险池（统筹账户）的一般性补助

W＝对服务购买方的补助

X＝对非社会健康保险人群医疗服务的补助

Y＝对非社会健康保险医疗服务的补偿（如公共健康）

Z＝服务不相关性支付（如投资或者津贴）

疾病基金方，再到医疗服务提供方。

2. 支付方式

医疗保险费用支付是指医疗保险机构对被保险人因病就医时所花费的医疗费用进行补偿的行为。支付方式主要是指社会健康保险机构（保险方）对定点医疗机构（医疗服务供应方）支付被保险人医疗费用的具体途径和方法，是社会健康保险机构对那些为参保人提供医疗服务的医疗机构进行经济补偿的有关规则。医疗保险费用的支付方式从付费的时间上看，可分为后付制和预付制两种。**后付制**是指在提供了医疗服务之后，医疗保险机构根据医疗费用开支的多少，向医疗机构或病人支付医疗费用，按服务项目付费就是典型的后付制。**预付制**是指在医疗服务机构提供医疗服务之前，医疗保险机构按合同向医疗服务机构提前支付费用，有按服务单元付费方式、按病种付费方式、按人头付费方式、总额预付方式等。

关于医疗费用支付方式的研究很多，分类标准各不相同，按支付内容，分为对医生的支付和对医疗服务的支付；按支付对象，分为直接支付和间接支付；按支付水平，分为全额支付和部分支付；按支付主体，分为分离式和一体化方式。

由于不同的支付方式在费用控制效果、管理成本和对医疗服务质量的影响方面都不相同，只有考虑自身的实际情况将各种支付方式结合起来，才能充分发挥各种支付方式的长处。近年来，支付方式改革作为医疗费用控制的主要手段，成为许多国家医疗保险制度和卫生改革的核心。各国医疗费用支付方式的发展主要有以下趋势：①支付方式由后付制向预付制发展；②单一支付方式向混合支付方式发展；③合理选择支付方式，有针对性地制定监督管理和考核措施；④按病种或诊断相关分组（Diagnosis Related Groups，DRGs）付费是住院患者支付方式发展的方向；⑤计算机信息技术的普遍使用，使得支付方式的操作实施变繁为简。

3. 监管机制

社会健康保险体系的有效运行需要建立起有监督能力和权力的监督机构和监督规范。由于社会健康保险涉及医学技术专业性，参与者众多，劳动部门、卫生部门、人力资源与社会保障部门、财政部门、审计部门和税收部门等均无法独立地对基金进行有效的监督，而由第三方或更多方组成监督委员会进行，否则会影响监管效率，容易出现权责不明晰问题，也可能会使监督流于形式。为了使监督到位，比较有效的方法是由多方建立的监督委员会委托有监督能力的专业中介服务机构进行监督，如会计师事务所、审计师事务所等。总之，要建立有效的监督机制，需要对基金涉及的制度设计、筹资、征收、支付及投资等环节进行有效的风险控制，实行全方位、全过程和全要素的监管。

§6.2　中国的社会健康保险体系

在我国社会健康保险制度的建设和完善过程中，核心是社会医疗保险制度的形成，其制度形成的标志有四个：一是 1998 年底国务院颁布《国务院关于建立城镇职工基本医疗保险制度的决定》，明确指出加快医疗保险制度改革、保障职工基本医疗是建立社会主义市场经济体制的客观要求和重要保障。二是 2003 年针对广大农村居民的医疗保障问题，出台了《关于建立新型农村合作医疗制度的意见》。三是 2007 年进一步针对城市居民出台了《国务院关于开展城镇居民基本医疗保险试点的指导意见》。四是 2010 年 10 月 28 日《中华人民共和国社会保险法》颁布，完成了我国基本医疗保险的制度设计安排。目前，我国的社会健康保障体系已经初步形成了城镇职工基本医疗保险制度、城镇居民基本医疗保险和新型农村合作医疗制度三个基本医疗保险制度。

6.2.1 城镇职工基本医疗保险

1. 管理和经办机构

在我国，医疗保险机构以组织网络的形式存在，上由国家劳动和社会保障部管理、调控，下由医疗保险事务管理中心承担具体医疗保险业务。各地的社会医疗保险机构作为各级政府直接管理领导的事业性行政单位，是城镇职工基本医疗保险的经办机构，在医疗保险活动过程中，它是指代表国家具体负责承办医疗保险参保、费用筹集、支付和其他事务管理等工作的医疗保险业务机构或组织。其具体业务可以简单概括为计划、筹资、服务、付费、监控和管理几个方面。

（1）参与制定政府医疗保险法规、政策和计划。社会健康保险业务专业性较强，政府在制定有关政策时，需要有医疗保险部门的参与。

（2）筹集医疗保险基金，包括市场调查研究、主要指标的预算和测算、宣传政策和选择缴纳保险费的有效方式等。

（3）监督和保证合理的医疗服务提供。社会健康保险机构有责任保证被保险人享受到必要的、合理的医疗服务，包括医疗机构的选择、确定服务的范围和标准、定点医疗机构提供服务的监督，以及提供一些直接的医疗保健服务，如健康教育、健康促进活动等。

（4）支付被保险人的医疗费用。

（5）对医疗服务提供者和被保险人的监督和控制。

（6）社会健康保险基金管理。

2. 参保人

城镇职工基本医疗保险的参保人包括参保单位和参保个人。基本医疗保险要求覆盖城镇所有用人单位和人员，既遵循社会保险的内在要求，也考虑到我国社会保险的管理能力。《社会保险法》第三章第二十三条规定：职工应当参加职工基本医疗保险，由用人单位和职工按照国家规定共同缴纳基本医疗保险费。无雇工的个体工商户、未在用人单位参加职工基本医疗保险的非全日制从业人员以及其他灵活就业人员可以参加职工基本医疗保险，由个人按照国家规定缴纳基本医疗保险费。

3. 医疗服务提供者

城镇职工基本医疗保险的医疗服务提供者主要包括定点医疗机构和定点零售药店。

（1）定点医疗机构。医疗机构是为病人进行诊断和治疗的机构，是医疗保险系统中的医疗服务提供方。在目前基本医疗保险制度下，医疗服务形式基本实行定点医疗。参保人员必须在医疗保险管理机构认可的约定医疗机构名单中选择几所医疗机构就医。定点医疗机构是指通过劳动保障部门资格审定并与社会保险经办机构签订合同，为职工基本医疗保险参保人员提供医疗服务并承担相应责任的医疗机构。要取得定点医疗机构的资格，其程序为：①医疗机构自愿申请、公平竞争；②对所申请的医疗机构进行资格审查；③取得定点资格的医疗机构名单要向社会公布；④参保职工可以自己选择就医医院；⑤社会健康保险经办机构与获得定点医疗服务资格的医疗机构签订服务协议或合同。

（2）定点零售药店。除定点医疗机构外，另外一个与医疗保险有关的就是定点零售药店。它是指通过劳动行政部门资格审定并与社会保险经办机构签订合同，为职工基本医疗保险参保人员提供处方外配服务，并承担相应责任的零售药店。要取得定点零售药店的资格，其程序为：①零售药店自愿申请；②有关部门对所申请的零售药店进行资格审查，合格后向社会公布；③社会健康保险经办机构与之签订协议；④零售药店的服务限定在处方外配，遵循参保人自愿决定的原则，处方要加盖定点医疗机构专用章，并要有医师审核签字、备案。参保职工可以在定点医疗机构就医、取药，也可持定点医疗机构处方到定点零售药店购买处方药。

6.2.2　城镇居民基本医疗保险

城镇居民基本医疗保险保障范围是不属于城镇职工基本医疗保险制度覆盖范围的中小学阶段的学生（包括职业高中、中专、技校学生）、少年儿童和其他非从业城镇居民。新出台的《社会保险法》第三章第二十五条规定：国家建立和完善城镇居民基本医疗保险制度。城镇居民基本医疗保险实行个人缴费和政府补贴相结合。享受最低生活保障的人、丧失劳动能力的残疾人、低收入家庭60周岁以上的老年人和未成年人等所需个人缴费部分，由政府给予补贴。由国务院决定，城镇居民基本医疗保险的运行实践从2007年开始实施，其具体内容包括：

1. 参保范围

不属于城镇职工基本医疗保险制度覆盖范围的中小学阶段的学生（包括职业高中、中专、技校学生）、少年儿童和其他非从业城镇居民都可自愿参加城镇居民基本医疗保险。比如，南京市的保障对象范围包括：城镇老年居民、婴幼儿、学生儿童、市属大中专院校学生、在本市就读的外来务工人员子女以及劳动年龄段内的“无固定职业、无稳定收入、无社会保险”的居民。

2. 筹资水平

试点城市应根据当地的经济发展水平以及成年人和未成年人等不同人群的基本医疗消费需求，并考虑当地居民家庭和财政的负担能力，恰当确定筹资水平；探索建立筹资水平、缴费年限和待遇水平相挂钩的机制。比如，南京市的筹资标准为：老年居民和其他居民每人每年 450 元；学生儿童每人每年 150 元。

3. 政府补助办法

对试点城市的参保居民，政府每年按不低于人均 40 元给予补助，其中，中央财政从 2007 年起每年通过专项转移支付，对中西部地区按人均 20 元给予补助。在此基础上，对属于低保对象或重度残疾的学生和儿童参保所需的家庭缴费部分，政府原则上每年再按不低于人均 10 元给予补助，其中，中央财政对中西部地区按人均 5 元给予补助；对其他低保对象、丧失劳动能力的重度残疾人、低收入家庭 60 周岁以上的老年人等困难居民参保所需家庭缴费部分，政府每年再按不低于人均 60 元给予补助，其中，中央财政对中西部地区按人均 30 元给予补助。中央财政对东部地区参照新型农村合作医疗的补助办法给予适当补助。财政补助的具体方案由财政部门和劳动保障、民政等部门研究确定，补助经费要纳入各级政府的财政预算。

4. 基金管理

要将城镇居民基本医疗保险基金纳入社会保障基金财政专户统一管理，单独列账。试点城市要按照社会保险基金管理等有关规定，严格执行财务制度，加强对基本医疗保险基金的管理和监督，探索建立健全基金的风险防范和调剂机制，确保基金安全。

5. 保障待遇

城镇居民基本医疗保险基金重点用于参保居民的住院和门诊大病医疗支出，有条件的地区可以逐步试行门诊医疗费用统筹。

专栏

南京市城镇居民基本医疗保险保障待遇

南京市城镇居民基本医疗保险保障范围包括住院、门诊大病和门诊医疗费用。

（1）住院待遇。起付标准为三级医疗机构 1 000 元，社区卫生服务机构 600 元（原二级医疗机构 800 元）。在一个自然年度内多次住院的，第二次住院按规定住院起付标准的 75% 计算，第三次及以上住院按规定住院起付标准的 50% 计算。起付标准以上、最高支付限额以下的费用，在三级医疗机构就诊，基金支付 50%，在社区卫生服务机构就诊，基金支付 60%（在原二级医疗机构就诊，基金支付 55%）。

（2）门诊大病待遇。起付标准为 1 000 元，1 000 元以上的医疗费用，基金支付 55%。

（3）门诊待遇。按照“累加支付”的原则，确定起付标准为300元。老年居民和其他居民：300～600元之间的费用，基金支付40%，600元以上的费用由个人自理；学生儿童：300～500元之间的费用，基金支付40%，500元以上的费用由个人自理。

（4）住院、门诊大病和门诊医疗费用累计最高支付限额为8万元。

6. 医疗结算服务

城镇居民基本医疗保险实行以定点社区卫生服务机构为主的首诊、转诊制，参保居民因病情需要转诊的，由首诊社区卫生服务机构负责转诊；城镇居民定点医疗机构从符合条件的城镇职工基本医疗保险定点医疗机构中选定并向社会公示；城镇居民基本医疗保险的药品、诊疗和服务设施目录原则上参照城镇职工基本医疗保险药品、诊疗和服务设施甲类目录；医疗费用结算采取总额控制、结算控制指标和人头付费相结合的结算方式。

7. 管理服务工作

城镇居民基本医疗保险实行全市统一政策、统一信息网络系统、统一基金管理结算、统一发放劳动和社会保障卡；建立健全社会保险四级（市、区、街道、社区）经办管理服务体系，实行医疗保险社会化管理服务；市、区劳动和社会保障部门按照职责分级管理、分工负责，各级经办机构经费列入市、区两级财政预算。

6.2.3　新型农村合作医疗

新型农村合作医疗是由政府组织、引导、支持，农民自愿参加，个人、集体和政府多方筹资，以大病统筹为主的农民医疗互助共济制度。《社会保险法》第三章第二十四条规定：国家建立和完善新型农村合作医疗制度。新型农村合作医疗的管理办法由国务院规定。按目前的设计，政府是新型农村合作医疗“游戏规则”的制定者，并且实际操作新型农村合作医疗的运行，如《关于建立新型农村合作医疗制度的意见》（以下简称《意见》）要求试点地区的县级政府要成立专门的农村合作医疗管理委员会和具体经办机构，并明确规定经办机构的人员和工作经费列入同级财政预算。《意见》还明确规定了对新农合制度的财政支持政策，这对引导农民参与新农合、促进地方政府对合作医疗的重视和支持、深入推进新型农村合作医疗都将起到关键的作用。

1. 筹资标准

新型农村合作医疗制度实行个人缴费、集体扶持和政府资助相结合的筹资机制。《意见》规定个人、地方财政和中央财政为主要的筹资主体，标准是农民个人每年缴费不少于10元，地方各级财政资助人均不低于10元，中央财政每年通过专项转移支付对中西部地区除市区以外的参保农民按人均不低于10元安排补助资金。2006年1月，卫生部等七部委联合下发的《关于加快推进新型农村合作医疗试点工作的通知》提高了中央政府和地方政府的筹资力度：从2006年起，中央财政对中西部地区除市区以外的参保农民由每人每年补助10元提高到20元，地方财政也要相应增加10元。财政确实有困难的省（区、市），2006年、2007年分别增加5元，在两年内落实到位，农民个人缴费标准暂不提高。2009年，全国新农合筹资水平达到每人每年100元，2010年开始，新农合筹资水平提高到每人每年150元，农民个人缴费增加到每人每年40元，其余部分由各级政府补贴，困难地区可分两年到位。随着社会经济的发展，新农合制度将建立与社会经济同步发展的筹资增长机制，筹资水平将会不断提高。

2. 保障待遇

新型农村合作医疗基金主要补助农民的大额医疗费用或住院医疗费用，在有条件的地方，可实行大额医疗费用补助与小额医疗费用补助结合的办法。对参加新型农村合作医疗的农民，年内没有动用农村合作医疗基金的，要安排进行一次常规性体检。

3. 基金管理

新型农村合作医疗基金由合作医疗管理委员会及其经办机构进行管理。经办机构在管理委员会认定的国有商业银行设立新农合基金专用账户，确保基金的安全和完整，并按照规定合理筹集、及时审核支付。各县（市）要根据筹资总额，结合当地实际，科学合理地确定农村合作医疗基金的支付范围、支付标准和额度，防止农村合作医疗基金超支或过多结余。经办机构要定期向农村合作医疗管理委员会汇报农村基金的收支、使用情况，采取张榜公布等措施，定期向社会公布农村合作医疗基金的具体收支、使用情况，保证参加合作医疗的农民参与、知情和监督的权利。审计部门要定期对农村合作医疗基金收支和管理情况进行审计。

4. 医疗服务管理

加强农村卫生服务网络建设，强化对农村医疗卫生机构的行业管理，积极推进农村医疗卫生体制改革，不断提高医疗卫生服务能力和水平，使农民得到较好的医疗服务。各地区在农村卫生机构中择优选择农村合作医疗服务机构，加强监管力度，完善并落实各种诊疗规范和管理制度，保证服务质量，提高服务效率，控制医疗费用。

5. 组织实施

由省级政府制定新农合的管理办法，县级政府制定具体方案，各级相关部门在同级人民政府统一领导下组织实施。加强对新型农村合作医疗的宣传教育，引导农民不断增强自我保健和互助共济意识，动员广大农民自愿、积极地参加新型农村合作医疗。

§6.3 社会健康保险精算

近年来，在发达国家，由于健康保险精算师队伍的逐渐成长和公营健康保险制度改革，健康保险精算师在社会健康保险领域的决策和咨询中逐渐受到重视，开始发挥其独特的作用，从保险金给付/支出预测、未来缴费收入预测、中短期现金流预测、长期财务收支预测、资产负债管理和精算内控循环等各个角度对社会健康保险系统的运作提供技术支持和决策参考，并提供独立的审计和财务评估报告，为卫生政策制定提供了坚实的事实依据。相关的保险精算和社会保障组织也为社会健康保险精算工作制定了一系列指导方针，其内核是各类健康保险制度的建立要以精算为基础，要对健康保险计划进行定期的精算评估，并能保证精算师不受外界因素干扰独立提出精算评估报告。在我国新型社会健康保险制度建设过程中，精算师的主要工作内容包括以下几个方面：

6.3.1 社会健康保险计划筹资比例的计算

社会健康保险筹资比例的计算是社会健康保险精算工作中一个非常重要的环节，也是保证社会健康保险基金财务稳定的关键。本部分从社会健康保险筹资比例计算的基本原理入手，结合我国城镇职工基本医疗保险改革和农村合作医疗制度的具体实践，介绍社会健康保险筹资比例计算的基本思想、一般方法和简要过程。

1. 城镇职工基本医疗保险筹资比例的计算

目前，城镇职工基本医疗保险基金筹集依据“以收定支、收支平衡、略有节余、合理增长”的原则。从基金的来源上看，主要来自职工和用人单位缴纳的保险费，国家对基金的投入主要体现在对特殊人群的参保基金减免和对各类医疗机构直接或间接的投入上。该保险计划的缴费费率常依据职工工资总额及收入的一个固定比例来确定，即所谓的收入相关保费，这一缴费费率或称筹资比例的确定是城镇职工基本医疗保险制度建立的基础。

（1）保费构成。城镇职工基本医疗保险基金从支出角度看，主要由医药补偿费、风险储备金和管理费三部分组成。医药补偿费相当于商业健康保险中的纯保费，风险储备金是社会健康保险机构用于对“超常风险”进行赔偿或给付的费用。管理费是社会健康保险机构维持正常运转所需要的费用。由于社会健康保险不考虑利润因素，因此，只要求一定时期内发生的医疗费用支出总额与该时期筹集到的医疗保险基金总额相等即可，而且管理费单列，风险储蓄金固定，均不包括在基金中。因此，也就是满足：

医疗保险基金 = 医药补偿费

设医疗保险基金为 P，C 表示医药补偿费，则有下式：

$$P = C_t$$

式中，t 为考虑价格相对变动时的调整系数，它是医药物价指数与工资增长指数的比值。

由于社会健康保险是现收现付的制度安排，则当年医疗保险基金的筹集仅与医药补偿费及当年的医药物价指数与工资增长指数比值有关。

（2）计算方法与过程。一个统筹地区开始实施健康保险计划时，需按照“以支定收”的筹资原则进行测算，即根据以往职工医疗费的实际支出额作为测算城镇职工基本医疗保险基金筹资比例的重要依据。实际测算时，要求一定要获得以往职工医疗费实际支出的真实数据，以便科学合理地确定筹资水平。其计算公式是：

$$\text{用人单位缴费率} = \frac{\text{前 3 年全市职工医疗费实际支出}}{\text{前 3 年全市在职职工工资总额}} \times 100\%$$

分子中前 3 年全市职工医疗费实际支出数应包括离退休人员的医疗费支出数，如果离休人员、老红军不参加医改，则应扣除其实际支出数。分母中前 3 年全市在职职工工资总额应是分子中计算医疗费支出的职工工资总额，不包括离退休人员的离退休费用。

专栏

某地区城镇职工基本医疗保险筹资比例计算实例

某地区前 3 年的医疗费用实际支出和工资总额分别为：第一年医疗费用支出 2.31 亿元，职工工资总额为 28.75 亿元；第二年医疗费用支出 2.53 亿元，职工工资总额为 32.93 亿元；第三年医疗费用支出 2.84 亿元，职工工资总额为 36.15 亿元。

用人单位缴费率 = (2.31 + 2.53 + 2.84)/(28.75 + 32.93 + 36.15) × 100% = 7.85%，即当年该地区医疗费用的筹资水平为工资总额的 7.85%。

此外，还需根据医疗保险现收现付和“统筹账户”、“个人账户”的制度安排和政策目标，以及运行管理的具体要求，进一步计算用人单位和个人在一年内应该承担的筹资比例（筹资占其收入的比重），这样即可达到一个年度医疗保险基金收入与支出的基本平衡。以后再根据具体运行情况，对医疗保险的筹资费率进行适当的调整。

从理论上讲，城镇职工基本医疗保险费率的测算，除应参照本地区前 3 年职工医疗费用实际支出外，还应考虑由于医疗保险的实施会导致职工就医行为和医疗机构提供服务的改变、医疗价格水平的提高以及超常风险等因素所引起的医疗费用的增长。因此，费率测算时还应考虑保险因子和增加系数等的影响。如完全不加以考虑，有可能发生医疗费实际支出与测算值不符的现象。设计城镇职工基本医疗保险时，除了确定保险缴费率外，还应对医院提供医疗服务所消耗的资源的补偿方式进行选择，以控制医院过度提供医疗服务和不规范的医疗行为，还需要对参保人作一些限制，如规定起付标准、最高支付限额、起付标准以上最高支付限额以下的医疗费用的补偿比例等，这些都会对城镇职工基本医疗保险筹资水平的确定产生影响。

2. 新型农村合作医疗费率的计算

新型农村合作医疗制度采用的是政府补贴保费的社区保费制度，因此，社区费率的计算方法是新型农村合作医疗制度费率计算的基础。社区费率是由健康保险精算师根据一个地区的人口和经济资料、医疗费用状况、健康保险计划的赔付经验及市场竞争策略等因素来综合确定的。因此，健康保险计划覆盖地区医疗费用支出总额的估计是确定社区费率的关键，在此基础上还要考虑医疗费用增长、健康保险计划的补偿范围、补偿比例、补偿额度以及补偿方式等，才能准确估计出该健康保险计划的总给付成本。由于社区费率需考虑参保者的缴费能力与意愿，所以在计算社区费率时还会兼顾“以收定支、收支平衡”的原则。

（1）费率计算所需基础数据。

①年人均门诊次数：对于有门诊补偿的县市，可用门诊总人次除以参保人数；如果因门诊报销漏报较多，记录不准或无记录时（如门诊实行定额包干），则可用乡村两级医疗机构的门诊就诊记录信息估计。如果门诊补偿包括县级医疗机构就诊，则计算时还应分析县、乡、村三级的就诊分布。

②年人均住院次数：可用补偿数据估计。在估计住院人次时，应注意包括不在补偿范围的住院人次（如起付线以下部分、规定不予补偿的疾病住院人次），也应分析县、乡两级和县外住院的分布。若补偿信息不全，可用县、乡两级医疗机构住院人次进行分析，在分析时应扣除非农业人口的住院人次，可按人口比例折算。

③门诊费用：次均县级门诊医药费、次均乡级门诊医药费、次均村级门诊医药费。

④住院费用：次均乡级住院医药费、次均县级住院医药费、次均县外住院医药费。

⑤医药费用上涨的估计：物价上涨是客观的，即使医疗机构规范行医，医药费水平也会逐年上涨。一般来说，医药费增长速度与居民生活消费品

物价上涨速度接近或略高。因此，我们建议在用上年的数据进行下年医药费用和补偿比估计时应该考虑价格因素，可用居民生活消费品物价指数进行调整。当然，也可以通过调查过去若干年各级医疗机构次均门诊、住院费用的变化率作为调整系数。

⑥保险刺激医疗消费的作用：在保险风险估计时，尤其在医药费估计时，有无医疗保险、补偿比的高低，人均医药费用水平会有明显的差别，这种差别的大小我们常用保险因子进行估计。所谓保险因子，即反映由于补偿的增加而刺激医疗服务利用率的上升，导致医药费用增加的比例。由于影响保险因子的因素较多，各地的保险因子大小均有一定的差别，而且测量也比较复杂。我们建议在测算下年费用或就诊（住院）人次时，增加一个系数，以减少低估的风险，尤其是在启动合作医疗或较大幅度调整补偿比的时候。按目前平均补偿比不到30%的情况，留10%～15%应该是可行的。

（2）计算过程及基本公式。根据新型农村合作医疗基金使用的有关原则，合作医疗基金主要可分为住院医药费补偿金、门诊医药费补偿金、预防保健/健康体检经费、风险金。风险金一般占基金总量的3%～5%，预防保健/健康体检经费一般也比较固定，可设一个合适的比例，如5%，那么医药费补偿金可占总基金的90%～92%，我们可按90%预算；进一步根据需要将医药费补偿金划分为门诊补偿和住院补偿两部分，以利于基金的合理使用。基金分配主要体现实施方案所制定的补偿原则，如单纯大病统筹，则所有医药费补偿金全部用于大病补偿；以大病为主兼顾门诊，则将较多的经费用于门诊补偿；门诊住院兼顾，则门诊与住院基金相近。根据新型农村合作医疗有关文件对实施方案的原则要求，合作医疗基金以补偿大病为主要内容。关于大病的界定，无统一标准，多数是以治疗费用为依据，一般将住院治疗的疾病界定为大病；也有按疾病的严重程度来确定是“小病”和“大病”，这属于医学概念，在医疗保险中缺乏可操作性。按门诊、住院来界定小病或大病的最大优点是标准容易掌握，本次测算的依据即是按门诊、住院划分，医疗费用水平的估计也是按门诊、住院分别进行。

专栏

某县门诊住院兼顾的补偿方案的计算实例

某县2007年实际参保人口419 618人，人均基金40元，实际筹集基金总额为14 810 630元，人均约35元，实行门诊、住院兼顾的补偿模式。表1为某县2007年新型农村合作医疗试点运行资料。

表 1　　**2007 年某县合作医疗运行资料**　　金额单位：元

就诊机构	门诊总人次	人均诊次	次均费用	住院总人次	人均住院次数	次均费用
县外机构	—			1 082	0.0026	6 632.03
县级机构	5 168	0.0123	318.67	1 582	0.0038	4 679.93
乡级机构	110 974	0.2645	109.70	4 023	0.0096	1 822.25
村级机构	614 713	1.4649	22.11	—		
合计	730 855	1.7417	37.51	6 687	0.0159	3 276.57

(1) 医药费用水平估计。从表 1 可知 2007 年人均门诊次数为 1.74 次，略低于一般调查结果，但未包括县外就诊和有就诊但医药费支出很低未报或无医药费支出者，因此可以认为这个数据基本可靠。每百人住院次数为 1.59 次，偏低，可能与补偿水平较低、住院需求受限制有一定的关系，也会有部分人一次住院费用在 500 元以下而未申报。因此这一结果也基本可以接受，需要考虑的是如何减少漏报，以保证测算的准确性。根据表中数据可计算出人均医药费水平为 117.54 元，其中，门诊 65.33 元、住院 52.22 元。由于物价指数较小，可忽略，但在最后计算时应留有一定的结余，以减小超支风险。

(2) 补偿比估计。现在人均 40 元合作医疗基金，2008 年无明显增加，扣除 4% 的风险金、人均 1.6 元，尚有人均 38.40 元可供补偿，再预留 10% 的结余，则实际可供补偿的金额约为 35 元。根据以大病为主、兼顾门诊的原则，将基金的 1/3 约人均 12 元用于门诊补偿，住院补偿人均可用基金为 23 元。根据前文估计的人均门诊的住院费用，门诊平均可补偿约为 18%，住院平均可补偿约 44%。2008 年该县门诊、住院补偿比的测算过程见表 2。

表 2　　**2008 年门诊补偿比测算表**　　金额单位：元

机构	下一年人均费用估计	方案一		方案二		方案三	
		补偿比%	补偿金额	补偿比%	补偿金额	补偿比%	补偿金额
县级门诊	3.92	10	0.39	5	0.20	10	0.39
乡镇门诊	29.01	20	5.80	15	4.35	15	4.35
村级门诊	32.39	25	8.10	25	8.10	20	6.48
合计	65.33		14.29		12.65		11.22

表 2 是按 2008 年的医药费价格指数基本不变、就诊机构分布不变的情况，设计的三种门诊补偿方案。方案一接近该县 2007 年的方案，但超支严重，不宜采用；方案二有人均 0.65 元的超支；方案三则有 0.78 元的结余。上述三个方案在补偿比的制定上均体现了将门诊就诊向基层机构引导的原则。方案二、三均有可操作性，方案二的超支比例为 5%，方案三的结余比例为 6%，均在容许范围内，但由于新型农村合作医疗在该县的实施尚处于

试点阶段，人们对其补偿方案的熟悉程度还不足，因此，我们认为方案三有可执行性。

表3　　2008年住院补偿比测算表

机构	下一年人均费用估计	方案一		方案二		方案三	
		补偿比%	补偿金额	补偿比%	补偿金额	补偿比%	补偿金额
县外住院	17.10	30	5.13	35	5.99	35	5.99
县级住院	17.64	45	7.94	45	7.94	50	8.82
乡镇住院	17.47	50	8.74	50	8.74	45	7.86
合计	52.22		21.81		22.66		22.67

表3是2008年住院补偿的三个方案，可以说三个方案均基本可行，现有人均23元的住院补偿经费，三个方案均在22元左右，方案一结余的比例约为5%，方案二和方案三结余的比例都只有1.5%左右。三个方案的差别在于各级不同的平均补偿比。总体的原则是将住院引导到基层医疗机构，通过补偿比限制转外就医。作为新型农村合作医疗，由于基金规模太小，目前只能以补偿基层医疗机构的住院费用为主。方案二与方案三相比，是将县级住院和乡镇住院的补偿比交换，这基本符合以大病补偿为主的原则，县级住院疾病的严重程度和费用一般均会超过乡镇。根据分段累计补偿的规则，费用越高，补偿的比例会越大，该县的次均住院费用，县级是乡镇的约2.5倍，因此在实际执行时，县级在同等费用水平下应该比乡镇的补偿比低，以引导乡镇卫生院的住院利用，但最终的实际补偿比县级仍会略高于乡镇。

6.3.2　社会健康保险计划的精算评估

1. 社会健康保险计划的定期精算评估

（1）评估的必要性和意义。对一个给付确定（Benefit Defined，BD）型的社会健康保险计划而言，在计划建立之初，精算师要估计计划的成本并给出筹资比例的建议；计划开始运行后，仍然需要精算师进行定期精算评估并对是否调整筹资比例给出相应的建议。总的说来，对社会健康保险计划的定期精算评估可以对该计划的财务稳定性进行判断和预测，是政府进行公共财政预算、拟定卫生政策的依据，对提高政府财务规划及管理的能力非常有意义。

（2）评估的目的和方式。财务状况评估的目的是看一个公共组织是否有足够的现金或流动资产在短期内偿付债务，或看其是否有足够的财力来提供顾客（公众团体）所要求的服务。在评估社会健康保险计划的财务状况时，应看其能否在永续的基础上有足够的能力维持现有健康维护服务水准和应对公共需求的自然增长、减缓或改变所带来财务冲击的能力。

因此，在许多发达国家都会由政府委派精算师对社会健康保险计划开展定期的精算评估，评估过程中要保证精算师的工作不受政治干预，如果精算师是计划管理机构或监管机构的成员，那么他/她的工作还应接受同等独立的评估或精算审计。

（3）评估的主要内容。社会健康保险计划一旦确定，其基金应该在各个期间都能够保证预先作出的承诺。由于社会健康保险基金在向被保险人支付保险金或对医疗机构进行补偿时大多都采用现金支付的方式，当我们考察其偿付能力时，资金的流动性也是需要考虑的重要事项。

在对社会健康保险基金的财务状况进行精算评估时，要根据对预期花费和保险金给付支出的准确估计确定社会健康保险基金的精算债务，如果基金的总资产大于总负债，则基金是具有偿付能力的，反之则没有偿付能力。对于现收现付制的社会健康保险基金来讲，基金积累的债务要靠社会健康保险计划的参保人不断缴费来偿还，当支出上升到基金无法承受的程度时，就需要调整缴费费率。由于社会健康保险计划保险费的缴纳和给付之间有一定的时间差，精算评估时还应考虑现金流量方面的问题，即在下一个支付期限前，基金必须保留至少足以应付各项支出所需的足够的流动资产。由于各国社会健康保险基金的给付支出都有逐年增加的趋势，健康保险精算师还应对上述问题进行研究，努力找寻保证社会健康保险制度能够应付上述挑战的办法。

2. 精算评估报告的编制和提交

（1）精算报告及其内容。社会健康保险基金的财务状况、偿付能力应该通过精算报告的方式向政府主管部门提交或向公众公开。作为一个合格的精算报告，应包括任务范围、预期目的、数据信息的可靠性、限制条件、基金计划简介、计算分析结果、结论和建议等内容。

在精算报告中，首先要对所评估的社会健康保险计划或社会健康保险基金的基本情况作出一定的描述；其次，报告应简明扼要并符合逻辑地表达出精算师通过对社会健康保险基金财务状况分析得出的结论；最后，精算报告还应明确表明进行计算和分析的是具有一定专业技术资格的精算师，指出进行精算分析所依据的主要信息来源和材料。

（2）报告编制中的注意事项。在编制精算报告时，首先要注意所用的各类信息、文件和数据的来源及可靠性，要保证精算师分析的独立性，要注意那些因为所用方法和精算假定导致报告在应用上的局限性，如果对社会健康保险基金进行评估完成后，某些情况又发生了变化，则必须对其造成的影响再加以评估和说明。同时，对社会健康保险基金进行评估的精算报告，既要照顾到严厉的监管者，又要照顾到那些没有专业经验又不懂精算术语的有关人员。

（3）报告的提交和公布。如果精算师确定社会健康保险基金的支付能力因面临重大风险而不能或有可能无法履行其支付义务，或因面临重大的收入缺口无法履行其法定职责且无法用准备金来满足未来的支出需求，那么精算师就应当向（委任他/她的）政府或健康保险计划监管机构提交有关这些情况的报告。为了保证报告的权威和公正性，监管部门会要求精算报告中确定精算评估有关假设的过程必须透明并出于客观考虑，还应及时使公众有渠道获取该评估报告。

6.3.3 社会健康保险计划的损失成本分析

损失成本分析是保险精算上很重要的一个分析方法，其主要目的是计算并比较被保险人按风险因素（如年龄、性别、职业、健康情况等）分类后的损失平均数。通过损失成本分析可以了解到各分类人群的损失情况及差异，借此可以寻找导致差异的原因以控制异常损失，平衡社会健康保险财务收支，并对短期医疗费用增长因素进行分析。

1. 医疗费用的影响因素及损失成本分析模型

从文献综述和健康保险实践中整理出医疗费用的影响因素主要包括年龄、性别、职业、地域、患病记录、习惯与嗜好等几项，它们均可作为风险分类的因子。在考虑数据来源限制、实际可行和一般惯例等因素后，最后以性别和年龄作为损失成本分析中的风险分类因子。

（1）社会健康保险各项损失成本的定义和计算方法。

①门诊方面：

$$\text{每人年平均门诊费用}=\frac{\text{每年门诊金额}}{\text{每年保险对象人数}}=\frac{\text{每年门诊金额}}{\text{每年门诊次数}}\times\frac{\text{每年门诊次数}}{\text{每年保险对象人数}}$$

$$=\text{每次平均门诊费用}\times\text{每人年平均门诊次数}$$

②住院方面：

$$\text{每人年平均住院费用}=\frac{\text{每年住院金额}}{\text{每年保险对象人数}}=\frac{\text{每年住院金额}}{\text{每年住院次数}}\times\frac{\text{每年住院次数}}{\text{每年保险对象人数}}$$

$$=\text{每次平均住院费用}\times\text{每人年平均住院次数}$$

$$\text{每人年平均医疗费用}=\text{每人年平均门诊费用}+\text{每人年平均住院费用}$$

（2）计算各风险分类的损失成本。进行损失成本分析的第一步是在风险分类的基础上，利用社会健康保险短期费用支出数据并根据上述损失成本的定义和计算方法分别计算出每一风险分类被保险人的人数分布、每人年平均门诊次数、每次平均门诊费用、每人年平均门诊费用、每人年平均住院次数、每次平均住院费用、每人年平均住院费用、每人年平均医疗费用等指标，在此基础上即可对社会健康保险计划短期财务支出增加的影响因素进行分析。

（3）社会健康保险短期财务支出增加因素的分析。要分析社会健康保险短期财务支出的增加因素，需要将上一步得到的各分类的损失成本进行量化比较，即以某年各分类的被保险人的年平均医疗费用为基础，只改变其中一个变量，如被保险人的年龄和性别分布、每人年平均门诊次数、每次平均门诊费用、每人年平均住院次数、每次平均住院费用，再算出改变后的每人年平均医疗费用。从改变后算出的每人年平均医疗费用中可以清楚地发现被保险人人数分布、每人年平均门诊次数、每次平均门诊费用、每人年平均住院次数、每次平均住院费用等因素影响社会健康保险短期财务支出情况的程度，并可对其排序并找出影响最大的因素，进而提出控制社会健康保险短期财务支出的方法。

（4）某地社会健康保险损失成本分析实例。

【例 6－1】 以某地 1997—1999 年社会健康保险数据为例，按性别和年龄作为风险分类因素，作损失成本分析如下，由于篇幅问题，我们只以被保险人人数分布与社会健康保险短期财务支出增加的关系为例进行计算，其他因素（每人年平均门诊次数、每次平均门诊费用、每人年平均住院次数、每次平均住院费用）的影响同理可得。其中，被保险人人数分布数据如表 6－1 和表 6－2 所示。

表 6－1　　1997—1999 年某地区保险对象人数——按男性各年龄　　单位：人

年龄别	年份		
	1997	1998	1999
0～4	757 553	753 806	750 432
5～9	789 673	796 502	807 599
10～14	828 207	809 729	798 649
15～19	952 577	960 903	956 622
20～24	632 303	667 186	713 346
25～29	859 289	866 908	868 865
30～34	919 456	925 484	931 073
35～39	893 210	922 456	941 244
40～44	805 626	829 442	854 696
45～49	632 029	685 071	728 596
50～54	404 280	420 604	449 408
55～59	404 009	409 435	409 927
60～64	354 097	353 468	353 293
65～69	384 207	373 869	351 204
70～74	295 048	309 742	312 533
75～79	167 205	177 888	182 509
80～84	81 829	83 118	82 912
85～89	25 624	30 774	32 958
90～94	6 145	6 638	6 920
95～99	1 044	1 133	1 171
整体平均	10 193 407	10 384 153	10 533 953

表 6-2　　1997—1999 年某地区保险对象人数——按女性各年龄　　单位：人

年龄别	年份		
	1997	1998	1999
0~4	694 519	693 228	691 227
5~9	720 526	727 313	738 824
10~14	775 198	756 821	744 363
15~19	924 616	930 147	917 461
20~24	853 526	878 973	916 627
25~29	870 544	872 219	883 824
30~34	911 859	905 191	911 906
35~39	887 493	906 686	924 681
40~44	806 457	826 534	851 042
45~49	652 835	704 287	727 527
50~54	410 201	425 325	451 511
55~59	418 830	423 682	420 246
60~64	356 642	366 866	371 480
65~69	297 436	305 352	306 713
70~74	219 107	229 539	235 269
75~79	144 227	151 799	156 481
80~84	83 617	84 589	84 673
85~89	34 179	39 079	41 460
90~94	9 341	10 499	11 565
95~99	1 927	2 094	2 265
整体平均	10 073 075	10 240 218	10 389 140

由损失成本分析的定义和计算方法可得：

每人年平均医疗费用＝每次平均门诊费用×每人年平均门诊次数
＋每次平均住院费用×每人年平均住院次数

若 i 代表年度；k 代表年龄，$k=1$，2，3，…，20；p_k^i 代表 i 年度、k 年龄的被保险人数；cdt_k^i 代表 i 年度、k 年龄的每人年平均门诊次数；cdr_k^i 代表 i 年度、k 年龄的每次平均门诊费用；ddt_k^i 代表 i 年度、k 年龄的每人年平均住院次数；ddr_k^i 代表 i 年度、k 年龄的每次平均住院费用，那么，i 年度医疗费用支出总额为：

$$s_i = \sum_{k=1}^{20} p_k^i (cdt_k^i \times cdr_k^i + ddt_k^i \times ddr_k^i)$$

为了解只改变保险对象人口分布对每人年平均医疗费用的影响，我们以 $s_{1997} = \sum_{k=1}^{20} p_k^{1997} (cdt_k^{1997} \times cdr_k^{1997} + ddt_k^{1997} \times ddr_k^{1997})$ 为基准，只改变 p_k^{1997}，

若用 ps_i 代表改变人口结构因素后算得的损失，可得：

$$ps_{1997} = \sum_{k=1}^{20} p_k^{1997}(cdt_k^{1997} \times cdr_k^{1997} + ddt_k^{1997} \times ddr_k^{1997})$$

$$ps_{1998} = \sum_{k=1}^{20} p_k^{1998}(cdt_k^{1997} \times cdr_k^{1997} + ddt_k^{1997} \times ddr_k^{1997})$$

$$ps_{1999} = \sum_{k=1}^{20} p_k^{1999}(cdt_k^{1997} \times cdr_k^{1997} + ddt_k^{1997} \times ddr_k^{1997})$$

同理，也可通过改变其他变量的值得到其他因素对每人年平均医疗费用的影响，计算出每个因素对每人年平均医疗费用的影响，如表 6 - 3 和表 6 - 4 所示。

表 6 - 3　损失成本与健康保险计划短期财务支出增加关系表（男性）

因素分类	年份		
	1997	1998	1999
ps_k^i	11 663	11 399	11 407
$cdts_k^i$	11 663	12 122	12 347
$cdrs_k^i$	11 663	11 735	12 030
$ddts_k^i$	11 663	11 702	11 856
$ddrs_k^i$	11 663	11 874	11 957

表 6 - 4　损失成本与健康保险计划短期财务支出增加关系表（女性）

因素分类	年份		
	1997	1998	1999
ps_k^i	11 602	11 259	11 280
$cdts_k^i$	11 602	11 823	12 002
$cdrs_k^i$	11 602	11 628	12 034
$ddts_k^i$	11 602	11 840	11 959
$ddrs_k^i$	11 602	11 741	11 895

从上述量化关系可发现，影响该地区社会健康保险短期支出增加的因素及影响程度。从中可以看出门诊次数增加是健康保险短期财务支出增加的根源，所以控制健康保险财务支出，首先应该重视控制每人年平均门诊次数。此外，人口老龄化问题并没有想象的那么严重，甚至看不出其对健康保险财务有负面影响，主要是因为出生人数的下降比率比死亡人数的下降比率还高所致。

本章小结

社会健康保险是一个国家社会保险制度和经济制度的安排，这种制度选择和安排一般都带有明显的本国特色。一般而言，社会健康保险是由专门的管理机构进行筹资、支付和组织管理的一种社会保险形式，大多由政府立法推动并承担一定的责任，需要进行社会化管理，其核心是保障国民的基本健康需要。目前中国已经形成了“3 +1 +1”的健康保障制度体系；即三个基本医疗保险制度：城镇职工基本医疗保险制度、城镇居民基本医疗保险、新型农村合作医疗和一个城乡医疗救助制度、一个商业健康保险作补充，基本做到了制度全覆盖，达到健康保险制度的“低水平、广覆盖”目标。各个部分的参保对象、筹资水平、保障水平和管理方法上还存在差异，构成能满足公众多层次需要的整体健康保障体系。社会健康保险精算遵循“以收定支、收支平衡、略有结余”的原则，围绕社会健康保险的政策目标和基金平衡原理进行测算，保证社会健康保险计划的可持续。不同的社会健康保险计划在筹资比例计算方面需要考虑不同的因素，但在精算评估和分析方面却多采用同样的方法和过程。

关键词

社会健康保险　城镇职工基本医疗保险　城镇居民基本医疗保险
新型农村合作医疗　社会健康保险精算

思考题

1. 简述社会健康保险的概念及特征。
2. 社会健康保险筹资的渠道和原则有哪些？
3. 如何对一个社会健康保险制度计划进行设计？有哪些主要考虑的因素？
4. 社会健康保险的运行管理主要涉及哪些关键问题？
5. 简述中国健康保险“3 +1 +1”体系现状。
6. 《社会保险法》中关于基本医疗保险部分的主要内容有哪些？
7. 社会健康保险未来精算的发展方向及工作的主要内容是什么？
8. 举例说明如何对一个社会健康保险制度的计划进行精算和评估。

第七章 健康保险经营与业务管理

学习目的

通过本章的学习，读者应该能够：

☐ 了解健康保险市场中影响需求与供给的主要因素

☐ 熟悉商业健康保险产品的销售渠道及销售过程

☐ 熟悉健康保险核保中个人和团体风险的评价

☐ 熟悉健康保险理赔过程

§7.1 健康保险市场与销售

7.1.1 健康保险市场供求

有效的需求和供给形成市场。对于现代的商业健康保险来说，市场的形成一方面依赖于有效需求的规模，另一方面依赖于健康保险的供应方是否能够满足有效需求并能产生商业价值。对健康保险市场的分析主要针对影响健康保险需求、供给和市场环境的各种因素展开。

1. 影响商业健康保险市场需求的因素

（1）伤病发生的风险。同其他保险需求一样，疾病和损伤风险存在的客观性和普遍性是产生健康保险需求的最主要原因，即消费者可能遭遇的疾病和伤害所导致的经济损失是其购买健康保险最直接的驱动力。当人们感觉到这种风险个人无法承受时，必然去寻求健康保险的保护。疾病或损伤发生的可能性越大，人们购买健康保险的需求越强烈。因此，年老者较年轻者购买健康保险的需求更强，体弱多病者较身体健康者更愿意购买健康保险。

（2）人们的健康保障和安全意识。人们的健康保障和安全意识是影响健康保险需求重要的主观因素。随着人们的基本生活需求逐步得到满足，更高层次的健康、安全和保障需求与日俱增，人们对健康保险的需求会越来越强烈。但不同的人对健康风险有不同的反应。对于伤病所造成的财务方面的困扰，有多种解决方式，如个人储蓄、向亲友筹资等。个人或者团体主动通过投保商业健康保险的方式来应对伤病所造成的财务压力只是其中一种较好的解决方案，但保险的方式能否被个体所接受，还受到个人文化、习俗、学识等因素的影响。

(3) 社会基本医疗保险及其保障程度。社会基本医疗保险制度是国家对国民健康保障的制度安排。从国际经验分析，社会基本医疗保险制度的强制力度越大，保障范围越宽，保障程度越高，人们通过商业健康保险寻求健康保障的机会和可能性越小，商业健康保险市场的发展空间越受到限制。反之，则对商业健康保险的需求越强。但从我国情况看来，商业健康保险与社会医疗保险并不矛盾，而是相辅相成、共同发展的国民健康保障体系的组成部分。从制度的安排上来讲，基本医疗保险制度重在健康保障的基本性、统一性、同质性和广泛性，而商业健康保险可以更多地从个人、家庭和团体健康保障需求的特殊性、层次性、多样性和灵活性等方面来满足人们的保障需求。社会基本医疗保险的强制推行进一步唤醒了人们对健康保障的需求意识。这种需求意识的觉醒将会刺激人们对商业健康保险的市场需求，促进商业健康保险的发展。

(4) 经济收入水平。人们的经济收入水平是商业健康保险潜在需要形成现实需求的决定因素。对个人来讲，经济收入的高低会影响其健康保险需求程度的大小。只有经济收入达到一定水平的人才有能力购买健康保险，经济状况较差者根本无法承担健康保险的保费负担。比如，在中国目前的条件下，除了一部分富裕地区外，大部分地区的农民虽然有购买健康保险的需要，但因为经济收入太低，无法形成有效的需求。即使有能力购买健康保险的城镇居民，经济收入的高低也是影响其购买何种保险的重要因素，低收入者往往选择一些保费较低的健康保险产品，如住院津贴保险，或是选择某些健康保险产品中基本部分的保障。

(5) 商业保险公司的信誉和服务水平。消费者购买商业健康保险实质上是获得保险公司对未来健康保障和服务的承诺。一个商业保险公司的历史、品牌形象以及相应的服务，特别是在健康保险方面的专业性直接影响消费者对健康保险产品的购买意愿。因此，商业健康保险公司的信誉和服务水平也就成为影响健康保险市场需求的重要因素。

(6) 健康保险产品费率。在健康保险市场上，健康保险产品的价格，即保险费率，也是影响健康保险需求的一个重要因素，如果提供的保障相同，人们肯定倾向于购买保险费率较低的产品。但是，保险产品价格的产生是先于其成本的，保险公司在制定健康保险产品价格时，除了要考虑竞争的因素外，更重要的是要考虑保险费是否足以应付将来的保险金支付。

(7) 健康保险产品保障范围和给付限制。除价格因素外，健康保险产品能够提供的保障范围和相关限制条件的多少也是影响健康保险需求的一个重要因素。比如，包含手术给付的住院医疗保险就比不含该种保障的健康保险产品更有吸引力，包含部分门诊医疗费用的综合医疗保险产品就比单纯的住院医疗费用保险更易使客户产生购买欲望。此外，保险条款中给付保险金的限制条款和除外条款的多少，甚至理赔的方式等也会影响人们对健康保险的需求。一个健康保险产品如果在给付保险金时有较多的限制，就很难受到人们的喜爱。如果某险种允许被保险人自由选择提供服务的医疗机构，或只需保险人与医疗机构结算费用而不需要被保险人事后进行复杂的索赔，则必然受到投保人的欢迎。

（8）医疗服务的需求。人们通过购买健康保险为个人所发生的医疗服务提供经济补偿。所以医疗服务的服务质量、价格和服务的可及性都成为影响健康保险需求的重要因素。一般说来，医疗服务的服务质量越好、服务的可及性越强、服务价格越高，则人们对健康保险的需求越迫切。因为人们首先需要医疗服务，才对健康保险产生需求，所以影响医疗服务需求的因素也会间接地成为影响健康保险需求的因素。人们对医疗服务的需求和消费有着不同于一般商品的许多特点，人的生命和健康价值无法用金钱和价格来简单衡量，而被保险人的医学知识又相对欠缺，这些都使得消费者在接受医疗服务时是被动的。因此，医疗服务提供方的行为就会影响到人们对健康保险的需求。当然，影响医疗服务需求的因素就更多了，包括年龄、性别、文化程度、对医学知识的掌握程度、环境和行为等，这些因素实际上都会间接地影响人们对健康保险的需求。

2. 影响商业健康保险市场供给的因素

商业健康保险的经营主体是商业性的保险公司。保险公司对市场的供应就是提供健康保险的产品和服务，各种内外部因素都会影响保险公司的判断和预期收益，影响保险公司的市场策略，进而影响健康保险市场的供应。

（1）医疗服务环境。保险公司提供的保险保障服务与医疗服务机构所提供的服务以及医疗服务环境有着密切联系。医疗服务提供者对保险事故的发生和发生的程度具有重要的影响，保险事故有着明显的“第三方”特征。传统的事后赔付性健康保险中，保险公司往往只能被动接受医疗服务的成本，并不能主动干预或者把握医疗服务的质量和价格。医疗服务环境因素对保险公司的影响主要在两个方面：首先是医疗服务资源的分布配置，也就是医疗服务的可及性。只有被保险人通过医疗服务资源能够得到需要的医疗服务，保险公司提供医疗健康保障才具有实际的意义；其次是医疗服务行为的合理性和规范性，合理规范的医疗行为为健康保险的持续经营提供条件。医疗服务环境的不规范使得就医行为和就医费用中产生不合理的因素，甚至出现人为的医疗资源过度使用和滥用行为。在这样的市场上，由于对未来要承担的责任和风险失去判断和把握，保险公司将会采取谨慎的市场策略，减少、限制或停止提供健康保险服务。

(2)社会的诚信和道德观念。保险公司提供健康保险是建立在投保人和被保险人诚信的基础之上。保险人根据投保人和被保险人的告知，进行风险评估，确定承保条件和保险责任。投保人和被保险人的告知对保险人进行风险评估具有重要的决定性影响。由于信息不对称，保险人对投保人的真实投保目的和被保险人的健康状况并不完全了解，投保人的诚信告知就成为了健康保险关系建立的基础。所以，商业健康保险的经营需要一个相对诚信的社会环境。也就是说，整个社会的诚信水平和道德观念将会影响保险公司对健康保险的经营决策，进而决定商业健康保险的市场供应。在一个社会诚信水平不高、道德观念不强的环境下，商业健康保险失去经营的基础，保险公司将会采取多种形式减少和限制健康保险产品的供应，或者对所提供的健康保险产品和服务设置较多的限制条件。

(3)保险公司的经营策略取向和经营管理能力。保险公司作为经营主体是健康保险市场的提供者，其市场供应取决于保险公司的健康保险经营策略。保险公司健康保险经营策略的选取会考虑多方面的因素，其自身的经营管理水平是最重要的因素之一。健康保险的经营管理水平表现为经营者对健康保险经营规律和经营风险的认识、经营特点的掌握、能否树立正确的经营理念、是否具备专业的经营管理人才和队伍、对各经营环节的风险是否具有控制能力等。只有在上述各方面都有一定的把握和掌控的前提下，保险公司具备经营健康保险的基本管理能力，才能提供相应的产品和服务。另一方面，保险公司的经营能力和水平是一个相对的概念。在经营环境并不完全成熟，内部经营管理条件并不十分完备的情况下，保险公司可以通过细分市场，规避、减少和降低经营风险，采取差异化的经营策略，针对不同目标市场提供不同的产品和服务，施行不同的管控策略和手段，从而具有相对的经营管理能力，实现经营价值。

(4)政府的鼓励发展政策。政府的鼓励发展政策对健康保险的市场供应具有重要的影响作用。政府的作用在于两个方面：首先在于行业发展的规划和政策的制定，为健康保险的经营确定发展方向，通过税收和产业激励等政策引导保险公司发展健康保险；其次在于创造市场良好的经营环境，通过规范医疗服务体系、建立社会诚信制度和法律规范、避免不正当竞争行为等措施为商业健康保险创造一个良好的外部经营环境。

7.1.2 健康保险销售渠道

健康保险产品的销售与其他各类保险产品并无本质上的区别，只是由于健康保险的市场需求较其他保险产品更为迫切，因此健康保险产品的销售较人寿保险产品要容易开展。一般来讲，健康保险产品的销售渠道有以下几种：

1. 保险公司的直销渠道

直销是一种不需借助外部销售人员而直接与潜在客户进行接触的销售方式，即保险公司通过自己雇用的直销人员或利用各种媒介，包括电话、信函、媒体等推销其产品。近年来，随着信息技术，特别是互联网的不断发展，网络直销成为健康保险产品销售的一个新途径。目前我国的团体健康保险业务的销售大多是通过保险公司的直销渠道完成的。

2. 代理人销售

根据我国现行《保险法》（2009 年修订版）的规定，保险代理人是指根据保险人的委托，向保险人收取佣金，并在保险人授权的范围内代为办理保险业务，并依法向保险人收取代理手续费的单位的机构或者个人，具体包括以下三种：

（1）个人代理人。我国保险市场上的个人代理人已超过 200 万人，是保险产品销售的主力军，个人代理销售也是健康保险产品的主要销售渠道。个人保险代理人需持所代理保险公司核发的《保险代理人展业证书》方可展业。个别保险公司对于销售健康保险的个人代理人提出了一些特别的要求，主要是鼓励他们参加专门的培训或考试。代理人经过专业培训，直接和投保人接触，可以销售较为复杂的健康保险产品，可以有效满足客户多层次、多方面的需求。

（2）兼业代理。兼业代理人是指受保险人委托，在从事自身业务的同时，指定专人为保险人代办保险业务的单位。从国内的现状看，影响最大的是银行兼业代理。银行兼业代理能够充分利用银行现有的销售网络和客户，接触到大量的健康保险准客户。目前，银行兼业代理的销售方式已在人寿保险、意外伤害保险等人身保险产品的销售中发挥重要的作用。随着健康保险市场的进一步开发，这种销售方式正在成为健康保险产品销售的一个新途径。

（3）专业代理人。专业保险代理人是指专门从事保险代理业务的保险代理机构。保险代理机构是指依照《保险法》等有关法律、行政法规以及规章，经保险监督管理机构批准设立的，根据保险人的委托，在保险人授权的范围内代为办理保险业务的单位。根据保险监管部门颁布的《保险专业代理机构监管规定》，保险专业代理机构可以采取合伙企业、有限责任公司或股份有限公司三种形式。

3. 经纪人销售

保险经纪人是指代表投保人在保险市场上选择保险人或保险人组合，同保险人洽谈保险合同条款并代办保险手续，以及提供相关服务的中间人。保险经纪人是投保人的代理人，为投保人安排保障计划，同时也促进了保险公司产品和服务的销售。所以，保险经纪公司通常向保险公司收取佣金。

保险经纪人在各国的健康保险市场上都占有非常重要的地位。比如，在美国，保险经纪人销售是团体人寿保险和团体健康保险销售重要的渠道；在英国，保险经纪人在多类保险产品的销售过程中都发挥了非常重要的作用。随着我国保险业的快速发展，保险经纪公司的数量迅速增加，在保险市场的地位和影响力将会越来越大，其在健康保险销售领域也会发挥越来越重要的作用。

7.1.3 健康保险销售过程

1. 产品保障功能分析

在保险公司将新产品推向市场之前，首先会对新产品的保障功能进行充分分析，根据新产品的保障特点和保障程度，找出该产品的优越性和不可替代性，分析其能满足市场哪些方面的需求，以及满足这些需求的程度，从而分析新产品较为适用的客户群体，初步确定该产品的目标客户群范围。从产品的功能方面分析，不同的健康保险产品可以满足不同的保障和管理需要，适合不同的个人、家庭和社会团体。

（1）基本保障功能。健康保险的基本保障功能是指健康保险产品所提供的保障能够满足个人、家庭和社会团体的基本健康医疗保障需求，弥补被保险人因普通医疗行为所发生的医疗费用。针对基本保障功能开发的健康保险产品通常有一定水平的给付限额。该类产品的主要目标市场是社会基本医疗保险制度保障范围以外的人群，为这些人群提供与基本医疗保险制度相类似的甚至更为广泛的保障项目和保障水平。

（2）补充保障功能。健康保险的补充保障功能主要是指健康保险产品所提供的对社会基本医疗保险制度的补充保障，弥补被保险人因医疗行为所发生的医疗费用中需要个人自负和自费负担的支出。该类产品的主要目标市场是社会医疗保险制度保障范围的人群，为这些人群提供基本医疗保障不能满足的保障需求。这些保障项目包括个人门急诊自负费用保障、个人住院自负费用保障、大病补充医疗保障等。

（3）综合保障功能。健康保险的综合保障功能主要是指健康保险产品所提供的对因医疗费用支出、其他增加开支和收入减少所造成的损失的综合补偿功能。该类保险产品通常约定保险金额或补贴金额，以定额给付的方式补偿被保险人因保险事故的发生所产生的各种费用支出和收入减少。

（4）专项保障功能。健康保险的专项保障功能主要是指健康保险产品所提供的保障针对专项健康医疗项目或针对特定的目标人群，如儿童重大疾病保险、女性重大疾病保险、交通意外医疗保障等。

（5）管理功能。健康保险的管理功能主要是指保险公司利用专业技术和人才资源，为投保团体的健康医疗保障计划提供专业管理服务。健康保险的社会管理功能的发挥能够满足投保团体对保障计划的专业管理需要，在为投保团体成员提供健康保障服务的同时，提供专业管理服务。

2. 目标客户群需求分析

在完成健康保险产品保障功能分析的基础上，应进一步分析目标客户的健康保障需求，找出产品保障功能和潜在客户需求之间的契合点，才能为实际的销售行为奠定基础。

（1）个人和家庭的保障需求。个人和家庭是健康保险保障需求的基本单位，是健康保险产品的重要购买者。分析个人和家庭对健康保险的潜在购买需求，应该首先分析这些潜在购买者的实际保障状况和保障水平，寻找个人和家庭的保障空白点，分析这些空白点可能给个人和家庭带来的开支增加和收入减少的经济后果，同时也应分析这些空白点给个人和家庭带来的社会地位和心理感受方面的影响，从而找出购买健康保险产品所能带来的心理诉求点。值得注意的是，虽然人们购买商业健康保险的基本目的都是为了获得健康保障，但由于不同的人群有着不同的社会背景和文化差异，人们购买商业健康保险的心理诉求也就有所差异，这种心理差异决定了需求细致分析对销售的重要性。

①基本医疗保障的需求。城镇居民基本医疗保险制度和农村合作医疗保险制度的推广使越来越多的人拥有基本的或初级的医疗保障，但仍然有相当一部分人群没有基本的医疗保障。这些人群对基本医疗保障有着巨大需求。

②补充医疗保障需求。随着基本医疗保险制度的完善，越来越多的城乡居民拥有了基本医疗保障。但由于基本医疗保险的补偿范围和保障水平有限，参加基本医疗保险的人群对补充医疗保险仍然存在较大的需求。

③重大疾病保障需求。重大疾病对个人和家庭的威胁越来越大，其所产生的影响在于重大疾病昂贵的医疗费用会直接增加个人和家庭的经济负担，并减少个人和家庭的收入。个人和家庭对重大疾病保障的需求也将主要通过商业健康保险来满足。

④专项保障需求。由于不同的人群面对不同的健康风险，从而会形成对专项健康保障的需求。一般来说，由于专项保障需求的特殊性和个性化，专项保障需求并不能通过大众化的保障计划得到满足，需要保险公司细化目标市场，分析其个性化需求。随着整体社会保障水平的提高，对专项健康保障的需求会越来越大。

（2）企业和团体的健康保障需求。企业和团体由个人组成，这些个人的保障需求类同于上述个人和家庭的健康保障需求。但企业和团体作为所有成员的集合体，其健康保障需求并不仅是个人保障需求的累加，企业和社会团体的保障需求具有与个人和家庭的需求不同的诉求点。

①员工健康福利保障计划的需求。企业和社会团体通过购买健康保险为成员提供健康保障，满足成员对健康保障的需求。从企业和团体的层面来看，就是为员工提供了健康福利保障计划。而员工福利保障计划的保障对象也可以包括员工家属。由于形成了集团购买，而且企业和团体参与保障计划的部分管理工作，所以可以得到一定的价格优惠，同时，政府也会对购买健康保险给予一定的税收优惠，从而会进一步鼓励团体健康福利保障计划的发展。

②企业形象和凝聚力的需求。企业和社会团体为员工提供健康福利保障计划，一方面满足了员工的健康保障需要，另一方面也加强了员工对所属团体的认同感和归属感，可以提高企业的凝聚力和竞争力。

③关键人员健康保障的需求。关键人员健康保障是企业和社会团体健康保障需求的重要方面。关键人员是在企业和社会团体的日常经营活动中发挥重要作用的人员，如高级管理人员、技术专家、销售能手、公共关系专家和关键岗位人员等。为关键人员提供较高水平的健康保障能够增强企业对专业人才的吸引力，增强关键人员对集体的认同感，激励关键人员工作的积极性和主动性，提高工作效率和效果，有利于增强企业和社会团体的竞争力。

④专业管理需求。具有一定人员规模的企业和社会团体可以在内部形成风险相对稳定的群体，能够对团体成员的健康总损失进行计划和预测，所以，许多大型团体往往倾向于制定自保计划，全体成员形成一个自我保障的封闭群体，不再寻求外部保障。但这些团体一般并不具备管理这些保障的人才、技术和信息系统，不熟悉健康保险计划的管理方法和风险控制手段，他们往往会委托外部专业管理机构进行管理，这就形成了对保险机构专业管理服务的需求。

3. 健康保险产品说明

在对预期购买者需求细致分析的基础上，应向其就健康保险产品的保障功能进行说明，使预期购买者认识到健康保险产品不仅在功能上满足购买需求，而且在产品特点上能应对其购买诉求。这样，才能使预期购买者产生购买欲望，进而完成购买行为。

（1）个人健康保险产品的说明。个人和家庭是健康保险的重要购买者，但并不一定是自愿的主动购买者。销售人员的重要职能就是启发预期购买者的风险意识，使其认识到个人和家庭现有的保障并不能满足需要，保障缺位和不足会对个人和家庭未来的收支和生活水平形成较大的风险威胁，而解决这些威胁最有效和积极的方式就是购买合适的健康保险产品和服务。在完成了上述启发工作之后，销售人员应重点并如实地介绍所推介产品的保障责任、保障范围、保障水平、功能、特点和除外责任，说明推介产品对预期购买者个人和家庭的作用，同时通过对保险公司服务能力和水平的说明，使预期购买者对产品和相关服务产生认同。健康保险产品和服务是建立在诚信基础之上的，夸大产品功能、弱化除外责任、误导预期购买者的行为都会适得其反，引起预期购买者对保险产品功能的质疑，降低购买欲望。

（2）团体健康保险计划的说明。在分析团体对健康保障需求基础上，明确潜在购买团体的需求意向，进而为其设计团体健康保险计划。首先，应制作团体健康保险的计划建议书，主要包括以下内容：

①公司介绍：重点介绍公司的概况、资信能力、国内外获得的信誉、在提供健康保险服务上的优势、重要的保障项目，等等。

②客户需求分析：对目标团体的保障状况进行具体分析，找出团体的保障缺失和不足，以及这些保障缺失和不足对团体成员和团体本身可能造成的影响，从积极和建设性的角度引发目标团体对团体健康保障的需求。

③保障计划设计：根据掌握的目标客户资料，结合客户需求分析，提出切实的保障计划和初步的保障费率。根据目标客户的情况，应考虑设计多种保障计划供客户选择。在提供计划建议书的基础上，及时向目标客户进行说明和沟通，以说明会、研讨会等多种沟通方式，征求目标客户对计划建议书的意见和要求，在充分沟通的基础上，逐渐对团体健康保障计划的主要项目、责任、范围、费率等项目达成一致，形成最终的保障计划。

4. 销售的完成

在需求分析和产品说明的基础上，通过销售人员和预期客户的交流和沟通，逐渐使预期客户产生购买意向，并对所购买的健康保险产品达成基本的一致后，通过以下环节实现销售的最终完成。

（1）个人健康保险销售的完成。在与个人和家庭达成投保意向后，应协助其填写投保书，根据投保书的内容填写要求，指导其如实进行健康告知，并按照保险公司制定的投保规则，进行必要的身体检查。保险公司根据对准被保险人健康状况的风险评价，作出是否承保或以何种条件承保的决定。当保险公司决定以标准条件承保时，在收到投保人缴纳的保险费后，出具保险单作为承保的凭证。当保险公司作出的承保决定附加了额外条件时，只有在这些附加的条件得到投保人同意，并收到投保人缴纳的保险费后，保险公司才会签发保单。当然，在拒绝承保时，保险人也应将拒绝承保通知书提交投保方。在完成上述过程后，个人健康保险的销售过程全部完成。

（2）团体健康保险销售的完成。在保险公司和投保团体对团体健康保障计划达成初步的意向后，投保团体的代表会填写投保书，根据投保书的内容填写要求，团体应如实进行相关信息的告知，包括投保团体的基本情况、人口统计特征、所在行业、经营状况、财务状况、相关的医疗信息等内容。保险公司根据投保单信息和双方多次对健康保障计划的沟通情况，作出最终的承保决定，并确定保障计划的费率或费率计算方法。在承保决定和费率标准得到投保团体同意并收到其缴纳的保险费后，保险公司出具保险单作为承保的证明，同时根据双方的约定，向每一个被保险人出具保险凭证作为参加团体健康保障计划的证明。当保险单和保险凭证送达后，团体健康保险计划的销售过程全部完成。

§7.2 健康保险核保

7.2.1 健康保险核保概述

1. 健康保险核保及其作用

（1）健康保险核保。健康保险核保又称“健康风险选择”，是指保险公司在接到投保人的投保申请后，对被保险人或投保团体的承保风险进行审核、筛选和分类，然后对不同风险类别的被保险人制定不同的承保条件的过程。由于被保险人所处的生活环境、身体状况以及职业环境各不相同，他们的患病几率和意外事故的发生率也不相同，即表现为他们未来获得理赔的几率不同，保险公司所承担的风险大小也不同。核保的目的就是要通过对被保险人的风险进行评估和分类，并对不同组别的被保险人施以不同的承保条件，使承保群体的实际风险事故发生率维持在精算所预定的范围之内，从而规避风险，确保保险公司的稳健经营。

（2）健康保险核保的作用与功能。健康保险核保的首要作用是维持差别费率，体现公平原则，使得被保险人之间不因某一个体的风险因素较高而损害其他被保险人的利益，同时有效防止逆选择。此外，核保时还可以关注被保险人的道德风险，如既往有无不良理赔经历、有无正当职业、有无投保高额健康险、有无从事非法或受人非议的职业等情况。如果能及时发现并将那些有道德风险的投保单剔除出去，既维护了善意投保者的利益，又维护了保险公司自身的安全。此外，通过核保还可以减少由于投保人或业务人员的疏忽所导致的各种差错与纠纷，有效地保证成品保单的质量，既可以降低保险公司在契约管理上的成本，又维护了公司良好的社会形象。

2. 健康险核保的主要评价因素

（1）个人疾病保险和医疗保险。

①年龄。不同的年龄段人群的发病率有着显著的差异，一般来说，年龄越大，越容易发生疾病，而且疾病发生后持续的时间也越长。同时，除职业的原因外，发生意外伤害的机会也随着年龄的增加而增加，发生伤害

事故后复原所需的时间也越长。因此，同一病症在不同年龄的被保险人身上表现出的风险程度是完全不同的。

②性别。由于生理结构和社会背景的差异，同一年龄段人群中男女的患病及诊疗风险是不同的。比如，男性心肌梗塞、肺癌的发生率远大于女性；与此同时，女性对疾病较敏感，有资料显示，男女接受诊治的比率为1:2，因此在进行健康保险风险评估时对被保险人的性别要加以考虑。

③当前健康状况。被保险人当前的健康状况是核保时最重要的考量因素。因为它直接影响到风险程度的评估，是核保人员决定是否承保、以何种方式承保的重要依据。在审核被保险人当前健康状况时，第一要将疾病的性质作为评估的第一要素，明确疾病是良性还是恶性，是急性还是慢性，是痊愈还是治疗中等。第二要审核被保险人疾病病程的长短，一些急性疾病病程短，恢复快，预后好；另一些疾病病程长，治疗时间长，易复发，预后较差。除上述两个因素外，发作次数对核保评估也是非常关键的，一些疾病对被保险人身体危害小，但频繁发作，住院几率则明显增加，核保人员在核保评估时应做相关处理。随着医学技术的进步，过去一些难以治愈的疾病已成为可治疾病，对人体的危害性也明显减轻，但是，目前仍有许多疾病是不易治愈的，如恶性肿瘤、慢性活动性肝炎、系统性红斑狼疮等。核保人员必须了解此类疾病的转归及预后特点，综合考虑作出适当合理的核保决定。

④既往健康状况。被保险人以往的患病历史对其将来的健康状况也有较大的影响，核保人员可据此预测其发病的风险。主要从既往所患疾病的性质、病程的长短、发作次数和疗效及转归等多个方面进行综合评估，正确判断既往健康状况对被保险人将来患病风险的影响。

⑤家族史。一些疾病具有明显的家族遗传倾向，特别是随着现代社会环境污染程度的加重、高脂肪饮食的摄入等不良因素的影响，一些具有遗传倾向的疾病发生率大幅度的上升，如高血压、糖尿病等。因此核保人员要关注被保险人的家族史，并作为被保险人风险评估的因素之一。

⑥职业因素。被保险人的职业风险因素也是健康保险核保过程中的一个不可忽视的因素，它不仅反映了职业可能导致的意外风险，以及职业病的发生概率，还反映被保险人所处的社会环境及经济因素对健康保险赔付的影响。

⑦财务状况。被保险人投保的健康保险保障程度应与其经济收入相匹配，例如投保定额给付型医疗保险，其每日给付的金额不应超过被保险人正常工作时的每日收入，同时也要注意被保险人是否在其他保险公司投保同类健康保险产品及其保障程度，避免被保险人因伤病而获得过高的保险金赔偿，从而产生道德风险。被保险人如果投保残疾失能收入保险，对被

保险人收入及财务状况的考量就更为重要了。

上述内容主要是侧重个人重大疾病和个人医疗保险的风险评价因素。对于健康保险中的另外两种类型——长期护理保险和失能保险，在风险评价因素方面有其各自的特点。

专栏

失能收入保险核保时应重点注意的风险因素

1. 被保人的收入与保险金额

失能保险金不是为了补偿被保险人收入的全部，因为补偿的全部收入可能会使被保人不愿重返工作岗位。因此，失能保险的保险金应根据被保人的平均月收入水平来合理确定，一般以不超过平均月收入的60%～70%为宜。用于风险评估的收入主要是指被保人劳动所得的收入，如薪资、奖金、佣金等，非劳动所得的收入，如房租、利息、股息等一般不计算在内。同时，还应考虑被保险人失能后可能从社会保险、其他保险公司以及单位给员工的福利中获得的经济补偿，在计算保额时应予以相应的扣减。

当被保险人有第二职业时，第二职业所得收入是否可以计入可保险的收入，应该根据被保险人从事第二职业所需的技能而定。一般来说，如果从事第二职业所需的技能与从事第一职业所需的技能相似，则第二职业的收入可以计算在内；如果从事第二职业所需的技能与从事第一职业所需的技能无关，则第二职业的收入一般不计算在内。

此外，还应考虑被保险人近期（通常是最近三年）收入的稳定性。如果被保险人的收入在这段时间保持稳定或增长，则核保员会将这种迹象视为理想，反之，如果这段期间收入明显下降，核保员会进行进一步调查。

2. 健康状况

通常，疾病导致失能的可能性要大于导致死亡的可能性。因此，在失能保险核保中，相比寿险，核保时将更为关注被保人的健康状况，并要求被保人提供更多的医疗信息，如既往的就诊记录、血液化验、心电图检查结果等。腰肌劳损、下肢静脉曲张等，在寿险核保时通常不被关注或者可以忽略不计，但是在失能保险中却会引起足够的重视，因为这些疾病对寿命长短几乎不产生影响，但却可以引起严重的失能事故。

3. 职业

失能保险受职业因素的影响很大。一般来说，被保险人具有稳定、收入良好的工作时，其发生伤残以及道德风险的可能性相对较小。而工作环境中存在着潜在疾病或意外事故风险的被保险人（如高空作业者、化工厂工人、矿工、保镖等）以及工作无规律的被保险人，通常被认为发生失能事故的风险较大。

4. 道德风险

核保时，对有以下情况的被保险人应当特别警惕：(1) 企图购买超过其实际工作收入的失能保险；(2) 在多家保险公司同时投保失能保险；(3) 故意在投保单上提供虚假信息；(4) 存在难以客观判断的健康因素，如慢性腰痛、头晕、神经衰弱等；(5) 有其他不良道德行为的记录。这类被保人投保时，需仔细调查其投保动机。

长期护理保险核保时应重点注意的风险因素

1. 年龄

长期护理保险一般是向年龄在40~85岁之间的人提供的。但在国内，长期护理险的投保年龄通常限制在65周岁以下。随年龄的增大，身体各器官系统的技能会逐渐衰退和萎缩，需要医疗看护的可能性随之增加，因此，年龄是影响被保人呈现的风险程度的最重要因素之一。长期护理保险的核保师对人体在老龄化过程中可能出现的各种身心失调要有全面的了解和认识，必须熟知老龄化对于被保人身体和精神的影响。此外，还需要考虑被保人的生理年龄和实际年龄。一个实际年龄为75岁的人，可能远比一般的同龄人健康，那么他的生理年龄就可能更接近60岁而不是75岁。

2. 家族病史

与长期护理险有关的许多疾病的发生与遗传因素密切相关，如阿尔茨海默病、帕金森病、糖尿病、脑中风等。因此，对告知或经调查有上述疾病家族史的被保险人，应予以特别关注。

3. 职业及业余爱好

长期护理险核保时对职业风险的评估虽然不如失能保险那么重要，但是某些职业所带来的额外风险还是应该予以注意，如爆破作业者、长期接触粉尘或毒物者等。被保人的某些业务爱好（如攀岩、赛车）会明显增加残疾的发生几率，从而增加需要长期看护的可能性，核保时，对有这类业余爱好的被保人，通常会附加免责条款。

(2) 团体健康风险评价的主要因素。

①年龄构成。投保团体的年龄分布应该足够宽，以产生大范围的风险分布。核保人员对平均年龄较大的团体要注意风险防范，这些团体中成员发生疾病或死亡的风险相对较高。低流动性的团体更有可能使平均年龄增加。

②性别比例。核保人员也要考虑团体中的性别比例。与男性团体相比，女性团体趋向于具有死亡率较低，但发病率较高。在所有其他因素相同的情况下，女性所占比例较大的团体比男性所占比例较大的团体在统计上呈

现较低的人寿保险风险；相反，男性所占比例较大的团体比女性所占比例较大的团体在统计上呈现较低的健康和残疾保险风险。

③团体规模。团体规模与该团体的预期损失率的准确性密切相关。一般说来，团体的规模越大，其实际损失率就越接近于预期损失率，而且该团体每年的损失率波动越小，团体越小，对未来索赔成本估计的可预见性或可靠性就越小。

④参保比例。参保比例是指某团体中参加保险的人数占该团体员工总数的百分比。对团体保险计划设置最低参保比例要求旨在防止逆选择的发生。团体保险的投保规则一般规定了一个团体投保团体健康险的最低参保比例（不低于75%），达不到这一比例的团体，保险公司将不予以签发团体保险单。另外，每一张团体保险单都必须给出该保单所适用的允许参保员工的定义。比如，大多数团体保险单规定，允许参保员工必须是全职雇员，而兼职雇员则不属于允许参保员工之列。

⑤行业和职业状况。由于某些团体成员的工作性质或是工作环境会间接地影响到被保险人的健康状况，因此，团体成员的工作性质和团体所在的行业在团体健康保险核保时也要加以考虑，有时还可能是非常重要的考量因子。比如，铸造厂的工人由于经常暴露在高热的工作环境下，呼吸系统疾病的发病率会增高；经常需要久坐工作的雇员团体中，发生腰肌劳损的比例会增加。有些情况下，团体成员的工作环境和工作性质并不会增加某些疾病的发生概率，但由于团体所在的行业比较特殊，团体成员的健康状况可能本身就低于一般水平，如一些街道企业和福利企业等。有的团体由于所在行业较差，工资收入较低，团体成员的健康状况实际上比某些收入较高的团体要差。在团体健康保险核保时对这些因素都应认真加以考虑。

⑥投保时的选择性。团体健康保险投保时的选择性越强，整个团体的风险程度就越高。采用统一无差别方式投保的团体，比那些团体成员可以选择性投保或选择不同的保障档次的团体风险更低，因此，团体健康保险计划是否具有选择性以及选择性的大小是团体健康保险核保时要加以考虑的因素。

⑦地理位置。虽然团体所在的地区不会显著地影响到团体健康保险的索赔发生数，但地区因素确实会影响到索赔的额度。这是因为在不同的地区，医疗服务的成本有较大的差异。核保人员在考虑这些因素的同时，也要考虑准被保险人的经济水平和生活条件以及该地理区域中适当的健康护理的可利用性及成本。在一些投保团体中，团体的所有成员并不都居住在同一个地方——比如，一个组织在许多省或县设有多个办公室，在评估这种团体时，核保人员应考虑每个地方的地理环境和医疗水平。

7.2.2　个人健康保险核保

1. 个人健康保险核保资料的搜集

（1）投保书。虽然各保险公司的健康保险投保书形式及内容不尽相同，但一般来讲健康保险投保书应包含以下内容：

①基本资料。主要包括投保人、被保险人的姓名、性别、出生日期和证件号码等身份识别信息，住址、工作单位和通讯地址等联系方式，以及职业、已投保健康保险的情况等对风险评价有用的有关信息。

②投保保险计划的情况。这一部分反映的是投保人此次投保健康保险的基本情况，包括投保的险种名称、投保份数、选择的保险金额和保障程度的档次等信息。

③个人告知及健康声明。个人告知及健康声明是健康保险投保书中最重要的一部分内容。个人告知是投保人就被保险人有关情况的陈述和回答，如是否吸烟，有无酗酒，收入水平怎样，以往有无理赔的记录等，这些都是进行风险评价时必需的。健康声明是被保险人就保险公司对其既往病史及目前的健康状况所询问的有关事项所作的诚信可靠的声明，是核保人员评估健康风险最重要、最基础的资料。在一般的健康保险投保书中，还有一项非常重要的内容，就是投保人的签字和有关他已经完全了解他所选择的健康保险产品，并且据实告知的声明。

（2）体检报告。体检报告是体检医师按照核保人员的要求通过对被保险人进行相关体格检查以后记录检查项目结果的报告。体检中的检查项目一般由核保人员根据投保规则并结合被保险人的年龄、职业、既往病史和投保保额等具体情况决定。体检医师应具备一定的保险医学常识，在对被保险人体检过程中如果发现保险医学的关注事项，应做进一步的询问或检查。除体格检查结果外，体检报告还可包含核保人员要求做的实验室检查及其他检查结果，如 B 超、心电图及 X 光等的检查结果。

（3）病历资料。病历资料是被保险人在医疗机构就医的记录档案。它详细地记录了被保险人发病或受伤的时间、原因及诊疗经过，还包含既往史和家族病史的记录。病历资料可较真实、客观地反映被保险人的健康信息。它的主要作用有防范逆选择、对健康信息资料的补充、提示体检不能发现的疾病、了解特殊疾病的检查结果和减少体检成本等。

（4）业务员报告书。业务人员在展业过程中可以直接了解和观察被保险人的情况，因此，业务员报告书中的内容对于健康保险的核保工作有着很重要的提供信息的作用。但核保人员应该根据业务人员的素质对其报告书的真实性和可信度进行客观的评估。

（5）健康问卷及特殊疾病问卷。在健康保险核保过程中，有时还采用下发健康问卷或特殊疾病问卷的方式进一步采集核保评估信息。问卷内容一般围绕被保险人所患疾病的发病时间、主要症状、持续时间、诊断及治疗结果、有无并发症、是否复发等加以询问。

专栏

长期护理保险核保时主要的信息来源

对于长期护理保险来说，核保的信息来源除了上述资料之外，核保师会搜集特殊的检查报告，例如关于被保人的生活条件、业余爱好、日常活动和旅行地等，用于评估被保人目前是否有认知损害或无法进行日常活动。这类信息的主要来源是个人访谈、面对面的评估和认知甄别测试。

（1）个人访谈。核保师可能会问到当天的日期、季节、被保人所在地以及具有认知损害的人难以回答的其他问题。对于长期护理保险而言，核保师可能会向被保险人的医疗护理提供者了解信息。

（2）面对面评估。面对面评估主要是为了审查被保人的身体和精神状况。从国外来看，大多数长期护理保险需要对70岁或70岁以上的被保险人进行面对面评估，如果投保单显示存在重大医疗问题的可能性或者无法获得当前的医疗记录，被保险人也会要求对70岁以下的人进行面对面评估。

（3）认知甄别测试。包括词汇记忆延迟测试和倒数数列测试。其中，词汇记忆延迟测试主要是用于了解被保人记忆常用词的能力。不能准确记住10个常用词汇中的3～5个词就表明存在认知损害。有研究报告显示，在70岁及以上的老年人中，词语延迟回忆测试评分与死亡率密切相关。

---

2. 个人健康保险核保流程

（1）代理人员风险选择。代理人员核保是指展业时对有投保意向的客户进行筛选并搜集原始信息的过程。个人健康险保单一般是通过代理人员与客户的反复面晤招揽进来的，代理人员在展业过程中对客户的基本情况，如健康状况、职业、工作及生活环境、经济状况、投保动机等都比较了解，代理人员如能很好地搜集投保人和被保险人的有关信息，并如实填写代理人员报告书，对提高核保工作效率、节约成本、维护公司和客户的利益均大有益处。

（2）体检医生风险选择。体检医生对被保险人实施体检时可以从医学角度对被保险人的健康状况作出相关风险判断，一般称之为第二次风险选择。为了保证体检结果的真实可信，同时也为了方便被保险人体检，大多数保险公司都会建立自己的定点体检医院，并签订合作协议，有条件的保险公司还可能建立自己的体检中心，其目的就是为了能及时、准确、可靠地提供医务核保资料。在实际核保工作中，兼顾控制风险及节约成本的需要，保险公司并不要求所有的被保险人都进行体检，而是根据被保险人的年龄、投保险种、保障金额等制定特定的体检规则。一般情况下需要被保险人进行体检的前提条件主要包括：①投保时被保险人健康告知有异常；②保险金额达到保险公司规定的体检额度；③小额多次重复投保；④被保险人曾经被加费、延期或拒保；⑤被保险人年龄较大；⑥被保险人既往有理赔记录；⑦核保人员认为有必要进行体检的保单。

（3）核保人员风险选择。核保人员首先要审核投保书等投保资料，还要对被保险人的既往投保记录进行查询，了解被保险人既往的投保经历、累积风险保额、理赔记录以及既往的核保处理意见等，必要时还需查询该被保险人在其他保险公司的相关投保理赔记录。核保人员通过对投保资料的审核作出核保决定并签发保单；对需要进一步搜集资料后才能进行风险评估的投保申请下发特定通知书，要求补充相应资料，这类通知书一般包括体检通知书、契约调查通知书、填写特殊问卷及提供病历资料通知书等。

（4）调查人员风险选择。契约调查是指在保险合同成立前、后由保险公司调查人员通过直接或间接方式搜集被保险人的有关资料，为保险合同的成立提供依据的过程。契约调查的目的在于防范道德风险和逆选择，维持公司经营的稳定性。健康保险核保中主要对高额投保件、对被保险人的健康状况存有疑问或需要进一步了解被保险人的经济或职业状况时作出调查。契约调查一般采用直接调查法和间接调查法。调查的重点是：①了解客户的投保动机、选择保险计划的理由、受益人的指定是否合理，是否有主动投保等事项；②观察被保险人的外观（包括体格）、精神状态，了解有无现病症及既往病史、近期体检情况等；③了解投保人、被保险人的收入来源、年收入状况、家庭资产情况以及工作及居住环境是否与收入水平相符等；④了解被保险人的工作性质及内容、工作环境、工作的稳定性，是否有兼职等；⑤了解被保险人的个人嗜好及生活习惯、驾照种类及交通事故记录情况等；⑥了解被保险人有无危险运动的习惯，是否有食物或药物过敏史等。

3. 个人健康险核保评估的原则与结果

（1）评估原则。对单一危险因素，且并发症相对明确的疾病，可通过约定的方式予以责任免除承保。对于多种因素存在的情况，核保人员可通过查定健康险核保手册进行综合评估。

（2）评价结果。

①标准体。是指以标准保险费率承保的被保险人群体的总称。标准体可按照标准保险费率承保。

②次标准体。是指其保险事故或损失的发生率高于标准体一定比率以上，但又不至于大得无法承保的被保险人群体的总称。对于这类投保申请，

核保人员可采用多种方法补偿次标准体被保险人所带来的额外风险。通常采用加费、免责特约的方式承保。

③不保体。是指投保申请不能被保险公司接受的被保险人群体的总称。一般包括拒保及延期两种情况。如果被保险人保险事故或损失的发生率严重超过保险公司的承保范围，对他们的投保申请将不予承保，如癌症、尿毒症、晚期肝硬化、癫痫、精神分裂症病人等；如果被保险人的健康状况在近期内无法判定其预后时，通常采用延期的处理方式。

7.2.3 团体健康保险核保

1. 团体健康保险核保的特征及基本流程

（1）团体健康保险核保的特征。就核保的目的而言，团险核保与个险核保是完全相同的，即通过核保，对投保的团体的风险程度进行分类和确定，确保所保障的风险大致上和定价假设期望相一致，使任何一个投保团体缴纳的保费，公正地反映该团体的风险程度与可能的索赔水平。团体健康保险核保的特征主要体现在以下两个方面：

①风险选择权不同。团体保险最显著的特点是用对团体的风险选择来取代对个人的风险选择，因此，团体健康保险核保重点不在于对团体中个体被保险人进行风险审核，而是通过对团体所在行业、企业性质、团体规模、团体平均年龄、在职及退休人员占比、团体保障计划等因素综合评估来达到团体的风险选择和分类。

②维持团体内成员危险公平性。团体健康险核保通过强制要求或提高团体成员参保率、统一或者按照某些基本原则确定被保险人保障计划，减少被保险人个人选择性来维持团体成员间保障及风险的合理性，避免身体条件较差的人或风险更高的人更多地选择保险计划等逆选择的出现。

（2）团体健康保险核保的基本流程。在个人健康保险的核保中，核保师要通过有关信息对每一被保险人的风险进行评估，并作出是否承保以及以何种条件承保的决定。在团体健康保险的核保中，对个别规模很小的团体，核保师通常会采用与个人健康保险核保相类似的程序，对团体中的每个成员进行逐个核保，但核保的尺度有时较个险略宽。但对于规模较大的投保团体，一般不需对每个被保险人进行单独的核保，其过程与个人健康保险核保存在较大的差异，具体的核保过程包括以下主要步骤：

①搜集核保资料。团体健康险核保的第一步是搜集核保所需要的有关资料。团体核保主要是以投保团体提供的信息为基础，但是团体健康保险投保书中较少涉及每个团体成员的具体健康状况及财务情况，核保师更关心的是投保团体的整体特征。一般来说，通过团体投保书、被保险人名单等即可获得诸如投保团体的平均年龄、男女比例、所在行业、团体成员的

主要职业分布、参保比例等有关信息。对于一些特殊的团体，可以增加一些其他的核保资料，如有时核保师还会要投保人提供该团体近三年来的医疗保险赔付或者医疗费用支出情况等经验数据。

②进行风险评估，确定承保条件。资料搜集齐全后，核保师对投保团体的规模、性质、年龄分布、性别比例、职业风险情况、参保比例以及以往赔付的经验数据等因素进行分析，然后对投保团体的整体风险水平作出评估。一般来说，投保团体的规模越大，其风险状况便越稳定；团体的平均年龄越小或不断有年轻成员加入团体，其索赔也会越小；团体的参保比例越低，团体成员对保障形式的选择越多，则团体的逆选择风险越大。在团体健康险的核保中，一般很少有直接谢绝投保申请的情况，实行风险评估的主要目的是确定采用何种方式、何种费率进行承保，需要附加什么条件，投保团体是否愿意接受等。

③作出核保决定。团体健康保险核保的最后一步是作出最终的核保决定，并将核保决定通知投保人，若投保人同意接受承保条件，即可缴纳保费并签发正式保单。在团体健康保险的核保中，核保师需与精算师保持密切的合作关系，特别是对于那些将采用经验费率或主要采用经验费率进行定价的投保团体，精算人员将通过参与对投保团体既往赔付率及既往医疗费用支出等经验数据的分析来协助核保师进行费率的厘定。

2. 团体健康保险核保的资料来源及其审核要点

（1）团体健康保险核保的资料来源。团体健康保险核保所需要搜集的资料通常是针对团体本身的。对于规模较小的团体，如人数少于20人或少于50人的团体来说，团体健康保险核保人一般会采用与个人健康保险核保相同的策略，即投保团体中每个被保险人都必须单独填写个人告知和健康声明。核保人员也会借助投保团体获得一些额外的信息，但较少安排进行体格检查，有关信息的获得主要依靠团体本身的管理人员的配合。对于规模较大的一些团体，由于是对整个团体的风险情况进行评价，而团体投保时提供的资料形式与个人健康保险提供的不同，因此，团体健康保险核保时的资料来源与个人健康保险核保时的资料来源不同。

虽然团体健康保险投保书是核保中有关信息的主要来源，但团体健康保险的投保书中的资料相对比较简单，核保人员通过它所附的被保险人的信息目录得到被保险人的姓名、年龄、职业、职务和工龄、工资收入等信息，一般不包含每个被保险人当前的健康状况和既往病史等有关信息。但对于保额非常高或风险比较高的被保险人，也会要求提供被保险人档案的健康状况和既往病史等有关信息。在团体健康保险核保中更重要的信息来源，是团体业务员在销售过程中了解到的有关团体的基本情况的资料，如团体的规模、人员构成情况、既往的理赔情况、团体原来的保险人和保障情况等，通过这些团体的基本特征就能对团体的风险状况进行比较准确的评估。有时候团体健康保险的核保人员会委托业务员或调查公司对投保团体的情况进行专门的调查，了解其经营状况、雇员的工作环境和条件等，这也可以对已经掌握的信息进行确认和补充。

（2）首次投保资料的审核要点。

①团体状况。由于不同团体之间差异性比较大，团体健康保险保障方案及费率都比较灵活，在对团体状况进行审核时需从定性指标、定量指标和团体保障计划三方面进行考虑。定性指标主要包括：团体性质、行业类别；企业性质，绩效、考勤管理制度；企业薪酬、福利制度、员工收入水平。定量指标主要包括：团体规模、人数；人群状况，包括年龄结构、退休人员占比、人群男、女性别比例、子女及连带参保人员状况；合格人员参保率；人员流动率。定性指标是从宏观角度出发，通过对团体的基本描述从整体上对团体风险作出简单的评估，而定量指标则是从微观角度考虑团体自身可量化指标特点，对团体费率进行厘定及修正。除了定性指标和定量指标外，团体保障计划的设定应尽量公平合理，避免逆选择和道德风险的产生，审核时应重点考虑：其一，是否需要根据团体中不同人群的危险程度制定不同的承保条件，区分复杂的保障计划及子计划；其二，保障是否合理、是否过于完善，防止被保险人产生不必要的医疗消费。

②既往经验数据审核。投保团体既往经验数据的审核，是团体健康险新保险年度核保、定价方案的依据。经验数据的审核主要包括以下三个方面：一是实际赔付情况分析，团体既往医疗费用支出情况、医疗费用水平（发生率、平均次数、天数、平均费用等）及增长趋势；二是是否有重大赔案赔付，对团体来说，重大赔案赔付将会给团体整体赔付带来较大影响，但其发生率较低，属于偶然因素，对团体整体风险进行常规评估时应剔除这一因素的影响；三是赔付是否有异常，异常的原因及调整措施，分析投保团体的经验数据是否有异常及异常原因，例如对于经验数据中所表现出的高发病率、高赔付等，要坚决采取限定起付标准、调低保险金给付比例、设定费用限额等多种措施。

③地域因素。团体健康险核保地域因素重点应考虑以下三个方面：一是当地经济和医疗消费水平、医疗费用自然增长速度；二是当地的社保政策情况，包括社保起付线、封顶线标准，社保用药及诊疗范围、赔付比例，是否提供门急诊保障、纳入社保医疗机构范围等；三是客户团体既往就医习惯、医疗行为特点。由于健康险尤其是医疗险属于费用型险种，以上三方面集中反映了被保险人索赔的费用水平，因此直接决定了核保定价的基础。

（3）续保资料的审核要点。团体保险的续保率是一项重要的因素。对续保团体的健康险核保注意事项，除按照新投保的注意事项外，团体保险的核保人员尚须对续保的团体再重新审阅所安排的保单利益是否需要调整，或建议投保团体改进其管理。其主要的目的在于确定团体保险的投保人是否了解其保险计划内容及他所应负担的保险计划责任，以及确定此团体保险计划的设计是否能满足他所需要的保障。

①既往理赔经历。理赔经验的好坏，显示了投保团体的危险高低。因此，如果理赔率高得不正常，核保人员必须查看理赔，以决定是否有逆选择的发生或是加保手续是否妥当以及各种报告及分类是否按规定办理等；并采取预防步骤，以避免更进一步的逆选择造成财务上的损失。

②团体构成的变化。被保险员工的比例，团体保险的危险基础在于团体的大小，因此投保人数的百分比是否维持期初的标准；投保团体是否适当地告知加退保人员；新进员工是否马上加保等都关系到此团体的危险同质性。如果参加人数显著减少时，核保人员必须先视其理赔情况如何，必要时可要求投保团体提供可保性证明，同时还须试着找出原因，并制定解决措施，以防止将来人数再减少。

③保障计划的调整。续保的焦点集中在定价上，团体保险通常采用一年期续约的方式承保，每年评估当年的理赔和费用经验，借以调整续年度保险费或保额结构。

④其他因素。续保时除了初年度危险选择过程中所评估的要素外，还需要就投保单位的行政支持力度、行政处理效率等方面加强核保。投保单位管理上过于松散、行政处理效率过低都将引起整个保单管理成本的上升。

§7.3　健康保险理赔

7.3.1　健康保险理赔概述

1. 健康保险理赔及其作用

健康保险理赔是保险人对可能导致健康保险合同约定的保险事故进行核定并作出相应处理的行为。健康保险理赔由索赔与赔案处理过程两部分组成。索赔是指被保险人发生了伤病等出险事故后，向保险人提出理赔申请并提供相应的损失证据的过程；赔案处理是指保险公司以保险合同为依据，对被保险人提出的索赔请求，按照特定的程序规则对事故和责任进行审核，对符合条件者作出给付保险金决定的过程。

高质量的理赔管理和服务是健康保险公司核心竞争力的重要构成要素。被保险人发生保险事故后，保险人根据健康保险合同约定责任兑现保险承诺，通过给付保险金，为被保险人提供医疗费用和收入损失的经济补偿，从而体现健康保险的真正价值。理赔管理直接影响到保险公司经营管理和风险防范的各个环节，对于风险控制的其他环节，如产品设计、业务员展业和品质管理、新契约核保、客户服务以及医疗服务提供质量和定点医疗机构的管理水平等，都能进行较好的回顾和检验。通过理赔，可以发现健康保险经营过程中的漏洞和风险控制的重点，为进一步提高业务质量和经营管理水平，防范业务风险，为后续的科学决策提供依据。同时优质的理赔服务对保险公司树立良好的社会形象、促进服务管理水平的提高有着积极意义。所以，健康保险的理赔是健康保险运营活动的重要职能，兼有风险性业务管理和服务性业务管理的双重特征。

2. 健康保险理赔涉及的法律法规

健康保险理赔须以保险合同为基础，以事实为依据，应用相关法律法规维护客户和公司的正当权益。与健康保险理赔工作相关的法律法规主要有：

（1）保险法规。《保险法》、《健康保险管理办法》以及保险监管部门的有关规定。

（2）社会保险的有关法规。主要有国家和各地社会基本医疗保险的法令法规，以及相应的实施方案、配套规定和管理办法，如《社会保险法》、《基本医疗保险药品目录》、和有关基本医疗保险诊疗项目及服务设施范围等的管理办法。

（3）医疗服务管理法规以及各级卫生行政部门颁发的管理规范和操作规范。如《医疗机构管理条例》、《职业医师法》和《病历管理条例》等。

（4）其他相关的法律法规。主要有《民法通则》、《合同法》、《继承法》、《婚姻法》、《惩治破坏金融秩序犯罪的决定》和《治安管理条例》等。

3. 健康保险理赔应遵循的原则

健康保险与其他类别保险责任相似，并且同时兼有财产保险和人身保险的一些特征，因此，健康险除了遵循客观、公正、效率和准确等保险理赔的一般处理原则外，还要遵循其他一些重要原则：

（1）保险利益原则。根据《保险法》第三十一条规定，投保人对保险标的应当具有保险利益。投保人对保险标的不具有保险利益的，保险合同无效。可见，保险利益是保险合同得以成立的必要条件。

（2）最大诚信原则。最大诚信原则的内容主要是告知与保证。《保险法》第十六条第一款规定：“订立保险合同，保险人就保险标的或者被保险人的有关情况提出询问的，投保人应当如实告知。”告知的形式包括无限告知和询问回答告知。一般实务操作中采用的是询问回答告知。具体表现在投保人所填写的投保书上，这是一种主观告知的方式。保险人没有询问的问题，投保人不告知不构成对告知义务的违反。保证分为明示保证和默示保证。明示保证在保险合同中明确记载被作为合同的组成部分。明示保证又分为确认保证和承诺保证。确认保证是投保人对过去或现在某一特定事实存在或不存在的保证。例如，某人确定他从未患过重病，意指他说话前和说话当时，他从未患过重病，但不涉及今后是否患病。承诺保证是指投保人对将来某一特定事项的作为或不作为，如某人承诺今后再不吸烟，保证从现在开始再不吸烟，但在此之前他是否吸烟并不知晓。默示保证是指虽然未在保险合同中载明，但在保险合同实践中应予遵守的一类保证。与告知不同，保险合同涉及的所有保证都是重要的，无须权衡其重要性，投保人必须遵守无误，若有违背和破坏，合同即告失效，保险人可以解除合同，不承担赔偿或保险金给付责任。

（3）补偿原则。补偿原则的基本含义是指在保险合同中，投保人通过订立保险合同，将特定的危险事故所造成的经济损失转嫁给保险人承担，当此特定经济损失发生时，保险人给予的经济补偿应恰好弥补其因保险事故而造成的经济损失。补偿原则通常适用于财产保险，也适用于健康保险中的医疗费用保险。在医疗费用保险中，补偿原则主要是指保险合同订立后，被保险人在发生特定的保险事故而发生医疗费用时，保险人按照保险合同的约定给予充分的补偿。补偿原则可以派生出两个原则，即代位原则和分摊原则。对于代位原则，根据《保险法》第六十条规定，“因第三者对保险标的的损害而造成保险事故的，保险人自向被保险人赔偿保险金之日起，在赔偿金额范围内代位行使被保险人对第三者请求赔偿的权利。”分摊原则是补偿原则的又一派生原则，目的在于确保保险补偿目的的实现。一方面是防止重复赔偿。在重复保险的情况下，投保人可以就相同的保险事故向两个或两个以上的保险人索赔并获得重复赔偿，从而获得高于损失额的保险金，这将违背补偿原则，造成社会价值背离。另一方面，坚持保险人之间按比例分摊被保险人的损失，在于维护社会公平原则，多数时候是按照不同保险人收取保险费的不同，承担比例赔偿责任。在实务操作中，可以在任何一家保险人进行先期给付后，凭原始材料（或复印件）和支付单位的相关证明在其他保险人处申请赔付。

7.3.2　健康保险理赔过程

1. 客户索赔

（1）健康保险索赔申请的方式。健康险提出索赔申请的主要方式有以下三种：

①被保险人直接索赔申请方式。是指被保险人接受医疗服务后，直接向保险公司进行申请，提交证明材料，该种方式目前最为常见。

②被保险人授权下的直接索赔申请方式。是指被保险人接受医疗服务后，授权医疗服务提供者向保险人提出索赔，该种方式常见于国外具备管理式医疗保健特点的经营模式。

③投保人索赔申请方式。是一种间接索赔方式，是指被保险人接受医疗服务后，被保险人向投保单位（雇主）提出索赔，由投保单位再向保险人提出索赔的方式，多见于团体健康保险。

（2）健康险索赔时需提供的资料。《保险法》第二十一条规定：投保人、被保险人或者受益人知道保险事故发生后，应当及时通知保险人。保险事故通知的方式有多种：上门、电话、传真、信函等。保险公司理赔人员接到客户通知时，应详细询问事故发生的时间、地点、原因、现状等，说明客户需要准备的各种注意事项，如住院，保险人往往会对就诊医院的要求、住院医疗费用的责任承担、索赔材料的准备等进行说明。

客户发生保险事故后，向保险人提出索赔申请，同时必须提供因疾病或意外伤害造成损失的有效证明资料，客户在索赔时需根据不同的保险责任类型，提供不同的索赔资料，一般包括被保险人身份和保险合同有效性等方面的资料，以及诊断证明书、医疗费用原始收据、入出院证明书等证明保险事故过程的相关材料。在残疾失能保险索赔中还需出具医院给出的身体残疾证明和单位或税务机构出具的收入减少证明。

2. 健康保险赔案处理过程

（1）理赔受理 。保险人接收客户索赔申请书和索赔资料，并进行审核，确定资料是否符合合同要求的过程，称为理赔受理。理赔人员在受理过程中经常需要考虑三个问题：

①索赔申请书是否合格。索赔申请书通常是由保险公司印制的具有一定格式的表格，可以向保险公司索取。但一些服务周到的保险公司会在保险单发送时附上索赔申请书和《索赔须知》，以便于客户在需要时使用。

②索赔（申请）材料是否充分。索赔（申请）材料是保险公司理赔人员审核过程中的重要证据，因此索赔材料要按照保险合同约定的内容进行提供。客户只要按照保险公司载明的申请材料种类提供即可，只有在特殊情况下，保险公司才会要求提供与保险事故有关的其他证明材料。当然，在申请多个项目时，需要采用同一份相同的材料，保险公司不会要求提供多份相同的材料，即提供一份即可。当索赔（申请）材料齐全且符合理赔申请要求时，理赔人员一般会填写《理赔申请回执》，说明索赔材料的提交情况，一份交申请人，一份自留备案。当索赔材料不齐全者，理赔人员会填写《理赔申请回执》，说明已经提交和尚未提交索赔材料，要求申请人尽快补交有关材料，说明所缺材料的名称、内容和份数。《保险法》第二十二条规定“保险人按照合同的约定，认为有关的证明和资料不完整的，应当

及时一次性通知投保人、被保险人或者受益人补充提供。”

③索赔材料是否真实有效。通常情况下，保险公司要求提供的是真实的材料，不得提供任何伪造、涂改的证明材料。对于材料有疑问的，保险公司会对材料进行核实。核实方式一般会向申请人了解情况，如果仍然不能确认的，也可能开展专门的调查核实。如果材料伪造性质严重的，保险公司可能会采取严厉措施甚至追究材料提供者的法律责任。

（2）健康险理赔审核和理算。健康保险理赔审核的主要任务有以下两点，一是核实是否发生了保险合同约定的保险事故；二是对已经发生的保险事故进行费用损失与保险责任的核定。因此，健康险的理赔审核一般审核以下内容：

①保险合同是否有效。保险合同是否有效取决于两种情况：一是保险合同是否依法成立；二是保险合同是否在有效期。保险合同是否依法成立，主要取决于两个保险的基本原则：保险利益原则和最大诚信原则。

②是否属于合同约定的保险责任。健康保险的保险责任指在合同约定内的保险人所承担的风险。一般应具备以下要件：

第一，被保险人在保险期限内发生合同约定的保险事故。健康保险中，所谓的保险事故是指由于合同约定的疾病或意外伤害而发生的医疗费用支出或收入损失，它以疾病或意外伤害引起的诊断治疗开始或收入损失起始时间为保险事故开始时间，以医生认定治疗结束或劳动能力恢复为保险事故结束时间。首先，保险事故必须为客观事实，而不是凭空推断、臆想、捏造的。其次，保险事故必须在保险期限内发生。在保险期限之前或之后的保险事故，保险人均不承担给付保险金的责任。再次，保险事故必须为经过约定的等待期之后所发生的保险事故。最后，保险事故是特定保险合同约定的事故，而不是一般意义上的事故。保险事故必须满足上述条件，才属于健康保险责任范围。

第二，事故的后果造成了被保险人的医疗费用发生或收入的损失。如果发生的保险事故未造成医疗费用或收入损失，就不属于保险责任。住院津贴属于补偿实际发生医疗费用以外的相关经济损失范围。

第三，保险事故与后果之间存在因果关系。如医疗费用保险中，如果医疗费用与合同约定的疾病或意外伤害不存在因果关系，比如用于康复或疗养的费用，则保险人就不予给付。当然，因果关系中，除了考虑直接因果外，还应该采用“近因原则”分析其间接因果关系。

③是否属于责任免除。与保险责任相对立的情况有责任免除和除外责任，这些情况保险公司不承担保险责任。在健康保险理赔审核中存在责任免除的主要情形有：

第一，违反告知义务。《保险法》第十六条规定，订立保险合同，保险人就保险标的或者被保险人的有关情况提出询问的，投保人应当如实告知。投保人故意或者因重大过失未履行前款规定的如实告知义务，足以影响保险人决定是否同意承保或者提高保险费率的，保险人有权解除合同，对投保人故意不履行如实告知义务的，保险人对于合同解除前发生的保险事故，不承担赔偿或者给付保险金的责任，并不退还保险费。

第二，保险欺诈。《保险法》第二十七条规定，未发生保险事故，被保险人或者受益人谎称发生了保险事故，向保险人提出赔偿或者给付保险金请求的，保险人有权解除合同，并不退还保险费。投保人、被保险人故意制造保险事故的，保险人有权解除合同，不承担赔偿或者给付保险金的责任；除本法第四十三条规定外，不退还保险费。保险事故发生后，投保人、被保险人或者受益人以伪造、编造的有关证明、资料或者其他证据，编造虚假的事故原因或者夸大损失程度的，保险人对其虚报的部分不承担赔偿或者给付保险金的责任。投保人、被保险人或者受益人有前三款规定行为之一、致使保险人支付保险金或者支出费用的，应当退回或者赔偿。

第三，投保人、被保险人的故意行为或犯罪行为导致的疾病或意外伤害。《保险法》第四十三条规定，投保人故意造成被保险人死亡、伤残或者疾病的，保险人不承担给付保险金的责任。投保人已缴足两年以上保险费的，保险人应当按照合同约定向其他权利人退还保险单的现金价值。受益人故意造成被保险人死亡、伤残、疾病的，或者故意杀害被保险人未遂的，该受益人丧失受益权。《保险法》第四十五条规定，因被保险人故意犯罪或者抗拒依法采取的刑事强制措施导致其伤残或者死亡的，保险人不承担给付保险金的责任。投保人已缴足两年以上保险费的，保险人应当按照合同约定退还保险单的现金价值。

④是否属于除外责任。保险人在合同有效的情况下，为维护社会公共道德或因某些风险的发生率难以估计，对于若干导致伤残或疾病的原因预先声明不负给付保险金的责任或者对某些疾病的风险难以控制时，在合同中特别约定由这些疾病导致的费用损失保险人不承担责任。这种在保险合同中规定或特别约定的保险人不承担保险责任的事项，称为除外责任。通常的健康保险除外责任有：一是军事行动、动乱或武装暴乱；二是核爆炸、核污染或核辐射；三是非治疗性质的疗养、休养等；四是既往症：指在保单生效之前罹患的被保险人已知或应该知道的有关疾病或症状；五是先天性畸形、变形，染色体异常；六是性病、精神疾病、矫形、整形、美容、康复等治疗；七是不合理和不必要的医疗行为；八是对于投保人在投保时已告知的某些疾病的特别约定除外。

另外，还有一些特殊情况，称之为特别约定，是指在签订保险合同时，保险人与投保人对某些特殊风险，就保险责任或就诊医院等做出特别的约定。特别约定为合同的组成部分，一般在保险单的“特别约定”栏注明或作批单形式约定。理赔人员在审核时，将认真查阅特别约定，并按照特别约定履行或者不履行保险责任。如果特别约定为责任免除，则保险公司就此类保险事故不承担保险责任；而约定为保险责任时，则作出给付决定。

（3）理算保险金。保险公司的理赔人员在确定保险责任后，即进行保险金的计算，保险业内称之为理算保险金。理赔人员依据健康保险合同约定的保障内容，考虑已经确认的保险责任，按各个项目进行理赔结算。理算根据实际情况，注意理赔原因、免赔额/天数、理赔类型等重要问题。理赔原因和免赔额/天数根据保险合同的约定。针对费用项目在其他单位/个人、保险公司、社会保险等已经支付的医疗费用的情况，理赔人员按照医疗费用的保险补偿原则，扣除已经支付的医疗费用后，再进行保险金的理算。

（4）健康险理赔调查。在审核过程中，理赔人员如需对客户证明资料的真实性进一步确认，常会提出理赔调查，一般由专门的调查人员完成。调查内容主要包括：核实出险人身份；核实既往疾病史；核实不合理医疗，包括不合理检查、不合理用药和不合理住院天数等；核实保险事故发生的经过和原因；核实是否有责任除外事项等。调查方法主要分为事故调查和医务调查。事故调查是指通过现场查勘、走访、与被保险人家属谈话等方式，了解客户出险的原因、经过、结果，确定事故发生的真实性。医务调查是指通过与医疗人员谈话、查阅客户的病史资料等方式，了解客户的住院治疗情况，确定客户医疗费用使用合理性。

（5）健康险理赔决定及通知。健康险理赔决定类型通常分为正常给付、部分给付、全额拒付等几种类型。正常给付是指被保险人所发生的保险事故完全属于保险责任，不存在责任免除或者除外责任的情况。全额拒付是指被保险人所发生的保险事故完全不属于保险责任，应该责任免除或者属于除外责任的事项。而部分给付责任属于介于两者之间的情况。协议给付是指由于保险合同中保险责任的约定不尽清晰、理解有歧义等原因，导致保险人与被保险人对保险责任的界定产生分歧，通过协商，双方达成一致，并按照协议给付保险金的行为。

健康险理赔决定通知是将理赔决定形成书面材料，通知客户的过程。理赔申请事项一经确定，保险人会及时签发《理赔决定通知书》。《理赔决定通知书》可以通过邮寄或者其他方式送达到索赔申请人，通知领取保险金。如果存在客户要求退还有关理赔申请材料的，在完成必要的处理事宜后，一并送还客户。理赔决定书应该对没有承担保险责任的理由进行说明。

（6）保险金给付。健康保险理赔中保险金给付方式可以是上门领取或通过银行转账或者其他方式如支票等。上门领取保险金，应携带有效的身份证明，如系委托他人办理，须出具委托书及委托人、被委托人身份证明。理赔人根据理赔结果，通知财务部门向权利人或其委托人支付保险金。如果是采用银行转账支付保险金的，须将《理赔决定通知书》送达客户即可。对于不属于保险责任事故的理赔申请，则出具不予给付决定书。如此，一个理赔过程则宣告完成。

7.3.3 健康保险理赔管理

1. 健康保险理赔管理的目标

（1）提高理赔运行质量和效率。质量和效率是健康保险企业理赔管理关注的重点环节，理赔质量管理就是对理赔运营过程中的各个作业环节及其结果的正确性进行管理，如对医疗账单信息录入的准确性、各类单证要素正确性进行的管理；理赔效率管理就是对理赔运营的工作量进行合理分配，对案件处理操作完成时效进行组织管理。

（2）降低理赔经营成本。降低理赔经营成本是健康险理赔运营管理职能的重要目标，既包括通过有效的理赔风险管理来最大限度降低理赔赔付成本，也包括通过有效的理赔运行组织和高效的流程及业务系统来降低理赔体系的运行成本。

（3）增强风险控制能力。理赔是保险企业实现对客户的承诺和体现保险保障功能、实现有效的业务风险管理职能的重要环节。高水平的理赔运营管理必须具备很强的内外部风险管控能力，通过有效的理赔风险控制对防范和降低投保人的逆选择、索赔欺诈等道德风险有着积极作用。

（4）树立良好的品牌形象。高质量和高效率的健康保险理赔运行管理，有助于帮助健康保险经营企业提高综合竞争能力，树立良好的公司品牌和企业形象。

2. 健康保险理赔的成本控制技术

健康保险有索赔数量多、审核处理过程复杂的特点，近年来，保险人在理赔管理中投入的成本不断增加，如何做好健康保险理赔成本的控制也是健康保险经营管理中非常重要的一项内容。控制健康保险理赔成本的措施主要有：

（1）建立定点医院及网络。在传统的健康保险理赔管理中，定点医院和定点医院网络的建设是控制健康保险理赔成本的重要手段。健康保险理赔过程中涉及的医疗服务过程是由医疗机构具体实施的，在国内现有的医疗体制下，保险公司理赔人员要审核这个过程是否“合理正常”，有无“过度”提供的医疗服务，必须加强与医疗机构协作的力度，最常采用的就是定点医院模式。即选择部分管理严格、医疗设备及技术力量强、收费合理且愿与保险公司合作的医院作为健康保险业务的定点医院。通过与定点医院签订协议，保证被保险人到定点医院就诊后，医院为健康保险理赔人员拜访被保险人、了解病情及调查等提供方便。通过设立定点医院，可以大大减少健康保险理赔人员在理赔工作中的困难，降低理赔管理的成本。

（2）建立理赔管理系统。建立一个科学、规范的理赔管理系统，可以有效地控制健康保险的理赔成本。这里的理赔管理系统首先是指一系列科学、规范的理赔管理制度。这些制度的建立是整个理赔管理工作取得成功的关键。健康保险理赔过程中各项操作都是围绕着健康保险合同的有关规定进行的，为了减少理赔处理过程中的随意性，提高处理的一致性，防止差错发生，保险公司还应制定出专门的管理制度和规则。这些理赔管理制度实际上也是建立计算机化的业务管理系统的具体依据。同时，理赔管理系统也是指一个高效的计算机理赔管理系统。随着管理技术的不断进步，特别是计算机和网络技术的飞速发展，越来越多的保险公司开始建立自己的理赔处理计算机系统。这种处理系统在处理常规的健康保险赔案方面有着非常明显的优势，因为借助于计算机系统和相应的软件，可以应付理赔管理中大量的数据管理和计算工作，同时还可以进行定期的理赔分析。在国外，许多公司建立了自己的电子自动理赔处理系统，该系统根据有关理赔处理的规则和相应的索赔信息自动进行理赔处理工作，基本上不需要理赔专业人员的干预。对某些比较简单、有标准化数据的索赔，该系统可以自动作出是否应该给付保险金的决定并计算出相应的保险金给付额，还会自动打印账单、赔款通知书和有关的信件，并将有关处理结果存储到计算机系统中去。

3. 健康保险理赔处理技术

前面我们从管理技术方面讲述了如何提高健康保险理赔管理效率、降低理赔成本的一些方法，实际上，在健康保险理赔管理过程中各种专业技术的应用也是非常重要的一个手段。这些技术主要包括：

（1）医学专业技术。在健康保险理赔中，医学专业技术的应用是非常重要的。如果不具备一定的医学知识，没有得到医学专业人员的支持，理赔人员就无法深刻理解医疗服务的过程。即使不要求每一个健康保险理赔人员都要具备一定程度的医学知识和医学专业技能，整个理赔管理部门中也必须有这方面的专业人员或有关的专家。在某些保险公司中，由具备一定医学专业知识的专职理赔人员处理大多数常规的健康保险赔案，同时聘请一定数量的临床医师和牙医师来协助处理某些非常规的健康保险赔案。此外，也可以聘请一些医学专家和权威作为公司的咨询顾问，以研究界定复杂病例中医疗行为的必要性和合理性等问题。还有一些保险公司则聘请非专职的医疗专家来定期对部分较复杂或非常规的健康保险赔案进行审核和评估，以实现对理赔过程的监督控制。

（2）信息技术。健康保险的理赔管理被认为是一项非常复杂的工作，因为在理赔处理过程中，既涉及许多规则和制度的引用，如健康保险合同条款中的有关规定、各类理赔管理制度和规则等，还涉及大量的材料和信息的审核、处理和保存。如果在健康保险理赔管理过程中能较好地利用各种信息处理技术，对于降低理赔成本和提高理赔效率无疑是非常有帮助的。近年来，随着计算机和网络技术的高速发展，在国外，越来越多的信息技术手段，如计算机图像扫描和识别、数据存储和挖掘等技术被广泛应用到保险公司的健康保险理赔管理工作中，在此基础上，精算师即可利用通用或专门的分析软件，对各种内、外部的数据和信息进行分析，制定各项医疗服务合理、必要的费用标准或对理赔数据进行各种专题分析。

本章小结

健康保险市场需求受到伤病发生率、人们的健康保障意识和安全意识、社会基本医疗保险的保障程度、经济收入水平以及保险费率等诸多因素的影响，另一方面，医疗服务环境、社会的诚信和道德观念、保险公司的经营策略取向和经营管理能力以及政府的鼓励发展因素又直接影响着健康保险的供给。健康保险产品的销售渠道主要有保险公司直销，代理人销售和经纪人销售几种。健康保险产品在推出之前，需要对产品的保障功能和目标客户群的需求进行分析，为实际销售做好充分的准备。在销售过程中，应对健康保险产品、服务以及特点做充分的说明，才能使预期的购买者成为实际的购买者，最终完成销售。

健康保险核保是对被保险人的风险程度进行评价，并作出是否承保以及用何种费率或以何种条件进行承保的过程。健康保险核保不但可以修正费率，保证投保人之间的费率公平，还可以防范并降低逆选择的风险。在对个人健康保险的被保险人进行风险评价时需要考量的因素包括被保险人的年龄、性别、健康状况、既往病史、职业、收入、道德水平和习惯与嗜好等。团体健康保险中风险评价的对象是整个团体，考量的风险因素包括投保团体的年龄构成、性别比例、所在行业和团体所在地区以及投保时的选择性等，通过对上述风险因子进行考量，就可以得到被保险人的风险分级。实际上，健康保险核保人员要借助于一定的资料来源才能确定被保险人具有哪些风险因子以及水平如何。在个人健康保险的核保过程中，核保人员通过审核投保单和业务员报告书获得被保险人的基础信息，通过体检报告、调查报告和其他渠道还可以获得更多的信息，在此基础上就可以做出核保结论。相对于个人健康保险来说，团体健康保险核保过程涉及的材料相对较少，一般也不需要对每一个被保险人进行风险评价。

健康保险理赔是被保险人发生合同约定的保险事故后，提供有关证明资料向保险人提出索赔，保险人审核是否属于保险责任，以及承担多大责任的过程。通过健康保险理赔，可以实现健康保险的经济补偿功能，同时，及时、公平、准确地进行健康保险理赔，对于树立保险公司的品牌形象也是非常重要的。健康保险理赔处理主要包括两个流程，一是客户的索赔过程，即被保险人在发生保险事故后，提供损失证明向保险公司提出申请，要求给付保险金的过程称为索赔；二是保险公司接受索赔申请后，按照健康保险合同约定的保险事故，针对保险责任进行核定并作出相应处理，这个过程称为理赔处理过程。为了保证健康保险理赔工作的顺利进行，必须对健康保险理赔工作进行科学的组织和管理。在健康保险理赔管理中还要重视定点医院管理、信息技术和医学专业技术的应用，建立起计算机化和网络化的健康保险理赔管理系统，这样才能提高效率，降低理赔管理的成本。

关键词

健康保险需求　健康保险供给　直销　健康保险代理人　道德风险　健康保险经纪人　健康保险核保　逆选择　可保利益　健康保险投保书　体检报告书　健康保险理赔　索赔　保险责任　健康保险理赔管理

思考题

1. 影响健康保险市场需求的重要因素有哪些?
2. 健康保险市场有哪些特征?
3. 我国健康保险市场现状如何?
4. 中国健康保险市场中存在着哪些运行障碍?
5. 健康保险产品有哪些主要的销售渠道，它们各有什么优缺点?
6. 简述健康保险核保的重要意义。
7. 个人健康保险核保中有哪些风险考量因子?
8. 团体健康保险核保中有哪些风险考量因子?
9. 简述个人健康保险核保中有哪些信息来源。
10. 比较个人和团体健康保险核保过程有哪些不同。
11. 简述健康保险理赔概念。
12. 健康保险索赔过程中需要提供哪些相关文件?
13. 健康保险赔案处理过程有哪几个主要步骤?
14. 简述健康保险理赔管理的重要意义和具体组织。

第八章　健康保险经营风险控制

学习目的

通过本章的学习，读者应该能够：

☐ 掌握商业健康保险经营风险的影响因素和风险控制的传统方法

☐ 熟悉商业健康保险经营风险控制的新技术和新方法

☐ 了解管理式医疗及其在健康保险经营风险控制中的应用

☐ 了解健康保险再保险及其在经营风险控制中的作用

§8.1　健康保险经营风险控制方法

8.1.1　健康保险经营风险及其控制策略

在商业健康保险业务经营过程中，保险公司通过向投保人收取保险费，承保被保险人的健康损失风险，而实际的经营过程却充满了变数，对被保险人的实际给付有可能会超过保险公司当初的预期，实际的管理成本也会出现超支的情况。因此，保险公司经营商业健康保险业务的目标，即预期利润的实现并不是事先可以确定的，这种不确定性就是商业健康保险的经营风险。如果从风险管理角度出发确定商业健康保险经营风险控制的方法和策略，则首先需要了解到底是哪些因素最终导致保险公司的经营偏离了预期轨道。如果能发现并定量描述上述风险因素的作用效果，就可以通过相应的风险控制工具和手段来消除其影响或对其影响进行修正。以下导致保险公司健康保险业务保险金给付额或管理成本增加的原因或条件，都可以看做是商业健康保险经营的风险因素，针对这些因素采取相应的风险控制措施，是进行健康保险经营风险控制的基本策略。

1. 医疗技术进步及疾病谱的改变

医疗技术进步及疾病谱的改变可能对商业健康保险经营造成深远的影响。医疗科技的进步使各种新的诊断方法和治疗技术不断涌现，被保险人可以享受到的医疗服务范围越来越广，花费也越来越大。此外，过去的几十年中，人群疾病谱也发生了明显的变化，高血压、冠心病和糖尿病等慢性病以及恶性肿瘤等的发病率不断上升，相应的医疗服务需求和服务成本也在快速增加，如果商业健康保险，特别是长期健康保险在经营中对上述因素造成的影响估计不足，就可能出现非常不利的经营后果。

对由医疗技术进步及疾病谱的改变导致的经营风险，目前还缺乏比较有效的控制手段，至少对保险公司而言是如此。如近30年来，发达国家艾滋病感染人数的持续增加对商业健康保险业务的经营已造成了不小的冲击。因此，上述因素已经成为国内商业健康保险经营风险控制研究的重点和经营健康保险业务的保险公司关注的焦点。

2. 卫生服务体系运作不规范

卫生服务体系是商业健康保险经营的载体。卫生服务体系不规范也是商业健康保险经营风险较大的原因之一。当前，国内的卫生服务体系缺乏有效的竞争机制，同时医改领域市场化的推进与政府失灵的并存导致“以药养医”模式的产生。医院为了获得更高的收入，热衷于获取药品批零差价，同时争相购买大型设备，给病人进行大量不必要的仪器检查。由于医疗从业人员薪酬和分配制度不合理，医生为了自身的经济利益，总是倾向于开“大处方”和多开检查单。在医疗机构外，医疗器械和药品生产商主导了新药和新材料、新器械的最终定价，加上流通环节较多，致使医疗价格虚高，最终造成医疗费用的恶性增长，这些都会给商业健康保险的稳定经营带来风险。

由卫生服务体系不规范运作导致的经营风险，被认为是我国商业健康保险经营风险的主要原因和特征。由于这类风险的外部性很强，要做好相应的风险控制工作，有赖于政府主导的卫生服务体系配套改革的完成。只有在透明、规范的卫生服务体系中，保险公司才能借助相应的经济和法律手段对医疗服务过程进行干预和控制。

3. 商业健康保险市场环境不够完善

目前，我国有关商业健康保险经营的政策和法律还很不完善，相应的行业自律机制也没有形成，实践中常有不当竞争的情况出现。如在健康保险业务经营中，各保险公司为争取较大的市场份额，热衷于打价格战、变相提高佣金比例。这样的经营行为如果没有受到公司内部机制的约束或监管机构的干预，会产生严重的后果。由于市场环境不规范和不成熟导致的问题还很多，如保险中介损害保险双方利益等，都是当前国内健康保险经营风险的重要来源。

一个成熟的商业健康保险市场离不开健全、规范的政策和法律、法规环境，更离不开保险公司的理性经营和自律。目前，国内健康保险市场还很不成熟，要控制这方面的风险，必须从消费者、供方和监管机构等各个方面着手，加强商业健康保险市场的培育。当然，在提高健康保险业务的经营管理水平上，保险公司自身也有很多工作要做。

4. 保险公司管理经验、专业技术和人才缺乏

健康保险是一项专业性和技术性都很强的保险业务，管理难度大，这就要求保险公司既要有专门的管理经验和专业技术，又要有一支既懂保险又有一定医学知识的高素质健康保险管理人员队伍。与国外的同行相比，目前国内各家保险公司严重缺乏这方面的管理技术和经验，相关人才也非常紧缺，这使得当前国内商业健康保险业务经营的高风险表现得更明显。

多年来我国商业健康保险的实践经验已证明，保险公司想要在商业健康保险经营中取得效益，就必须按照健康保险的自身规律办事，不能用寿险或财产保险的思路来经营健康保险业务，健康保险经营必须要有专门的技术、人才和经验积累。

5. 健康风险信息不对称

商业健康保险的经营中，只有在保险人充分了解投保风险的情况下，才能制定出正确的经营策略，采取合理的经营行为。但保险人和投保人对保险标的风险状况的了解却存在着信息不对称的情况。在对被保险人健康状况了解的程度上，保险人往往不如投保人。虽然在保险合同中要求投保人必须如实告知有关投保风险的情况，但保险人仍不可避免地面临在投保风险识别、估测、选择等方面出现的误差，严重的甚至出现被保险人带病投保的情况，这些都可能会造成保险公司健康保险给付额的增加。同时，为了获取被保险人风险状况的准确信息，保险公司又需要付出更多的管理支出，这些都使得商业健康保险经营出现不利后果的可能性增加。

对于信息不对称造成的经营风险，保险公司的控制手段主要是通过严格的健康保险核保尽可能降低信息不对称带来的影响，同时在保险条款设计时通过设置相关的条款来保证投保人能够如实告知。

6. 定价过程中外部因素的影响

定价过程中一般以某类风险单位的平均预期损失作为确定纯保险费（率）的依据，由于许多商业健康保险产品的给付金额都是不确定的，受外部因素影响较多。因此，在计算商业健康保险费率的过程中，容易产生费率不足或不合理的情况。在各类商业健康保险产品中，医疗费用保险产品的定价风险表现得特别突出，因为该类保险产品最终的保险金给付额主要是由来自保险公司外部的因素，如医院和医生的行为决定的，保险公司如果无法对其进行有效的控制，出现实际给付金额超过预期的情况将是比较常见的。

对定价过程中外部因素造成的风险进行控制，精算师通常会确定一个比较保守的保险费率，但即使这样，在健康保险经营过程中仍然会出现问题。必须依靠专门的健康保险精算人员和相应的健康保险精算技术的合理运用。

7. 来自被保险人和医疗机构的道德风险

与其他保险业务相比，健康保险经营面临的道德风险比较严重。在被保险人方面，主要是冒名顶替的问题。由于一般都是先看病后索赔，保险公司无法监控整个医疗服务过程，也就难以防范被保险人的医疗欺诈行为。在医疗机构方面，医生的收入和医院的效益都和医疗收入挂钩，在缺乏有效监督的情况下，这种经济上的好处往往会鼓励医院和医生与患者形成合谋，最终增加保险公司医疗服务的成本。这些虚增的费用最后都可能由保险公司来"买单"。因此，来自被保险人和医疗机构两方面的道德风险常被认为是商业健康保险经营风险的主要来源，对道德风险的有效控制无疑成了商业健康保险经营取得成效的关键。商业健康保险业务的理赔过程是对此类风险进行控制的主要环节，但在风险控制的效果上，事后的理赔审核往往难以奏效。从国外的经验来看，对此类风险的有效控制必须在事前进行，即需要利用相关技术和措施对被保险人和医疗机构的行为进行有效干预。

虽然商业健康保险经营风险的来源很多，但如果只考虑造成保险金给付额增加一种情况，则商业健康保险经营风险产生的最根本原因是保险人、被保险人和医疗服务提供者三方在追求各自利益最大化时所产生的冲突。因此，如何协调好上述三方的利益，实质上是做好商业健康保险经营风险控制的核心和关键。

8.1.2 健康保险经营风险控制的传统方法

1. 采取恰当的健康保险产品开发策略

健康保险产品开发首先要从公司实际和发展战略出发，本着先易后难的原则进行，不可操之过急，以免业务难以控制。从目前情况来看，门诊医疗费用较难控制，而住院医疗保险由于医疗费用数额大、发生率低、医疗方案相对较易于监控而成为首选，因而保险公司应当优先开发住院医疗产品，谨慎开发包含门诊医疗的综合医疗保险产品。从保险给付方式来看，定额给付型产品要比费用补偿型产品管理成本低、操作难度小，更适合作为其他形式的医疗保险的补充。保险公司应当首先开发、推广重大病种的定额给付型医疗保险，暂缓开发费用补偿型的医疗保险产品。从保险期限来看，逐年续保的产品要比长期型或终身型产品对保险公司而言承担的经营风险小，保险公司可先设计逐年承保产品，掌握一定经验数据后再附加保证续保条款改造成长期险种。这一原则既符合医疗保险风险控制的规律，并且经实践证明也是非常有效的。

我国健康保险还处于起步阶段，在经验数据方面十分缺乏，精算能力也有限。有不少保险公司在设计医疗保险产品时使用了不合适的精算假设和方法，结果是保费不算低，而保险公司却还常常亏本。因此，保险公司在健康保险产品设计中应注重引进国际通行的健康保险精算方法和模型，并在实践中积极探索，积累数据，为健康保险产品的开发打下坚实的方法和数据基础。

2. 通过保单条款来进行风险控制

在产品开发阶段，通过设计相应的保单条款增加被保险人的费用意识，是控制医疗费用并降低商业健康保险经营风险的首要策略。因为让被保险人分担部分医疗费用，可以增加其节约意识，有利于降低医疗费用。目前，国内外几乎所有的商业健康保险合同中都规定有相应的费用分担条款，常见的有：

（1）免赔额条款。免赔额又叫自付额，或称起付线，即被保险人向保险公司提出索赔前，先要自付一笔小额费用或承担一笔小额损失，在此额度以上的医疗费用或损失才由保险公司承担。由于规定了免赔额条款，保险公司不但可以将免赔额以下的部分小额索赔排除在外，降低最终的保险金给付额，还可以减少理赔时的管理成本。同时，合理设置免赔额还可以抑制一部分被保险人对医疗服务的过度需求。

（2）比例共付条款。比例共付，即规定被保险人实际发生的医疗费用，保险公司并不是全额补偿，而是按一定的比例进行偿付，这个比例常被称为补偿比例。剩余部分则由被保险人自付，被保险人自付的比例就是共付比例。这种费用分摊形式可以提高被保险人的费用意识，有利于降低最终的保险金给付额。从理论上讲，被保险人的共付比例越高，对医疗服务的利用就越少，总的医疗花费就越低，但过高的自付比例也会增加被保险人的经济负担。一般认为，自付比例达到25%时，医疗服务的需求即有明显降低，所以在医疗费用保险中保险人的补偿比例通常为75%～80%，相应地，被保险人需自付20%～25%。在实际工作中，采用免赔额和比例共付相结合的方法，可更有效地抑制被保险人滥用卫生资源，减少医疗花费。

（3）保险金给付限额条款。商业健康保险中的保险金额，有时候相当于我们平常所说的保额，但这仅限于定额给付的商业健康保险产品。实际上许多商业健康保险产品条款中会对被保险人因伤病导致经济损失规定费用或服务量上的补偿限额，限额以内由保险人支付，限额外由被保险人自己支付。给付限额条款的设计，可以分为仅有总额限制、总额限制与分项限制相结合两种形式。通过设置合理的保险金给付限额可以降低总的保险金给付，但对低于限额的大量索赔，这种方法是无能为力的，因此保额限制在商业健康保险经营风险控制中的作用是有限的。

（4）除外责任条款。除外责任条款，是指在商业健康保险合同中规定对于容易导致逆选择、道德风险或费用不易控制的疾病或治疗方法不予给付的条款。在商业健康保险中，常见的除外责任包括自伤自残、既往疾病的治疗、康复或美容手术、牙科矫形或视力矫正治疗、验光配镜、配助听器、戒毒治疗、精神疾患和各种实验性治疗方式等。通过除外责任条款的规定，可以有效地降低保险人面临的来自被保险人方面的风险。

（5）等待期条款。商业健康保险中的等待期条款是指为了消除既往疾病的影响，预先确定一个时期，在此期间因为疾病导致的保险事故，虽然保险合同已经生效，保险人也不予赔付，但意外伤害导致的医疗费用除外。通过等待期的设置，保险人减少了对部分被保险人既往疾病导致的医疗费用的赔偿，相应降低了保险人的经营风险。

3. 承保时的风险控制

商业健康保险需要根据最重要的已知风险因素将被保险人分类后计算保险费率，由于计算保费时考虑的风险因素不能太多，分组不能过细，实践中一般只能对不同性别和年龄的被保险人分类计算费率。因此，在投保人提出投保申请时，还需对同样性别或年龄被保险人的实际风险水平进行评价，并与保费测算时的假定相比较，以确定是否需要增收保费或除外某些保险责任，这就是商业健康保险中的核保过程。

核保的实质是将采用同样费率的被保险人按风险程度进一步分类，然后按照核保标准得出是按标准风险承保，按次标准风险承保，还是拒保的结论。个人健康保险核保是通过对每个被保险人实际风险程度的评估和分类来得出相应核保决定的。凡是会影响被保险人伤病发生概率、持续时间或最终损失的因素都是个人健康保险核保中进行风险评价要考量的因素。团体健康保险核保关心的是整个团体的总体风险特征，据此核保人员就可以对投保团体的实际风险水平做出评估。由于团体核保中很少有拒绝投保申请的情况，因此进行风险评价的主要目的是确定采用何种方式进行承保，需要附加什么条件，如何加费，投保团体是否愿意接受等。对于部分采用经验费率或主要采用经验费率的团体，核保人员还需要搜集近年来投保团体健康保险赔付或医疗费用支出情况的经验数据，并和精算人员一起制定出适合该团体的保险费率。

4. 理赔时的风险控制

在健康保险经营风险控制中，防范来自被保险人和医疗机构的道德风险是一项非常重要的工作。目前在国内的健康保险市场上，被保险人隐瞒既往病史，不如实告知；医疗服务提供方开大处方，提供不必要的检查和治疗服务，转嫁费用，甚至与被保险人相互勾结共同欺骗保险人的情况时有发生。对此，保险公司除了在条款设计和核保时对上述情况进行限制外，理赔时进行严格的调查和审核也是极重要的控制措施。传统的商业健康保险采用被保险人到医疗机构就诊后，再向保险公司索赔的方式，对保险人来说，只有在理赔阶段才能对被保险人已发生的治疗过程和医疗费用进行审核，因此，保险人一般都十分重视理赔阶段的风险控制，期望通过理赔时的审核措施来最大限度地降低经营风险。保险公司在理赔阶段进行经营风险控制的手段主要有：

（1）赔案审查。赔案审查，即在理赔时对被保险人提交的索赔文件进行严格的审核，以确定各项花费是否符合合理、必需的要求，是控制道德风险发生的一项重要手段。如果保险人能够充分发挥它的作用，对健康保险经营风险控制是非常有利的。

（2）住院费用的账目审核。住院费用的账目审核是指保险人对医院提供的各项住院费用单据进行审查，以确定各项服务收费的合理性。一般需要审核的情况包括：住院总费用是否过高；每日平均住院费用是否过高；辅助检查费用是否过高；同一诊断住院治疗的次数；药费占总费用比例是否过高；住院天数是否超过平均水平以及手术费用是否超过正常等情形。

（3）病人和医生（医院）黑名单。通过对被保险人治疗过程的调查和对索赔资料的审核，保险人不但可以发现并注意哪些病人有过度利用医疗服务的行为，还可以发现哪些医院和医生总是倾向于向被保险人提供不必要的医疗服务。保险人可以将以上的病人和医生（医院）列入黑名单。当下次黑名单上的被保险人再次报告保险事故发生时，保险人可对其治疗过程进行严格监控或加大理赔调查的力度。另外，对于黑名单上的医生和医院，需要严格监控其向被保险人提供医疗服务的过程。

（4）理赔经验分析。通过健康保险理赔，保险人积累了大量的理赔资料，对以往的理赔经验和相应的资料进行的系统分析称为理赔经验分析。通过事后对被保险人索赔资料的分析，可以明确商业健康保险给付的风险因素，指导今后的理赔工作。同时，分析的结果还有利于调整核保策略，甚至对整个经营风险控制工作都有一定的指导意义。

8.1.3 健康保险经营风险控制方法的新进展

健康保险经营风险因素众多，来自保险人、被保险人和医疗机构等多个方面，尽管保险公司可通过设置免赔额、给付限额、自付比例等风险控制措施来增加被保险人的费用和风险意识，在一定程度上抑制被保险人那些非合理、非正常、非必需的医疗消费需求，但由于医疗服务是由保险合同中的第三方医疗机构来提供的，大大增加了商业健康保险经营风险控制的难度，因为即使医疗服务的价格可由国家加以控制，医疗服务的数量和总的花费却仍然主要由医疗机构来决定，由于医疗机构的利益与保险公司并不一致，必然造成医疗费用的超支和转嫁。所以，做好商业健康保险风险控制的关键，是对医疗机构的行为或医疗过程进行有效的控制。近年来，此类方法在国外商业健康保险经营风险控制中已经被广泛应用。

1. 对医疗服务过程的控制

除了通过理赔过程中的严格审核来防范被保险人的欺诈行为外，保险公司越来越意识到，必须对医疗服务过程进行严格的监控，才能真正实现对医疗费用的控制，最终降低给付成本。因而，保险公司除了利用全国性的医疗服务数据与医疗机构协商，确定合理医疗服务价格外，还广泛采用以下一些风险控制措施：

（1）医疗服务利用审查。医疗服务利用审查是对被保险人医疗服务利用的必要性和服务质量进行审核和评估的方法。审查的内容包括确认非急诊住院的必要性，规定其合理的住院期限等。许多商业健康保险的保险人都要求被保险人在任何非急诊住院之前必须获得入院许可，住院后还必须告知有关信息，包括住院的目的以及预计的住院天数等，保险人再根据具体情况决定住院治疗是否合适以及所需的住院时间。在急诊情况下，被保险人及其主管医师也必须在住院后的48小时内通知保险公司，否则，对没有住院许可情况下的住院费用，保险人可以降低其给付水平。

（2）第二医生诊疗意见。第二医生诊疗意见，即保险人要求被保险人在施行手术或特定费用较高医疗项目之前，除了其主管医生外，还要征询第二位相关领域医学专家的诊断及治疗意见，以确保相关诊断及治疗的必要性。通过第二位医生的诊疗意见可以排除不必要的手术及治疗，从而降低保险金的给付。保险公司将负责支付第二位医生的复诊费用。有时候，当前两个医生的诊疗意见相左时，保险公司还要支付第三位医生的诊断费用。如果被保险人在某些非急诊手术或择期手术前没有征求第二位医生的意见，保险公司会降低手术费用的补偿比例。

（3）医疗服务监测。医疗服务监测是指保险人要对被保险人接受的医疗服务过程进行监测，以保证其获得必要而有效的医疗服务。如在病人入院后，可通过电话和探视了解被保险人住院的原因以及病情的变化等。某些保险公司还派人与被保险人的主管医生取得联系，讨论其治疗方案和出院日期等。在国外，保险公司可以利用自己雇佣的医生和护士对医疗服务的使用情况进行监测，也可以聘请独立的医疗服务监督机构或专门的服务组织进行。

2. 采用恰当的医疗费用补偿方式来进行风险控制

保险公司与医疗机构间通常以经济合同的形式来确定费用的支付方式。按服务项目付费是在健康保险业务发展初期常用的付费方式，即根据医疗机构向被保险人提供的医疗服务项目的多少，参照每种项目的价格向医疗机构支付费用。在这种支付方式下，由于医院和医生的收入与提供的服务量直接相关，诱导被保险人过度医疗服务需求的现象时有发生。因而，在国外随着商业健康保险的不断发展，特别是风险控制技术的进步，保险公司对医疗服务的补偿方式越来越少地采用按服务项目付费的后付制，更多地采用按人头、病种或疾病诊断相关组的预付制。保险公司逐渐开始有能力影响医疗机构的行为，并试图对医疗服务过程进行有效的管理，其主要方式有：

（1）按诊断相关分类预付。按诊断相关分类预付，是一种保险公司按病种和病情定额预先向医疗机构支付医疗费的付费方式，它是由美国耶鲁大学在20世纪70年代通过对169所医院70万个病例进行分析的基础上成功研究出的方法，也就是所谓的DRG方法。它最先在美国的老年医疗保险中得到应用，现在，世界范围内已经有许多商业健康保险计划采用了上述费用偿付方式。这种支付方式鼓励医院降低经营成本，对控制医疗费用增长有一定的成效。但该方法也有缺点，如它只能控制各个病种或诊断相关分类的价格，却无法对服务总量进行有效的控制，另外，管理成本高也限制了它的广泛应用。

（2）按病种付费。按病种付费是指被保险人在医疗机构接受服务后，保险公司按该病种的标准费用向医院支付费用的方式。由于各病种的支付标准是事前确定的，病人治疗过程中的花费如有节余，则节余部分归医院所有，超支部分也由医院自行承担。这种按病种付费的方式可以促使医疗机构节省医疗费用。当然，由于被保险人伤病的原因多种多样，病情也有轻有重，每种疾病的支付标准是很难确定的，实施过程中还要注意避免医疗机构因为节省费用而降低服务质量的问题。

（3）按人头预付费用。按人头预付费用，是指由保险公司每月或每年按实际的被保险人人数和规定的收费定额，预先向医院或医生支付费用的方式，此后，医院和医生负责向被保险人提供规定范围内的一切医疗服务，不再收费。这种医疗费用偿付方式使医疗服务提供方能自觉采取控制费用的措施，有利于降低医疗费用。

3. *无赔款优待和其他利润分享措施*

商业健康保险中的无赔款优待措施可以对那些没有发生索赔的个人或团体提供一定的保费返还，或将优待款用来向客户提供免费体检和健康保健服务等。它可以使被保险人更加注意自己的身体健康，加强体育锻炼和预防保健，反过来又会减少被保险人索赔的机会。

某些保险公司针对团体健康保险成立了专门的门诊或住院治疗风险基金，保险人、投保团体和医疗机构三方各自承担相应的风险并分享基金的收益。此时，保险人对医疗机构的费用支付一般采用按人头预付的方法，风险基金则可用来弥补预付不足的部分，如果年底风险基金中还有余额，医疗机构可以分得余额的一部分。这可以促使医生提供最有效率、最恰当的医疗服务。因为，一方面，如果医生向病人提供不必要的服务，就会增加自己的成本；另一方面，如果医生为了节省费用而不向病人提供某些必需的服务，就会增加病人以后需接受更昂贵的专科治疗或住院治疗的可能性。医院还可以通过提高内部的管理效率来节省成本并分享基金的利润。此外，由于投保团体为了从风险基金中分得利润，也会主动协助保险公司和医疗机构做好费用控制工作。

4. 健康管理

健康管理是对个体或群体的健康进行全面监测、分析、评估、提供健康咨询和指导以及对健康危险因素进行干预的全过程。健康管理服务通常包括三个步骤：

第一步： 了解服务对象的健康。即搜集服务对象的健康信息，包括个人一般情况（性别、年龄等）、当前健康状况和家族疾病史、生活方式（膳食、体力活动、吸烟、饮酒等）、体检（身高、体重、血压等）和血、尿实验室检查（血脂、血糖等）结果。

第二步： 进行健康及疾病风险评估。即根据所搜集的个人健康信息，对个人的健康状况及未来患病或死亡危险性用数学模型进行量化评估。

第三步： 进行健康干预。在前两步的基础上，以多种形式来帮助个人采取行动，纠正不良的生活方式和习惯，控制健康危险因素，实现个人健康管理计划的目标。

在医疗费用日益上升以及商业健康保险业务赔付率居高不下的背景下，目前国内经营健康保险业务的部分商业保险公司，在激烈的商业竞争中开始逐步引入健康管理服务的理念，对被保险人的服务从事后理赔改变为积极主动的事前预防。健康保险与健康管理有机结合，既提高了客户的满意度，又促进了风险控制效果。

8.1.4　定点医院及其管理

定点医疗机构是为参保人员提供医疗服务的场所。目前国内的商业健康保险合同中都规定被保险人在定点医院就医的医疗花费才给予补偿，未经保险公司同意在定点医院之外就医所产生的花费一般不予支付或者降低给付水平。通过定点医院的设立，可以为保险人的理赔审核提供便利，大大减少被保险人“挂床”住院、冒名顶替、谎报或夸大病情等欺诈行为的发生。通过与医院签订相应的合同，还可以防止医疗机构滥开药品、检查或提供其他不必要的服务，同时，也为今后保险人进一步加强对医疗服务过程的控制奠定了基础。要深入了解定点医院在健康保险经营风险控制中的作用，并对其进行有效管理，还必须对国内医疗机构的形态和行政管理体系有个基本的了解。

1. 我国医疗机构的分类及分级

医疗机构即我们常说的“医院”，它是对公众或特定的人群进行治病防病，备有一定数量的病床设施、相应的医务人员和必要的设备，通过依法获得有执业资格的医务人员的集体协作，以对住院或门诊病人实施科学和正确的诊疗、护理为目的的场所。根据经营目的分类，将医疗机构划分为非营利性和营利性医疗机构。根据卫生部卫生信息统计中心公布的《2009年中国卫生统计提要》统计显示，2008 年全国登记注册的医疗机构（不含村卫生室）269 375 个。其中非营利性医疗机构 125 770 个，占 46.7%；营利性医疗机构 141 731 个，占 52.6%（数据来源：《2009 年中国卫生统计提要》中“2008 年医疗机构数”）。我国是从 20 世纪 80 年代后期开始在总结三级医疗网建设的基础上，对医院进行分级管理的。根据医院的综合水平，我国的医院可分为三级十等，即一、二级医院分别分为甲、乙、丙三等，三级医院分为特、甲、乙、丙四等。

2. 定点医院在风险控制中的作用

（1）为保险公司降低承保风险。在健康保险风险控制体系中，核保体检是入口关。现在为了控制公司的经营成本，保险公司通常委托医疗机构进行核保体检，但体检结果中存在着一定的风险隐患。比如，体检时不按保险公司要求查验身份证明，被检客户在知道自己身体不合格的情况下，请人代为进行核保体检的现象经常发生。又比如体检医师对工作不负责任，检查走过场，阳性检出率低等。但对定点医院，可要求其在为保险公司的客户进行核保体检时，要严格按照保险公司的核保要求和体检流程进行体检，保证体检质量，从而提高核保质量，降低承保风险。

（2）为保险公司降低费用成本、控制赔付率。医疗机构作为医疗服务的直接提供者在一定程度上决定着医疗成本。由于被保险人或保险公司的医疗需求的被动性，医疗机构在提供医疗服务时处于一种自然的权威地位，在目前缺乏有效制约力量和“道德风险”因素的作用下，医疗机构或医生就可能出现“制造需求”、“诱导需求”等不正当经营行为，这就是造成医疗费用不断上涨的最主要原因。通过定点医疗机构的管理，可规范医疗机构的行为，使其能对保险公司的客户实施合理的检查、用药和治疗，达到降低医疗费用成本的目的，控制健康保险的赔付率。

（3）为保险公司理赔提供信息资讯。健康保险的理赔应迅速准确。保险公司通过与定点医疗机构建立协作关系，维护理赔人员进行病历查勘的途径。定点医疗机构可为保险公司的理赔提供必要的信息和相关资讯，如客户的住院资料，包括病例、检查报告、住院明细等和客户疾病、残疾等诊断证明。

3. 定点医院管理的内容

定点医院的管理基本上分为定点医院设置、定点医院管理追踪、定点医院考评、续约与解约几个部分。管理方式是与定点医疗机构签订管理协议，以协议的方式明确双方的权利和责任，一般涉及以下内容：

（1）基本管理。医院应落实专人或者专门机构负责与保险公司接洽相关问题，对提供服务的医生医疗水平、职业道德、用药水平（如以基本治疗药物为主）等作出明文规定。

（2）门诊管理。客户在接受治疗期间，就客户在门诊的用药水平、用药数量、急诊情况等进行明确。

（3）住院管理。客户一旦住院后，对入院标准、入院手续、挂床的处理、特殊药品的使用、出院手续等都要作出详细的规定。

（4）转诊管理。对客户提出的转诊的要求也要给予明确规定。

（5）检查与监督。保险公司和医院定期接触，就一些检查和监督的结果反馈给医院，要求医院定期对之作出解释说明。

§8.2 管理式医疗

多年来，保险公司主要通过以上手段对商业健康保险经营风险进行控制，但是商业健康保险业务还是面临越来越大的挑战。目前，国外许多保险公司都意识到传统的事后赔付型健康保险很难在这方面再有所突破，而将医疗服务的提供与偿付结合起来的**管理保健型健康保险**，又称“管理式医疗”，则是一种很好的风险控制模式。

8.2.1 管理式医疗及其特征

1. 管理式医疗

管理式医疗开始仅指传统医疗保险中一些费用控制的方法和技术，如医疗服务利用审查（UR）等。现在，管理式医疗已远远超出这一范畴，多将其定义为一种**通过医疗保险参加者所需的有效服务管理以及与服务提供者间的价格协议或给付安排，针对医疗保险参加者提供综合性医疗服务的组织化方法**，故又被称为“管理保健组织”。管理式医疗利用由事先选定的医生、医院、诊所和其他医疗提供者组成的“网络”，通过与这些医疗服务者签订合同，向投保人提供全面的健康服务。管理式医疗的风险管控既是针对投保人，即病人或潜在的病人，也是针对医疗服务机构。保险公司作为第三方付费方，既为被保险人求医设置门槛，也对医疗提供方的行医行为进行监控，其目的是为了降低整体医疗费用水平。

管理保健组织以预收保费为前提条件，向自愿加入该系统的成员提供医疗保健服务；换言之，参保者定期缴纳固定费用，从而获得享受医疗保健服务的权利。在这种模式下，由于费用（实际上就是医疗保健服务提供者的收入）事先已经锁定，所以不会因医疗保健服务提供者所提供的医疗保健服务数量的多少而改变，这就等于管理保健组织将全部或部分财务风险转嫁给了医疗保健服务提供者，从而使其控制医疗保健费用。

2. 管理式医疗的特征

由于强调对费用、医疗服务的使用及医疗服务提供者的控制，使得管理保健组织成为一种较为复杂的健康保健形式，其特征包括：

（1）提供综合性的医疗保健服务。管理保健组织向其成员提供一系列的医疗保健服务，包括住院治疗、门诊治疗、常规检查、胎儿保健、人工免疫等。

（2）实行费用预付。由于采用预付费用，医疗保健服务提供者较少诱导病人需求，不鼓励病人多开药，把工作的重点放在健康教育上。强化预防措施，比如加强预防性出诊（平均高出传统医疗保险50%以上）；加强健康检查，筛选病人，抓早期治疗（早发现、早诊断、早治疗）；开办戒烟、减肥等健康项目。还鼓励医生算好经济账，做好入院前准备，尽量缩短平均住院天数，控制费用上涨等。

（3）建立服务网络，采用协商付费的方式。管理保健组织与某些医疗服务提供者协商建立了一种医疗服务网，其成员可选择的医疗服务提供者通常仅限于网内的医院和医生，否则，所支付的医疗费用得不到补偿。管理保健组织一般是与医院一起确定医疗费用的支付方式，医生则负责控制管理保健组织成员如何使用医疗保健服务。

8.2.2 美国主要管理保健组织简介

目前，美国的管理保健组织根据其风险管控程度的不同，分为以下几个大类：

1. 健康维护组织

健康维护组织（Health Maintenance Organization，HMO），是管理式医疗的最早的一种组织形式。美国在20世纪70年代通过《健康维护组织法令》，促进HMO迅速发展。HMO将医生、医院以及保险计划紧密关联在一起。典型的HMO保险范围包括访问初级护理医师、急诊以及必要的专家门诊和住院治疗。通常没有自付额，但是要共同负担每次门诊的少量费用。被保险人必须从组织中选择一名医生作为自己的初级医师（Primary Care Physician，PCP）。如果被保险人需要看专家门诊，则必须从初级医师处获得转诊安排证明，还必须从HMO网络内选择就诊的专家医师，否则就得自行负担诊疗费。HMO既可以有自己的医疗机构和员工，也可以与网络外的医师团体或个人签订合同。HMO提供的保障通常为服务给付，它向每个投保人收取一定金额的保险费，在合同有效期内，负责被保险人的健康。这使得患者和医生都倾向于选择具有成本效率的治疗手段及药物，从而控制了医疗费用的开支。

2. 定点服务计划

定点服务计划（Point of Service Plans，POS），是为克服 HMO 的被保险人不能自由选择医生的缺陷而发展起来的一种新的医疗服务保险组织形式。与传统 HMO 一样，被保险人也需要指定一名初级医师（PCP），这名医师将在必要时向被保险人推荐计划内的其他医疗提供者。在网络内就医时不需要承担自付额，只需要在每次门诊时支付少量的共同负担费用（大约 10 美元左右）。如果想在网络外就医，无需咨询初级护理医师，但通常需要自己支付自付额（每人约 300 美元）以及比例共付额（一般为 30% ~40%）。

3. 优先提供者组织

优先提供者组织（Preferred Provider Organization，PPO），是一种由医生和医院组成的团体，只向特定的团体或协会提供医疗服务。PPO 可以由某家特定的保险公司、一个或多个雇主或某些其他类型的组织发起。PPO 成员不限于从 PPO 医师中选择就医；他们可以自由选择在 PPO 团体外就医。选择在网络内就医治疗时，保险公司会偿付 90% 的费用；而选择在网络外就医时，保险公司将只偿付 60% 的费用。与 POS 相似，如果去网络外就医，需要承担自付额，但 PPO 的好处是规定了最高自付额限制。

4. 专有医疗服务提供者组织

专有医疗服务提供者组织（Exclusive Provider Organization，EPO），是在该网络中单个医疗服务提供者或多个医疗服务提供者通过与保险公司签订合同的形式来为参加计划的成员提供医疗保险保障及服务。EPO 类似于传统的 HMO，也是利用签约医师、医院、辅助医疗保健提供者和机构组成的网络。但 EPO 不要求被保险人必须有一名初级医师（PCP），被保险人可以在网络内选择其他医师，包括专科医师。

8.2.3　管理保健组织如何进行风险控制

1. 管理式医疗在风险控制中的作用机理

管理式医疗在健康保险经营风险控制中的作用机理主要体现在以下几个方面：

（1）管理式医疗希望以最低的成本为病人提供服务，所以当医学上许可时，它们会努力让病人尽可能多地利用门诊以及家庭卫生服务，这样将会降低平均住院天数。平均住院天数的减少就意味着成本的节约。

（2）管理式医疗对药品价格非常关注，定期不定期地向医生提供药品方面的信息供医生参考，提供基本药品目录供医生选择。着眼于自身利益的选择和管理保健组织的管理，促使医生使用较为便宜的药物。

（3）通过开展预防保健服务和健康教育，降低参保人员对未来较昂贵的医疗服务的需求；改变参保人员的生活习惯，减少未来的一般医疗服务需求。

2. 管理保健组织的风险管控方式

（1）对病人的管控方式。管理保健组织对病人的管控包括经济手段和程序性手段。

经济手段就是先分清什么服务是可保的，什么服务是不可保的，什么服务是要单独购买的。比如，美容服务和某些不影响健康的皮肤科服务是不可保的；一般的眼科服务是可保的，但是激光矫正视力是不可保的；牙科保险一般都是要单独购买的。此外，除每月应付的保费以外，病人利用医疗资源时还有一定的自付部分，其形式有门诊自付额、年度免赔额、共付比例和年度封顶线等。设置这些自付部分的目的就是费用分担，减少病人对医疗资源不必要的滥用。

程序性手段也有几个方面。首先，会员买了保险，保险公司就会给会员一个单子，单子上全是初级护理医师，这就是这家保险公司的医生网络。会员需要在单子上挑一个初级护理医师作为自己的初级医生，以后不管发生什么事，都先找他，每年的体检也是他做。会员如果身体出了问题，比如心口痛、呼吸困难，要先约见自己选定的初级医生。他看过之后，觉得要进一步诊断，才能把该会员介绍给一位心脏专科医生。这个心脏专科医生也是保险公司网络之内的。从这个意义上讲，每个会员的初级医生成了保险公司的守门人（Gatekeeper）。随后，当会员拿着初级医生的介绍单去约心脏专科医生，心脏专科医生做完心电图、血压测试等检查后，觉得该会员病情严重，就会将该会员的病情告知他的保险公司，得到保险公司的许可，才可以收该会员入院。

（2）对医疗提供方的风险管控。对医疗提供方的管控也有经济管控和治疗管控两个方面。

- **经济管控**的方式同时针对医生和医院。对于医生，保险给医生付费有两种方式。对专科医生而言，是按服务项目付费制，费率由双方商定，订立合同，十分透明标准。对初级医生或家庭医生，保险公司多采用按人头付费的方式。如果病人的病症超出初级医生负责的范围，他就会介绍病人去看专科医生。对于医院，合同大都采用 DRG 的形式。如果不动手术，也可以按天算。DRG 的好处就是医院出于自身利益考虑，会尽量缩短病人住院的时间，不需要保险公司定期审查住院天数。

- **治疗管控**主要针对医生。其中一种方式就是前面介绍过的服务利用审查，另外一种方式是要求医生遵循《行医指南》（*Practice Guidelines*），直接指导医生在诊断治疗等行医过程中应采取的流程、标准和判断。《行医指南》是医学权威机构和政府以及保险行业参与，共同制定的行医指导文献。《行医指南》对各种病症的各种治疗方案进行评估，对治疗的结果进行预期，并且加入了费用的考虑。其颁布的目的是为了对诊断治疗进行标准化，提高医疗质量，降低医疗成本。医疗保险公司大多要求签约医生根据《行医指南》的指导进行判断治疗。管理式医疗还加强了对重症病人，特别是有严重慢性疾病病人就医的病例管理（Case Management）。当这种病人就医时，保险公司往往会指定一个执业护士来协调治疗，以期达到效果—成本之间的最佳性价比。

美国的管理式医疗经过长期发展，对病人和医疗提供方灵活运用多种风险控制方式，已取得一定的成功经验。但即便是在美国，它也一直面临着一些争论和非议。因为严格的管控如果运用不当，会对病人就医和医生行医造成相当大的困扰，尤其当管控得最严格的保险公司都是营利性保险公司的时候，更会引起社会舆论的不满。

目前，国内商业健康保险业务已经有相当的规模，但许多保险公司采用的风险控制方法和技术却远远落后于业务的发展，与发达国家更是有较大的差距。从上面的分析可以看出，要在国内大规模开展商业健康保险业务，特别是医疗费用保险业务，不能寄希望于被保险人、保险公司和医疗机构之间关系松散、事后赔付型的传统商业健康保险模式，必须通过按人头预付、服务利用审核与服务质量考核相结合的管理保健技术的应用，建立起被保险人、保险公司与医疗机构三方利益紧密结合的新模式，才能最终实现商业健康保险经营规模和效益的双丰收。

§8.3 健康保险再保险

选择再保险是在健康保险业务经营过程中风险控制的一个重要手段。控制自付风险的程度，合理确定风险单位的自负责任，乃至建立风险控制体系网络，是再保险进行风险控制的表现形式。对不同健康保险业务的分保合同设置差别的自留保额、自留责任比例、自付赔款额、自付赔款比率等，就是再保险以不同形式树立的风险控制标准。这些标准作为各公司的刚性指标，将超出指标之外的风险分保出去，一方面求得对承保风险的稳妥控制，另一方面可以因整齐划一的自留责任和比例而达到风险的同类性，提高满足大数法则运用的要求条件，使科学经营成为可能。

8.3.1 健康保险再保险的特征及分类

1. 健康保险再保险的特征

我国《保险法》（2009 年修订版）第一百零三条规定：“保险公司对每一危险单位，即对一次保险事故可能造成的最大损失范围所承担的责任，不得超过其实有资本金加公积金总和的百分之十，超过的部分应当办理再保险。”健康保险同样需要再保险。目前，国际上除了商业保险公司之外，健康维护组织、承担保险风险的医疗机构、自保雇主、健康管理公司，甚至再保险公司，都有购买健康保险再保险的需求。但是，由于健康保险与人寿保险和财产保险的特征不同，健康保险再保险也具有与其他再保险业务不同的特征。

（1）健康保险再保险定价时，需要考虑疾病发生率、残疾发生率、疾病持续时间、利息率、费用率、失效率、死亡率等各种因素，这与人寿保险和财产保险都有较大的不同。

（2）健康保险再保险在评估风险时，除了要考虑产品定价时要考虑到的因素外，还要考虑经济发展、地理环境以及医疗机构的管理等很多方面，所以健康保险再保险人接受分保时需要对这些风险进行评估，风险评估成本较其他保险的评估成本大。

（3）健康保险逆选择和道德风险较人寿和财产保险都严重。在风险控制中还涉及与医疗机构的谈判以及合作，所以健康保险再保险人需要有强大的议价能力和先进的医疗机构管理经验，一方面控制自身财务风险，另一方面能帮助原保险人承保到优质的业务。

2. 健康保险再保险的分类

再保险有很多不同的分类方式，如按分保责任分类，可分为比例再保险和非比例再保险；按实施方式分类，可以分为法定再保险和商业再保险。国际上对健康保险再保险进行分类时通常使用按分保责任划分的方式，将健康保险再保险分为比例再保险和非比例再保险。比例再保险和非比例再保险各有特色，健康保险或健康管理组织应根据自身不同的情况选择适合的再保险方式。保险公司对于健康保险多采用成数再保险、每个被保险人超额损失再保险或总赔款损失中止再保险；自保雇主的健康保险一般选取总赔款损失中止再保险；而 HMO、医疗服务提供者组织及健康管理公司的医疗保障计划多倾向于采用每个被保险人超额损失再保险或偿付不足保障。

8.3.2 健康保险的再保险安排

在健康保险的再保险安排过程中，需要考虑很多因素。我们以医疗保险的超额赔款再保险为例，说明分出公司决策时需考虑的因素。

1. 分出公司的决策过程

对于分出保险公司而言，首先考虑的问题就是确立该公司的风险目标。分出保险公司在确立自身的风险目标时，需要回答下列问题：

（1）准备购买的健康再保险计划究竟是保障了发生频率较少的巨灾索赔还是保障发生更频繁的大额索赔？

（2）对于原保险公司而言，何为合适的健康再保险免赔额以及如何确定这一额度？较低的免赔额是否会导致特定类型索赔的发生？又该如何设定再保险合同的最高保障额度？

（3）原保险公司是否想将所有健康风险通过再保险完全转移出去，或者原保险公司通过再保合同仍要承担一部分的风险？

（4）理赔过程中发生的费用将如何在原保险公司和再保公司之间分摊？

根据以上问题，分出公司应先确定原保险公司的风险概况、不同免赔额下的索赔的频率及大小、风险容忍度及财务预算方面的考虑、分保方式、原保险公司的财务能力及股东支持、产品的资本要求、再保公司可能提供的专业技术支持等，再选择合适的再保险人以及设计合理再保险合同。

2. 设计再保险合同时的考虑因素

分出保险公司在面对再保险公司提供的健康保险再保险合同草案时，须根据本公司风险管理目标以及具体业务特点，重点关注再保险合同中关于下述因素的描述及设计：

（1）风险是否可预测：设计合同时，要充分考虑风险是否可预测，对可预测风险与不可预测风险相应采取不同的策略。**可预测风险**是指对于每年由可预测风险导致的索赔，可以在一定的偏离范围内求出期望值。而**不可预测风险**（通常没有完全考虑到的）所导致的索赔则可能5年、10年甚至更久才会发生一次。例如，医疗保险中单个被保险人一年超过200万元的赔款，由于疾病流行或重大灾害事故造成的巨灾索赔等。

（2）险位分层保障（working layer coverage）与巨灾保障：险位分层保障对于原保险公司要设置一个免赔额度，免赔额度设置要使原保险公司在一年中至少会发生几次超过免赔额度的索赔为宜。在险位分层保障下的索赔金额可能会有一些波动，但如用索赔金额和保费的比值来衡量的话，波动会在一个很小的范围内。对于巨灾再保险，原保险公司应该可以期望在一年中较少发生这样的索赔，甚至是在某些年份不会出现巨灾再保险的索赔情形，因此巨灾再保险的免赔额度通常较高。与巨灾再保险相比，购买险位分层保障再保险会使原保险公司在产品上积累更多可预知的经验数据；不利的一面就是相比巨灾再保险，险位分层再保险需要原保险公司支付更多的再保险费。

（3）再保险的免赔额度：健康再保险合同中的免赔额度要基于原保险公司的风险目标及风险容忍度，因此需要综合考虑风险特征和风险容忍度。

（4）个体免赔额的影响：对于自保雇主的损失中止再保险，实施较高的个体免赔额可以有效降低再保险费。

（5）风险转移选择：**无利益共享合同**适用于原保险公司希望通过再保险合同锁定成本，再保险后，实际经营结果无论积极与消极都与原保险公司无关。在无利益共享的再保合同下，原保险公司不会因为这一年中的实际赔款经验较好而从再保险公司处分享利益，但如果原保险公司在这一年中实际赔款经验数据很糟糕，往往会影响其未来年度的再保费率。**利益共享再保合同**多为那些预期有较好赔付经验的原保险公司所偏爱，采用这种再保形式可以降低原保险公司的成本。利益共享再保险最常采用的是利润佣金形式，即将由于实际赔款经验的优良所致的利润按照固定比例返还给原保险公司。

（6）理赔费用：医疗保险中发生的大额赔案，原保险公司通常会请第三方来审核相关的医疗费用。对于因此而发生的理赔费用如何在原保险公司及再保险公司之间合理分摊，需要在再保险合同中明确规定。

（7）争议赔付：如果原保险公司对于那些可能超过再保险合约免赔额的索赔案件进行通融赔付，需要提前通知再保险公司。如果再保险公司不同意该通融赔付，则原保险公司需独自承担该索赔案件的所有赔款责任。

3. 国内对健康保险再保险的监管规定

目前，我国对于健康保险再保险适用的监管规定主要有《保险法》、《再保险业务管理规定》、《健康保险管理办法》及《关于再保险业务安全性有关问题的通知》等。《保险法》中，关于再保险有概括性和一般性的规定，如保险公司在何种情形下必须办理再保险（见《保险法》第一百零三条）。《再保险业务管理规定》对保险公司年度合约再保险安排有关信息的报告内容、保险公司再保险信息定期报告制度等进行了规定。《健康保险管理办法》则明确规定了除再保险公司分支机构和外国保险公司分公司以外，保险公司分支机构不得办理健康保险再保险业务。《关于再保险业务安全性有关问题的通知》一方面明确了再保险分出公司应建立完善的风险管理机制，强化对再保险业务的风险管理；另一方面则对再保险分出公司选择再保险接受人的标准制定了规则。上述规定对健康保险再保险而言，都是必须遵从的。

8.3.3 健康保险再保险精算案例

通常自保雇主会为其承担的医疗保险计划购买一份损失中止再保险，以保证公司在面临巨额索赔时获得财务安全保障。标准的损失中止再保险可以有效解决分出公司的财务风险。

假设你是ABC公司的风险控制经理，ABC公司为其1 000名雇员及其家庭成员提供了一份自保的医疗保险计划。一年后，你决定购买一份自留额为10万元的损失中止再保险，该损失中止再保险每年的再保险费为12万元。

在签署该损失中止再保险合同后，ABC公司有一名员工不幸患重大疾病，在本年度内共花费225 000元医疗费用，则ABC公司需要承担其中的10万元，而再保险公司承担剩余的125 000元。该员工尚未治愈出院，估计下年度该患病员工累计支出的医疗费将达到45万元。除该患病员工外，目前没有ABC公司其他员工未来将会发生巨额潜在索赔的信息。

现在，你要为ABC公司安排下一年度的损失中止再保险。由于上一年度中发生的那例高额索赔，原来的分入再保险公司此时提出要对ABC公司下一年度的再保险费用调高30%至每年156 000元。其他再保险公司要么要求提高再保费报价，要么提出将上年度发生巨额索赔的被保险人剔除于再保险合同外的前提下，方可维持再保费不变。

对于该案例中的风险控制经理来说，唯一的选择只有接受再保险公司提高30%再保险费的建议。再保险公司往往通过分析ABC公司所需缴纳的再保险费与其期望获得回报的关系来向ABC公司推销这一再保险计划是如何有利于ABC公司（见表8－1）。

表8－1

单位：元

	损失中止再保年度		两年合计
	2007—2008年度	2008—2009年度	
再保费A	120 000	156 000	276 000
期望再保公司赔付B	125 000	125 000	250 000
A－B	－5 000	31 000	26 000

再保险公司会向ABC公司如此推介：贵公司在2007—2008年损失中止再保险年度中，所获得的再保险公司赔付高于所缴纳的再保费；而在2008—2009年损失中止再保险年度中，再保费仅比预期摊回的赔款（预期已知的那名患病员工本年仍将发生225 000元的医疗费用）多31 000元。这笔超出的金额是用于保险公司的管理费用以及应对该公司在本年度其他潜在的可能发生的巨额索赔。

作为ABC公司的风险控制经理，你在看到再保险公司提高30%的报价时可能是另外一种想法：如果公司中的这个患病员工的45万元医疗费用都在2008—2009年损失中止再保险年度内发生，ABC公司在这一年中的自留风险还是只有10万元。现在由于索赔跨越了两个再保险年度，导致ABC公司的自留风险变成了20万元。而再保险公司下一年度的再保险报价较前年提高了36 000元，这说明ABC公司为该患病员工付出了额外的财务成本。由于续年的这份损失中止再保险计划并不能完全满足ABC公司的风险管理需要，因而你觉得在这次再保险公司的报价中，ABC公司的利益受损了。面对这种情况的解决方案就是向ABC公司提供多年度的损失中止再保险。

通过上面的案例我们得知，ABC公司可以承受一定的发病率风险，但ABC公司并不想自留所有的发病率风险，因此ABC公司希望通过购买一份损失中止再保险以使公司与无限潜在的发病率风险之间进行有效阻断。根据案例，我们可以发现这些发病率风险可以跨越两个年度。传统的提供单个年度的损失中止再保险此时已无法满足ABC公司希望将自身所承担的发病率风险控制在可接受范围内的要求。为此，再保险公司可以向ABC公司提供一份多年度的损失中止再保险合同，设计如下：

（1）ABC公司选择一个合适的风险自留额，如10万元。同时确定一个扩展期，如3年。

（2）再保险合同期间为12个月，并且只有在此期间内发生的保险事故最终赔付超过自留额时，才可以获得再保险公司的摊回赔款。

（3）分出人在包含扩展期在内从分入再保险公司获得的总赔款等于各年度总分出人的实际赔款支出减去各年度的风险自留额后累加求和。

为了解多年度损失中止再保险的成本与标准的单个年度损失中止再保险之间的关系，可以通过分析二者之间的数学模型得到。公式（8.1）是对单个年度的损失中止再保险合同的定价。

$$CC_t^1 = \sum_x q_x^{(m)} \times [B_{x,t} - D] \tag{8.1}$$

式中：CC_t^1 为单个年度的损失中止再保险期望索赔金额；$q_x^{(m)}$ 为个体 x 在该再保险合同年度内出现赔款支出超过再保险自留额度的概率；$B_{x,t}$为个体 x 在第 t 个再保险合同年度内的预期赔款总金额；D 为损失中止再保险合同中分出公司的自留额。

相应地，公式（8.2）是对多年度的损失中止再保险合同的定价：

$$CC_t^n = \sum_x q_x^{(m)} \times [\sum_{t=1}^{n} B_{x,t} - D] \tag{8.2}$$

其中：CC_t^n 为 n 个年度的损失中止再保险期望索赔金额；$q_x^{(m)}$ 为个体 x 在该再保险合同年度内出现赔款支出超过再保险自留额度的概率；$B_{x,t}$为个体 x 在第 t 个再保险合同年度内的预期赔款总金额；D 为损失中止再保险合同中分出公司的自留额。

将公式（8.2）与公式（8.1）相减，可得出多年度损失中止再保险较单个年度损失中止再保险所增加的那部分期望索赔支出：

$$CC_t^n - CC_t^1 = \sum_x q_x^{(m)} \times \sum_{t=2}^{n} B_{x,t} \tag{8.3}$$

对于ABC公司的风险控制经理来说，如需判断再保险公司的报价是否合理，可以利用上述三个公式并根据自身的经验数据来加以计算。

本章小结

商业健康保险的经营风险是在实际经营过程中各种不利因素导致保险公司利润目标无法实现的风险。产生上述风险的原因包括保险双方的信息不对称、定价不足、来自被保险人和医疗机构的道德风险、商业健康保险市场不成熟、卫生服务体系不规范，还包括保险公司管理过程中及社会和经济环境变化导致的风险。传统的商业健康保险经营风险控制措施主要是在设计条款时设置免赔额、除外责任、共付比例、保险金给付限额和等待期等来增加被保险人的费用意识和减少理赔成本；在核保阶段，进行更详细的风险评价和分类，以保证费率公平并降低逆选择的影响；在理赔时，主要通过赔案审查、住院费用的账目审核、病人和医生（医院）黑名单、理赔经验分析和建立定点医院等措施，来减少道德风险的发生并利用理赔的经验来反馈调节核保等其他风险控制的环节。近年来，国外健康保险经营风险的控制工作取得一些新进展，一些新的风险控制技术得到广泛的应用，如对医疗服务过程进行审核、采用按人头预付等医疗费用补偿方式、设立无赔款优惠和其他利润分享措施、加强预防保健和健康教育以及管理保健技术的应用等。这些控制措施最主要的特点就是更加强调对医疗服务过程的介入和有效管理。近年来，管理保健技术在美国得到广泛的应用，通过管理保健组织和管理保健型健康保险这种新的健康保险经营和组织形态的创新，对健康保险经营风险控制进行了有效的探索，也取得了一定的成效，其经验值得国内学习借鉴。当然，我们在控制健康保险经营风险时，不能忽视健康保险再保险这一传统工具的运用。

关键词

免赔额　比例共付　保险金给付限额　等待期　赔案审查　定点医院
医疗服务利用审查　第二外科医生手术意见　按病种付费　按人头预付
管理式医疗　健康维护组织　优先医疗服务提供者组织　看门人
个案管理　健康再保险

思考题

1. 什么是商业健康保险的经营风险？其主要来源是什么？
2. 商业健康保险合同中一般有哪些有利于风险控制的条款？
3. 商业健康保险核保阶段是怎样进行经营风险控制的？
4. 商业健康保险理赔阶段有哪些风险控制措施？
5. 近年来国外健康保险经营风险控制出现了哪些新方法？
6. 为什么要对医疗服务过程进行有效控制？
7. 管理保健型健康保险中常见的风险控制措施有哪些？
8. 您认为在中国应如何安排商业健康保险再保险？

第九章　健康保险监管

学习目的

通过本章的学习，读者应该能够：

- □ 掌握健康保险费率、准备金监管以及偿付能力监管的含义和方法
- □ 熟悉当前健康保险市场行为监管的形式和主要内容
- □ 了解商业健康保险监管在国内外的历史及其发展现状

§9.1　健康保险费率、准备金和市场行为监管

从国际视角来看，健康保险监管目标涉及偿付能力、市场规范、有效竞争、自愿交易、可获得性、与社会保险的衔接、破产企业保护等。监管工具通常包括资本充足性评估、偿付能力监测、利益和价格控制等。当然，不同市场有不同特点，各国（地区）的监管目标和内容也有所不同，但由于健康保险的特性，比较普遍的监管内容仍是费率、准备金和偿付能力。由于国内健康保险市场处于发展初期，市场行为监管也是不可或缺的一项内容。

9.1.1　健康保险费率监管

由于健康保险产品的复杂性和健康保险成本的不确定性，要求监管机构对健康保险产品费率的充足性、公平性和合理性进行有效的监督和控制。对健康保险定价过程或费率进行监管的首要目的是保证健康保险业务的长期赢利及偿付能力，除此以外，在商业健康保险作为社会健康保险替代品时，还要确保费率是投保人可承担（Affordability）的。健康保险费率监管还是保证费率公平和维护健康保险市场有效竞争的手段。从另一个角度讲，如果不对健康保险费率实施严格监管，大量短期个人健康保险的投保人可能因费率的增长无法获得需要的保障，或因为保险人之间恶性的价格竞争而减弱保险公司的偿付能力，这在竞争激烈的团体健康保险市场上是有先例的。

世界上不少国家和地区都把费率监管列为商业健康保险监管的内容，但采取不同的费率监管方式。在美国，商业健康保险产品的费率受到严格的监督和管理，而其他一些国家，如英国，健康保险产品的费率主要由市

场来决定，监管部门不对费率的制定进行监管。健康保险费率监管模式上的差异，有历史和保险市场本身的原因，但主要还是由商业健康保险在不同国家和地区所起的作用不同所决定的。在商业健康保险有可能作为社会健康保险或其他公营健康保险的替代品时，严格的费率监管都是必须的。对于保险监管机构来说，进行健康保险费率监管时，主要看费率厘定过程中是否遵从了充足性、公平性、合理性原则。

1. 费率充足性监管

健康保险费率的充足性监管是指健康保险费率应该高至足以抵补一切可能发生的给付和有关费用。如果费率不足，保险公司就会经营亏损，导致偿付能力不足，从而可能会损害被保险人的利益。为了贯彻保费充足原则，避免过度的费率竞争，许多国家都对健康保险费率进行一定程度的管制，以保证保险公司的偿付能力。当健康保险合同条款和费率提交监管者审核时，其费率必须满足充足性要求，监管的工具主要是对定价假设的严格审核和对费率计算过程的控制，此外，还可使用费率充足性（rate adequacy）分析，其具体方法包括：

（1）短期健康险的利润分析。短期健康险的利润分析是指针对主管机关指定的健康保险险种，以实际费用率、实际索赔发生率检查原商品定价时的预期费用率和预期伤病发生率等，通过考察预期假定与实际经验间的差异来估计短期健康保险的利润，以利润的有无来评价费率是否充足，即费率底线应保证利润不能为负。

（2）长期健康险的现金流量测试方法。现金流量测试方法（Cash Flow Testing）主要适用于一年期以上的长期健康险和附加在长期险上的短期健康险。利用该法进行费率的充足性分析只针对主管机关指定的险种，依准备金充足性分析结果（每年准备金充足性分析，每一险种均经过测试）来检查其状况是否有异常（needs to define），如有异常时，应检查原商品定价时的各项假设，如预期费用、预期伤病发生率、预期解约率和预期利润率等与实际经验有无明显的差异。

2. 费率合理性监管

健康保险费率的合理性监管是指费率不能过高，以使保险人不至于因为保费过高而获得太多的非正常经营性利润，进而保护被保险人的利益。费率合理性监管要求保险公司对纯保险费的厘定必须以损失概率为依据；收取的保费应该与其承担的风险责任相当；制定附加费率时，对业务管理成本和预期利润的估算要适当。对那些利用商业健康保险作为社会健康保险替代品的投保人而言，应制定出使他们能够承受的费率水平。当商业健康保险作为民众获取健康保障的基本方式时，对费率的合理性要求是相当严格的，特别是对于个人和小团体健康保险，为保证其费率的可承担性，在健康保险定价或费率调整时，除了采用费率限额和行业最高费率等措施外，常用最低损失率要求来保证其费率的合理性。

从健康保险费率合理性监管的角度，监管法规一般要求各种健康保险保单的预期赔付必须高于该险种应收保费的一定比率，即要满足最低损失率要求（minimum loss ratio standards），以确保健康保险费率是合理的。在美国销售的个人健康保险产品要受到有关最低损失率要求的基本费率综合法规的约束，如《个人健康保险费率制定准则 IIA·1》（最低或基准损失率要求）规定个人可选择续保的医疗费用保险，最低损失率不得低于 70%，而个人不可撤销的医疗费用保险最低损失率不得低于 50%。

3. 费率公平性监管

健康保险费率的公平性监管是指应使保险人对被保险人所承担的责任与投保人所缴纳的保费对等。在健康保险监管中，费率的公平性监管有两方面的内容：一是个人健康保险应该采用风险费率，团体健康保险的费率也应该与其理赔经验一致。二是相同风险分类不得有差别费率，费率调整只能针对风险分类进行整体调整，不能针对个人。

（1）风险分类与费率公平。考虑到市场实践、可能的信息和特定国家的风险状况，一般商业健康保险的风险费率是基于年龄、性别、地区，甚至是医院级别、吸烟状态和职业进行风险分类后来制定的。如果商业健康保险与社会基本医疗保险、非营利性医疗保险和团体保险等在保障对象和保障范围上有所重叠，立法和监管机构对健康保险的要求和约束将更加严格，因此构筑健康保险风险分类系统的复杂程度远高于人寿保险和财产保险。健康保险精算师需要结合统计分析工具和职业判断，制定合理的分类费率，在合理细分市场的同时，实现财务稳定和社会公平。

（2）地区费率。由于伤病发生率、持续时间长短和医疗费用都有显著的地区差异，在发达国家的健康保险市场上采用地区差别费率是非常常见的，在健康保险费率监管中也应考虑这一特点，应针对不同地区制定不同的监管政策或技术标准。目前，国内健康保险采用全国大一统的费率管制有其不合理性，可能会产生价格的扭曲，但对地区实行差异化定价又容易产生逆选择。此外，在国内的健康保险费率监管中还应考虑城乡差别的问题，因为即使在同一地区，健康风险在城乡之间的差距非常明显。

（3）男女统一费率。在商业健康保险发展初期并没有按照被保险人的性别采用差别费率，主要的原因是当时并没有意识到男女在健康风险上的不同。随着商业健康保险业务的不断发展，积累的精算数据不断增加，精算师发现了医疗费用在性别上的差异，进而开始实行男女差别费率。此后，由于产品和服务的无歧视条款和公平竞争等大环境的影响，监管部门开始限制性别方面的差别费率，随后开始禁止在保险产品定价时对男女被保险人采用差别费率。例如，德国在20世纪20年代采用的就是男女统一费率；第二次世界大战前，逐渐认识到男女在风险水平上的差别，因而从1951年起，监管机构在健康保险费率的技术指引中明确规定，不允许男女之间的风险转移，即要求实行男女差别费率，一直到1992年监管机构还有同样的规定，但在1994年的《长期护理保险法案》（Long Term Care Act）中开始禁止商业性的长期护理保险采用男女差别费率。由于男女风险差别的客观存在，在坚持风险与费率统一的商业健康保险中采用男女统一费率会导致一系列问题，健康保险精算师对此应有清醒的认识。

在国外，健康保险费率监管要由法律规定作保证，其本身又成为法律约束的对象。在国内，目前出台的相关监管规定中并没有形成系统的健康保险费率监管规定，仅在《健康保险管理办法》中规定保险公司拟定的健康保险费率应当按照相关规定报送审批或者备案；短期个人健康保险产品可以进行费率浮动。在《关于〈健康保险管理办法〉实施中有关问题的通知》中指出，费率上下浮动范围不得超过基准费率的30%。有关健康保险费率充足、合理、公平的要求，除了有关监管规定的要求外，更多地依赖于健康保险精算师称职的工作。因此，相关的健康保险精算实务标准和操作指南也是相当重要的内容。

9.1.2 健康保险准备金监管

不同的健康保险业务或不同类型的健康保险准备金的提取应采用不同的精算方法、精算假设以及使用不同的精算基础和保持不同的谨慎程度，这些都会对健康保险准备金的提存结果产生巨大的影响。因此，对于健康保险准备金的提取，各个国家都是通过立法严格控制，如监管中一般都规定了责任准备金评估的标准方法，甚至对评估所使用的精算假设也有具体的要求。同时，大部分国家对健康保险准备金的提取额都有一定要求，称为“法定准备金最低要求”。此外，对健康保险准备金的监管还要关注各类健康保险准备金的充足性，即当监管机构对准备金的充足性存在疑问时，精算师必须进行准备金充足性测试，并将结果报告监管部门。从发达国家的情况看，保险公司在对外披露财务信息或向监管机构上报偿付能力报表时，健康保险责任准备金精算报告都是必不可少的文件之一。监管部门对健康保险准备金进行监管的主要工具和要求包括：

1. 健康保险法定准备金要求

从发达国家的情况看，对于健康保险准备金的监管，大多采用**健康保险法定责任准备金最低要求**的操作模式。但是，由于不同健康保险业务类型间的巨大差别以及复杂的精算模型和经验数据使用方面的问题，使得保险监管部门难以对健康保险业务各类准备金的计提方法作出统一而明确的规定。

关于健康保险法定准备金的要求，我国于1999年发布了《传统产品精算规定》，规定短期健康保险（保险期间在一年及一年以内的）责任准备金的提取参照《意外伤害保险精算规定》执行，而长期健康保险（保险期间在一年以上的）责任准备金的提取则参照《人寿保险精算规定》中有关死亡保险的规定执行。随着《保险公司非寿险业务准备金管理办法（试行)》（保监会令［2004］13号）和《健康保险管理办法》的正式施行，各类健康保险法定准备金的提取开始受到严格的监管。除了有关健康保险法定最低准备金要求的各种精算规定外，往往还需要基于最低法定要求的保险会计制度的支持。从国外健康保险准备金监管的实践经验看，监管者已发现最低准备金要求和标准的制定变得越来越困难，合格的精算师及其责任的强调变得更加重要。因此，**法定准备金监管应该是包括法定最低准备金要求、相关的保险会计准则、合格的健康保险精算师以及健康保险精算师实务标准在内的完整体系。**

2. 健康保险准备金充足性测试

在健康保险准备金监管中，除了对准备金计算的假定和过程进行标准化并规定一定的最低额度标准外，有关准备金充足性方面的要求也是很重要的一项内容。监管机构一般都会要求对各类健康保险准备金的充足性(reserve adequacy）进行定期测试。如我国财政部发布的《企业会计准则——保险合同》和《企业会计准则——再保险合同》中，明确要求保险公司在会计期末运用修正后的假设对未决赔款准备金和长期健康险准备金进行充足性测试，如重新确定的准备金额超过已提取的准备金余额，需要补提。

健康保险准备金充足性测试中最常用的是**毛保费评估法**。**健康保险毛保费准备金**（Gross Premium Reserve）**等于未来保险责任的精算现值和未来毛保费（而不是净保费）收入的精算现值之差**。当对某类健康险业务的准备金充足性存在严重疑问时，精算师就需要对该类业务进行毛保费评估，如果进行毛保费评估后得出的准备金高于法定最低准备金，精算师需要对此不足部分予以立刻确认，并将准备金重新储备到充足水平；如果毛保费评估后得出的准备金小于法定最低标准，那么公司依然采用法定最低要求的准备金提取标准。健康保险毛保费评估考虑了所有预期未付的保险金及费用和所有预期未赚保费，是基于最优的精算假设估计，对保单未来现金流量作出的预期，是健康保险准备金充足性测试的最终方法。

毛保费评估是许多保险业务准备金充足性测试的工具，但健康保险业务自身的一些特性对毛保费评估也有一定的影响，如以下一些因素都可能影响到毛保费评估过程：首先，健康保险责任多样，包括各种类型伤病导致的医疗费用和收入损失以及衰老导致的护理等。同时，健康保险按是否可续保及续保时是否保证费率不变，又可划分为保证费率可续保、不保证费率可续保、条件续保（通常不保证费率）和保险人自由选择是否提供续保（此类健康保险越来越少了）四类。此外，保费结构会对毛保费评估产生影响，无论是保证费率还是不保证费率的健康险，其保费结构通常有基于投保年龄的均衡保费、随着到达年龄增长而改变的阶梯费率保费和每年续保保费三种形式，这些都使得健康保险毛保费评估方法更加复杂。

准备金充足性测试的其他方法和模型还包括赔款准备金流量测试（Claim reserve runoff test）、已付赔款指数（Paid claim indicator）和期望终止率（Actual - expected termination rate）等。

9.1.3　健康保险的市场行为监管

市场行为监管是现代保险监管的三大支柱之一，在保险监管实践中具有非常重要的作用。严格的市场监管有利于保证保险公司的财务稳健，规范和控制保险市场，防止恶性和过度竞争，因而常常被保险发展处于起步阶段、公众保险意识薄弱的发展中国家所采用。在国内目前三支柱的新保险监管制度框架中，主张强化必要的市场行为监管，不断改进现场和非现场检查的方式和方法，使市场行为监管成为维护保险市场秩序和保护保险消费者利益的有力手段。目前，我国健康保险的市场行为监管主要依据《保险法》、《保险公司管理规定》、《健康保险管理办法》及相关规范性文件进行，内容涉及市场准入、保险合同、销售行为等方面。

1. 市场准入监管

《健康保险管理办法》第七条规定：依法成立的人寿保险公司、健康保险公司，经中国保险会核定，可以经营健康保险业务。前款规定以外的保险公司经中国保监会核定，可以经营短期健康保险业务。由此可以看出，我国健康保险市场经营主体主要是人寿保险公司和专业性的健康保险公司。虽然允许财产保险公司进入健康保险市场，但仅赋予其经营短期健康保险业务的权利。目前，我国健康保险市场准入的监管方式是审批制。对于保险公司的设立审批，主要依据我国《保险法》和《保险公司管理规定》的有关规定，在组织形式、注册资本、经营场所、高管人员、业务人员、组织架构与内部管理制度、计算机软硬件等方面都提出了要求。由于健康保险经营的专业性很强，监管部门在健康保险的市场准入方面还提出了更高的要求，如《健康保险管理办法》第八条规定：保险公司经营健康保险，除了以上基本规定以外，还应当持续具备下列条件：建立健康保险业务单独核算制度；建立健康保险精算制度和风险管理制度；建立健康保险核保制度和理赔制度；建立健康保险数据管理制度；建立功能完整、相对独立的健康保险信息管理系统；配备具有相关专业知识的精算人员、核保人员和核赔人员。

2. 保险合同监管

保险合同是保险人与投保人、被保险人、受益人之间约定权利义务的载体，因此保险合同监管在保险监管中占有举足轻重的作用。各个国家的保险法案都对保险合同作出了比较详细的规定，有的国家甚至出台了专门的保险合同法。我国《保险法》中也有专门的章节对保险合同作出具体规定。通常地，健康保险合同中含有大量的专业术语。术语的定义和解释以及条款的标准化监管是健康保险合同监管的主要内容。目前，我国对保险合同的监管主要采取保险条款审批和备案的方式。健康保险的保险条款也是按照中国保监会的有关规定报送审批或者备案。《健康保险管理办法》对于各类健康保险包含的死亡和生存给付责任、犹豫期、保证续保等情况作出了相应的规定；明确了医疗保险产品、补偿性医疗保险产品的条款设计以及可能出现的合同争议的处理；对于附加保险形式销售的无保证续保条款的健康保险产品，作出了保险期间的限制。

中国保险行业协会出于方便消费者比较和选择重大疾病保险产品、保护消费者权益的目的，于2007年颁布并实施了我国第一个重大疾病保险的行业规范性操作指南——《重大疾病保险的疾病定义使用规范》，对重疾险产品中最常见的25种疾病的表述进行了统一和规范，规定了6种保险公司销售的重大疾病保险产品中必须包含的疾病，对重疾险产品涉及的保险术语制定了行业标准，并且规范了重疾险产品的相关除外责任，提出了重疾险条款和配套宣传材料中所列疾病排列顺序的规范性要求。该规范的颁布，一方面有利于消费者比较和选购重大疾病保险产品，保护消费者权益；另一方面，有利于中国自行积累重大疾病的经验数据，促进健康保险产品的自主创新。

3. 销售行为监管

健康保险的专业性很强，销售误导问题比较突出。基于保护消费者利益的目的，监管部门特别增强了对健康保险销售行为的监管。《健康保险管理办法》对保险公司销售健康保险产品时应履行的说明义务进行了详细的规定，要求向投保人说明保险合同内容并确认保险责任、责任免除、等待期、犹豫期等关键事项，清晰解释专业术语，告知其约定的医疗服务机构的有关事项；不得诱导被保险人重复购买保障功能相同或类似的费用补偿型医疗保险。在销售的其他环节，还规定保险公司不得在医疗机构场所内销售或委托医疗机构或者医护人员销售健康保险产品；保险公司承保团体健康保险，应当以通知书等形式书面告知每个被保险人其参保情况及相关权益。

除了保监会颁布的相关规定以外，我国保险行业协会也专门针对健康保险业务于2003年发布了《关于经营健康保险业务的自律公约》，以此来规范健康保险业务的市场行为，要求行业协会下各成员公司在经营健康险业务时，遵守相关法律法规以及行业相关规定，公平竞争，诚实守信，严格自律，加强同业合作，积极配合中国保监会和中国行业协会的监督和指导，对于违反公约的成员公司将根据具体情况采取措施。2005年又发布了《全国个人意外伤害保险、健康保险服务承诺》，就商业健康保险的展业、核保、理赔等环节的经营行为标准向社会作出公开承诺，各行业协会成员应按该承诺执行。

§9.2 健康保险偿付能力监管

9.2.1 健康保险偿付能力监管的内容和方式

1. 健康保险偿付能力监管的特殊性

由于健康风险发生的随机性、健康受损时间和持续时间的不确定性以及健康风险计算方面的误差都可能导致实际损失额较预计损失恶化，使经营健康保险业务的保险人出现偿付能力不足的情况。因此，经营健康保险业务的保险公司必须为此留有一定的偿付能力额度，而额度本身只能由保险公司的自有资本来作出抵补和准备。由于健康保险自身经营的特殊性和复杂性，使得经营该类业务的保险公司面临的主要风险与经营一般寿险和非寿险业务都不相同，监管部门对该类业务的偿付能力监管应建立专门的框架和体系。

2. 健康保险偿付能力监管的内容和方式

健康保险偿付能力监管是一项系统工程，应贯穿于健康保险经营活动的每一个环节。前面讨论的健康保险费率和准备金监管都是保证偿付能力要求的基础，监管机构在进行健康保险偿付能力监管时，主要采用考察其是否满足一定的偿付能力的方法。偿付能力额度指标具体的监管步骤是首先考虑健康保险经营面临的主要风险，然后根据这些风险的特征建立资产和负债的评估规则，在此基础上计算出实际的偿付能力额度，最后考察此额度或“缓冲”能否以最充足的概率保证保险公司的健康保险业务不出现财务不健康的状况。在有关健康保险偿付能力监管的各项指标中，对与健康保险业务有关的偿付能力额度的监管是其中最核心的内容，最低法定偿付能力额度的确定是健康保险偿付能力监管的关键环节。

继2003年3月发布了《保险公司偿付能力额度及监管指标管理规定》

（保监会令［2003］1号）之后，保监会又于2008年7月发布了《保险公司偿付能力管理规定》，在偿付能力监管方面进一步向国际靠拢。健康保险偿付能力监管的首要方式是建立与健康保险业务有关的负债和资产的谨慎评估，但目前对健康保险有关的资产评估还没有专门的规定，也没有专门针对健康保险业务的偿付能力要求，随着健康保险业务在各寿险公司甚至财产保险公司业务份额中所占比重的逐渐增加，特别是多家专业健康保险公司的成立，使得健康保险偿付能力监管方法和指标体系的建立极为重要。对专门的健康保险公司，在现有的监管框架下，除了要满足以上的要求外，保险公司的偿付能力额度（solvency margin）不得低于监管部门规定的最低标准；即保险公司的实际资产减去实际负债的差额不得低于保险监督管理机构规定的数额，低于规定数额的，应当增加资本金，补足差额。

9.2.2 国外健康保险偿付能力监管模式

从世界范围内看，根据偿付能力额度确定方式的不同，健康保险偿付能力监管主要有以下三种模式：

1. 健康保险法定最低偿付能力额度

以欧盟为代表的**健康保险法定最低偿付能力额度**（Statutory Minimum Solvency Margin）是将保险公司的偿付能力额度与负债相联系来判断其充足性，其中最常用的固定比率法是将最低偿付能力设定为某单个变量的一定比率，而这个变量通常能直接从企业的资产负债表或损益表（一般是保费收入或保单责任准备金）中获得，在短期内能确认责任并予以赔付的短期健康险业务常将保费收入或未决赔款准备金作为测量风险的变量以及计算比率的基数，而以保单责任准备金作为测量风险的变量则主要用于长期健康保险业务。

传统的欧洲方式被认为仅仅关注负债风险，但预计将于2012年10月正式实施的欧盟偿付能力Ⅱ监管体系将使健康保险偿付能力监管内容和方法发生较大改变。偿付能力Ⅱ监管体系涵盖对资本的定量要求、定性监管审查和基于风险监管方式的市场规范三个支柱，要求在经济原则的基础上，对资产和负债进行衡量，强调对风险进行持续性评估测量，并以此为依据提出资本要求。保险公司需要确保拥有足够的资本以应对各种赔付案件，同时还要关注不同风险因子之间的相关性，正相关的风险因子产生风险的集聚，而不相关、负相关的风险因子组合产生风险的抵消，如流行病在影响健康保险业务的同时导致投资组合的损失。

2. 健康保险风险资本模型

健康保险风险资本模型（Health Risk Based Capital，HRBC）**是在对健康保险保险人面临的风险进行识别及分类的基础上，计算出各种风险的资**

本要求及总的资本要求的方法。美国是较早采用风险资本（RBC）指标进行健康保险偿付能力监管的国家，其健康保险风险资本模型主要包含表外业务及隶属于保险公司的资产风险 H_0、违约风险或资产价值下降带来的风险 H_2、保费及准备金不足风险 H_2、信用风险 H_3 和业务风险 H_4。在得到上述各指标具体数值后，我们就可以通过下面的公式来计算健康保险公司的总风险资本：

$$RBC = H_0 + \sqrt{H_2^2 + H_2^2 + H_3^2 + H_4^2}$$

不同保险公司计算 RBC 的公式不尽相同，但是具体到健康保险业务的 RBC 计算，并非必须要使用健康保险公司的 RBC 计算公式，除非该保险公司本身就是专业健康保险公司。事实上，人寿保险公司也可以经营健康保险业务，而财产和意外险公司也可以经营短期健康保险业务。人寿保险公司健康保险业务的 RBC 在其 RBC 报表中单独列出，而在财产和意外保险公司中，如果健康保险业务保费收入占公司总保费少于5%的，则其健康险业务的 RBC 不需要单独列出，可直接使用财产险公司的 RBC 计算公式。对于健康业务保费收入在财产和意外险公司中所占比例大于 5% 而小于 100% 的，其健康险业务的 RBC 需要单独列出，仍然使用财产险公司的 RBC 计算公式，但要相应乘以一个因子来调整。对于健康险业务保费占公司总保费 100% 的财产和意外保险公司，其健康险 RBC 就要按照上述公式来计算了。

RBC 模型规范了 NAIC 的一些监管要求。而监管的力度在于保险公司实际资本额与法定资本额的比率（由 RBC 公式计算）。然而，RBC 模型法除了申明 RBC 公式应当基于保险公司的资产额、信用风险、承保风险以及其他商业风险计算外，并没有对 RBC 公式提出具体细化的要求。因此，NAIC 可以根据实际情况变化来修正改进 RBC，而并不一定要求每个州都采用同样的标准。1998 年 NAIC 颁布了“医疗机构风险资本模型法”。其实，此法同人寿保险的 P&C 模型法（NAIC 在 1993 年颁布使用）很相似。它适用于各类管理保健组织，但不适用于人寿保险与财产保险公司。为了保持行业的公平竞争环境，需要要求所有的医疗保险机构都以 MCO - RBC 公司为准。比如说，有些蓝盾/蓝十字计划也填报人寿保险或 P&C 表格。但是，与人寿保险或 P&C 保险的公式相比，这些类型的公司更应当遵循 MCO - RBC 公式。MCO - RBC 公式在考虑影响公司未来财务结果不确定性因素的情况下，定义了公司的资本要求。这些因素包括：公司持有的资产额及公司所销售的保险产品数量及其类型、对医疗机构的补偿方式、公司所持有的再保险份额数量及其类型等。

在美国，管理式医疗虽然也必须遵守卫生部门的法规，但是对经营具有保险业务的健康维护组织，美国保险监督机构也通过法规等形式实施直接和间接的监管。监管机构对保险公司和管理式医疗组织的偿付能力评估方法是不同的：监管机构利用 RBC、偿付能力分析指标（FAST）、保险监管信息指标（IRIS）等分析工具，确定保险公司的财务状况是否符合偿付能力要求；而对于管理式医疗组织，要求则较低，而且因为所在州不同或管理式医疗组织形式不同，要求也会有所不同。统一地适用于各州的所有管理式医疗组织的偿付能力标准正在制定中。

3. 健康资本充足率模型

健康保险资本充足率模型（Health Capital Adequacy）是由精算师通过分析保险公司面临的各种风险，建立综合模型来测试在未来一段时间内保险公司现在和未来业务相关的准备金和盈余充足性的方法。根据风险级别相对应计算资本可以得出保险公司在面对各种风险时所需要的最低资本要求。在采用风险资本来计算资本充足率前，保险公司的资本充足率是按照总资本的一个比率来计算，并未考虑各种资产的风险差异，当对偿付能力额度的监管和资本要求建立在风险资本概念的基础上时，随之而来的监管要求就是动态的了。

对健康保险公司资本充足率的监管上，澳大利亚健康保险监管机构的监管规定较有代表性，其对健康保险偿付能力的监管是通过对健康保险偿付能力要求（Health Solvency Requirement）和资本充足要求（Health Capital Adequacy Requirement）两个不同的界限构成三个不同的区间进行的。资本充足要求一般高于偿付能力要求。2000 年澳大利亚健康保险监管机构——私营健康保险管理理事会（Private Health Insurance Administration Council, PHIAC）针对私营健康保险人的谨慎监管制定了《健康保险偿付能力标准 2000》和《健康保险资本充足率标准 2000》，其后继版本《健康保险偿付能力标准 2003》和《健康保险资本充足率标准 2003》已于 2006 年 1 月 1 日起执行。其偿付能力标准包括负债边际保证金、费用准备金、不认可资产准备金、弹性准备金和管理资本账户。不论健康保险基金规模大小或保险公司以往的历史经验如何，对保险公司**负债的偿付能力边际要求**统一规定为负债的 10%。**费用准备金**是保证所有保单都运营至期满的成本边际，规定为非给付成本的 40%。**不认可资产准备金**又称“资产集中准备金”，当大量资产集中暴露于同一债务人时就需要提取该类准备金，其规定是对单一债务人的债权不得超过公司总资产的 10%。**弹性准备金**可使公司资产价值突然下跌时对被保险人的清偿义务得以维持，其水平要在考虑保护被保险人的同时，还要考虑到此项准备金的计提不至于使公司的投资策略过于保守。**管理资本**是指那些与业务规模不成比例的资本，最低要求为 100 万澳元。与偿付能力标准相比，健康保险资本充足要求增加了资本充足性边际（Capital adequacy liability）、续保选择权准备金（Renewal option reserve）和新业务准备金（Business funding reserve），减少了费用准备金，管理资本账户从最低100万澳元增加到150万澳元。**资本充足性边际**的范围根据健康保险业务规模的大小不同，为负债的12.5%～50%。**续保选择权准备金**为不能调整保险费率前提下，为不利情形导致的索赔和相关费用提供边际准备。**新业务准备金**是为计划中业务的增长所作的准备。由于连续性经营假设，健康保险资本充足标准要比偿付能力要求更为保守，其最终目的是为了使各个健康保险人有足够的资本来满足新业务发展的要求，克服短期不利经验的影响，以持续维持其偿付能力和信誉。

从国际保险市场来看，各国对健康保险偿付能力和资本充足性监管的模式是随着保险精算技术的不断提高而不断发展的，从最初的最低资本金规定和偿付能力的标准，已发展到目前的资本充足性要求。从某些方面来说，健康保险资本充足率标准是个更为严厉的偿付能力标准，其复杂性可想而知，虽然制定者努力降低标准的复杂性并提高其通用性，但相关的规定仍然复杂且难以理解。此外，标准中偿付能力负债边际附加和非认可资产准备金等指标在业界仍有一定的争议。对于续保选择权准备金的不利经验预测也会导致大多数健康保险人需要显著增加资本要求。到目前为止，还不完全清楚资本充足率标准是否可以确保保险公司在各种不利情形下作为一个持续经营组织都能履行偿付负债的义务，如果不能，则这一严格而复杂的标准所带来的成本反过来会增加健康保险人提高费率和过度提取准备金的机会。

9.2.3 中国健康保险偿付能力监管及其具体要求

偿付能力监管是我国保险监管体系的核心。偿付能力是否充足，直接影响到保险公司经营的稳定和被保险人的利益保障。目前，我国的保险监管工作正在不断地发展与完善之中。对保险公司偿付能力的监管模式实施的是两个层次全方位的偿付能力监管，既监管条款、费率，也监管最低偿付能力额度。对最低法定偿付能力额度采用的是与欧洲各国类似的固定比例，具体要求包括：

1. 精算报告制度

《健康保险管理办法》第三十五条规定：经营健康保险业务的保险公司应当按照中国保监会有关规定提交上一年度的精算报告或者准备金评估报告，其中应当详细报告健康保险的准备金计算基础、方法、结果以及对公司偿付能力的影响，并由精算责任人遵循审慎原则签字确认。

2. 法定偿付能力额度规定

短期健康险可参照短期人身险进行，法定偿付额度为“本会计年度自留保费减保费税收后人民币一亿元以下部分的百分之十八和一亿元以上部分的百分之十六”及“最近三年年平均赔付金额人民币七千万元以下部分的百分之二十六和七千万元以上部分的百分之二十三”两项中较大的一项。对长期健康保险业务参照寿险业务来进行监管。

3. 对健康保险业务的财务监管

《健康保险管理办法》中规定保险公司经营健康险业务应当建立健康保险业务单独核算制度，但并未作出具体的核算规定。2008 年 4 月，保监会颁布了《健康保险统计制度》，按照“产险、寿险公司经营同类业务应该执行相同的监管制度”的原则，对产险、寿险公司现有的统计指标进行了整合，对部分有争议的险种分类明确了归属关系和统计口径，建立了适用于各类保险公司的、全行业统一的数据标准，建立了能够反映健康保险经营绩效的指标体系，对产险公司和寿险公司的同类健康保险业务，都设计了统一的单险种核算和评价指标。

4. 对健康保险公司偿付能力的监管

目前，中国的保险监管体系中既未对健康保险业务偿付能力作出专门的规定，也没有建立健康保险公司偿付能力监管的专业化体系。但随着越来越多的专业健康保险公司的成立，健康保险公司偿付能力监管成为监管部门迫切需要进行研究的课题。

本章小结

健康保险监管，从广义上讲是指政府监管、行业自律、企业内控、社会监督四位一体的监管体系，狭义上就是指政府监管。各国（地区）的监管目标和内容有所不同，但由于健康保险的特性，比较普遍的监管内容是费率、准备金、偿付能力。对于保险监管机构来说，进行健康保险费率监管主要是看费率在制定过程中是否遵从了充足性、公平性、合理性这三个原则。对于健康保险准备金，各个国家都是通过立法严格控制，除了一系列法定准备金要求外，主要是要求精算师对各类健康保险准备金的充足性进行定期测试，实践中常用毛保费评估的方法。健康保险市场行为监管主要涉及市场准入、保险合同、销售行为等方面。由于健康保险自身经营的特殊性和复杂性，监管部门对健康保险业务或公司的偿付能力监管也更加复杂，最低法定偿付能力额度的确定是健康保险偿付能力监管的关键环节，世界范围内主要有固定比率法、风险资本模型、资本充足率模型等三种方法。

关 键 词

健康保险费率监管　健康保险准备金监管　健康保险偿付能力监管
健康保险市场行为监管

思考题

1. 如何正确理解健康保险监管的含义？
2. 健康保险费率监管的主要内容是什么？
3. 健康保险准备金监管的主要内容是什么？
4. 健康保险偿付能力监管有何特殊性？

附录　健康保险管理办法

第一章　总　　则

第一条　为了促进健康保险的发展，规范健康保险的经营行为，保护健康保险活动当事人的合法权益，根据《中华人民共和国保险法》（以下简称《保险法》），制定本办法。

第二条　本办法所称健康保险，是指保险公司通过疾病保险、医疗保险、失能收入损失保险和护理保险等方式对因健康原因导致的损失给付保险金的保险。

本办法所称疾病保险，是指以保险合同约定的疾病的发生为给付保险金条件的保险。

本办法所称医疗保险，是指以保险合同约定的医疗行为的发生为给付保险金条件，为被保险人接受诊疗期间的医疗费用支出提供保障的保险。

本办法所称失能收入损失保险，是指以因保险合同约定的疾病或者意外伤害导致工作能力丧失为给付保险金条件，为被保险人在一定时期内收入减少或者中断提供保障的保险。

本办法所称护理保险，是指以因保险合同约定的日常生活能力障碍引发护理需要为给付保险金条件，为被保险人的护理支出提供保障的保险。

第三条　健康保险按照保险期限分为长期健康保险和短期健康保险。

长期健康保险是指，保险期间超过一年或者保险期间虽不超过一年但含有保证续保条款的健康保险。

短期健康保险是指，保险期间在一年及一年以下且不含有保证续保条款的健康保险。

保证续保条款是指，在前一保险期间届满后，投保人提出续保申请，保险公司必须按照约定费率和原条款继续承保的合同约定。

第四条　医疗保险按照保险金的给付性质分为费用补偿型医疗保险和定额给付型医疗保险。

费用补偿型医疗保险是指，根据被保险人实际发生的医疗费用支出，按照约定的标准确定保险金数额的医疗保险。

定额给付型医疗保险是指，按照约定的数额给付保险金的医疗保险。

费用补偿型医疗保险的给付金额不得超过被保险人实际发生的医疗费用金额。

第五条　中国保险监督管理委员会（以下简称“中国保监会”）依法对保险公司经营健康保险的活动进行监督管理。

第六条　保险公司开展不承担保险风险的委托管理服务，不适用本办法。

第二章　经营管理

第七条　依法成立的人寿保险公司、健康保险公司，经中国保监会核定，可以经营健康保险业务。

前款规定以外的保险公司，经中国保监会核定，可以经营短期健康保险业务。

第八条　保险公司经营健康保险，应当持续具备下列条件：

（一）建立健康保险业务单独核算制度；

（二）建立健康保险精算制度和风险管理制度；

（三）建立健康保险核保制度和理赔制度；

（四）建立健康保险数据管理制度；

（五）建立功能完整、相对独立的健康保险信息管理系统；

（六）配备具有相关专业知识的精算人员、核保人员和核赔人员；

（七）中国保监会规定的其他条件。

第九条　保险公司应当对从事健康保险的核保、理赔以及销售等工作的从业人员进行健康保险专业培训。

第十条　保险公司经营费用补偿型医疗保险，应当加强与医疗服务机构和健康管理服务机构的合作，加强对医疗服务成本的管理，监督医疗费用支出的合理性和必要性。

保险公司与医疗服务机构和健康管理服务机构之间的合作，不得损害被保险人的合法权益。

第十一条　保险公司应当高度重视被保险人的隐私保护，建立健康保险客户信息管理和保密制度。

第三章　产品管理

第十二条　保险公司拟定健康保险的保险条款和保险费率，应当按照中国保监会的有关规定报送审批或者备案。

第十三条　保险公司拟定的健康保险产品包含两种以上健康保障责任的，应当由精算责任人按照一般精算原理判断主要责任，并根据主要责任确定产品类型。

第十四条　长期健康保险中的疾病保险产品，可以包含死亡保险责任，但死亡给付金额不得高于疾病最高给付金额。

前款规定以外的健康保险产品不得包含死亡保险责任，但因疾病引发的死亡保险责任除外。

医疗保险产品和疾病保险产品不得包含生存给付责任。

第十五条　长期健康保险产品应当设置合同犹豫期，并在保险条款中列明投保人在犹豫期内的权利。长期健康保险产品的犹豫期不得少于10天。

第十六条　短期个人健康保险产品可以进行费率浮动。

费率浮动是指，保险公司销售产品时，在基准费率基础上，在费率浮动范围内，合理确定具体保险费率。

第十七条　保险公司将费率可浮动的短期个人健康保险产品报送审批或者备案的，提交的申请材料中应当包含基准费率、费率浮动的办法和范围，并由精算责任人遵循审慎原则签字确认。

第十八条　短期团体健康保险产品可以对产品参数进行调整。

产品参数是指，保险产品条款中可以根据投保团体的具体情况进行合理调整的保险金额、起付金额、给付比例、除外责任、责任等待期等事项。

第十九条　保险公司将产品参数可调的短期团体健康保险产品报送审批或者备案的，提交的申请材料中应当包含产品参数调整办法，并由精算责任人遵循审慎原则签字确认。

保险公司销售产品参数可调的短期团体健康保险产品，应当根据产品参数调整办法计算相应的保险费率，且产品参数的调整不得改变费率计算方法以及费率计算需要的基础数据。

保险公司销售产品参数可调的短期团体健康保险产品，如需改变费率计算方法或者费率计算需要的基础数据的，应当将该产品重新报送审批或者备案。

第二十条　含有保证续保条款的健康保险产品，应当明确约定保证续保条款的生效时间。

含有保证续保条款的健康保险产品不得约定在续保时保险公司有调整保险责任和责任免除范围的权利。

保险公司将含有保证续保条款的健康保险产品报送审批或者备案的，应当在产品精算报告中说明保证续保的定价处理方法和责任准备金计算办法。

第二十一条　保险公司拟定医疗保险产品条款，应当尊重被保险人接受合理医疗服务的权利，不得在条款中设置不合理的或者违背一般医学标准的要求作为给付保险金的条件。

保险公司在健康保险产品条款中约定的疾病诊断标准应当符合通行的医学诊断标准，并考虑到医疗技术条件发展的趋势。健康保险合同生效后，被保险人根据通行的医学诊断标准被确诊疾病的，保险公司不得以该诊断标准与保险合同约定不符为理由拒绝给付保险金。

第二十二条　保险公司设计费用补偿型医疗保险产品，必须区分被保险人是否拥有公费医疗、社会医疗保险的不同情况，在保险条款、费率以及赔付金额等方面予以区别对待。

第二十三条　保险公司可以在医疗保险产品中约定，以被保险人在指定医疗服务机构网络中进行医疗为给付保险金的条件。

保险公司指定医疗服务机构网络应当遵循方便被保险人、合理管理医疗成本的原则，引导被保险人合理使用医疗资源、节省医疗费用支出，并对投保人和被保险人做好宣传解释工作。

第二十四条　保险公司应当根据健康保险产品实际赔付经验，及时修订新销售的健康保险产品费率，并按照中国保监会有关规定进行审批或者备案。

第四章　销售管理

第二十五条　保险公司销售健康保险产品，应当严格执行经审批或者备案的保险条款和保险费率。

第二十六条　保险公司销售健康保险产品，不得有下列行为：

（一）在医疗机构场所内销售健康保险产品；

（二）委托医疗机构或者医护人员销售健康保险产品。

第二十七条　保险公司销售健康保险产品，应当向投保人说明保险合同的内容，并对下列事项作出书面告知，由投保人签字确认：

（一）保险责任；

（二）责任免除；

（三）保险责任等待期；

（四）保险合同犹豫期以及投保人相关权利义务；

（五）是否提供保证续保以及续保有效时间；

（六）理赔程序以及理赔文件要求；

（七）组合式健康保险产品中各产品的保险期间；

（八）中国保监会规定的其他告知事项。

第二十八条　保险公司销售健康保险产品，不得夸大保险保障范围，不得隐瞒责任免除，不得误导投保人和被保险人。

投保人和被保险人就保险条款中的保险、医疗和疾病等专业术语提出询问的，保险公司应当用清晰易懂的语言进行解释。

第二十九条　保险公司销售费用补偿型医疗保险，应当向投保人询问被保险人是否拥有公费医疗、社会医疗保险和其他费用补偿型医疗保险的情况。

保险公司不得诱导被保险人重复购买保障功能相同或者类似的费用补

偿型医疗保险产品。

第三十条　保险公司销售本办法第二十三条规定的医疗保险，应当向投保人告知约定医疗服务机构的名单或者资质要求，并提供查询服务。

保险公司调整约定医疗服务机构网络的，应当及时通知投保人或者被保险人。

第三十一条　保险公司以附加险形式销售无保证续保条款的健康保险产品的，附加健康保险的保险期限不得小于主险保险期限。

第三十二条　保险公司销售费用补偿型个人医疗保险产品，应当在犹豫期内对投保人进行回访。

保险公司发现投保人被误导的，应当做好解释工作，并明确告知投保人在犹豫期内解除保险合同的权利。

第三十三条　保险公司承保团体健康保险，应当以通知书等形式书面告知每个被保险人其参保情况及相关权益。

第三十四条　投保人解除团体健康保险合同的，保险公司应当要求投保人提供已通知被保险人退保的有效证明，退保金应当通过银行转账方式退至投保人单位账户。

第五章　精算要求

第三十五条　经营健康保险业务的保险公司应当按照中国保监会有关规定提交上一年度的精算报告或者准备金评估报告，其中应当详细报告健康保险的准备金计算基础、方法、结果以及对公司偿付能力的影响，并由精算责任人遵循审慎原则签字确认。

第三十六条　对已经发生保险事故并已提出索赔、保险公司尚未结案的赔案，保险公司应当提取已发生已报案未决赔款准备金。

保险公司应当采取逐案估计法、案均赔款法等合理的方法谨慎提取已发生已报案未决赔款准备金。

保险公司如果采取逐案估计法之外的精算方法计提已发生已报案未决赔款准备金，应当详细报告该方法的基础数据、参数设定和估计方法，并说明基础数据来源、数据质量以及准备金计算结果的可靠性。

保险公司精算责任人不能确认估计方法的可靠性或者相关业务的经验数据不足3年的，应当按照已经提出的索赔金额提取已发生已报案未决赔款准备金。

第三十七条　对已经发生保险事故但尚未提出的赔偿或者给付，保险公司应当提取已发生未报案未决赔款准备金。

保险公司应当根据险种的风险性质和经验数据等因素，至少采用链梯法、案均赔款法、准备金进展法、B－F法中的两种方法评估已发生未报案未决赔款准备金，并选取评估结果的最大值确定最佳估计值。

保险公司应当详细报告已发生未报案未决赔款准备金的基础数据、计算方法和参数设定，并说明基础数据来源、数据质量以及准备金计算结果的可靠性。

保险公司精算责任人判断数据基础不能确保计算结果的可靠性，或者相关业务的经验数据不足3年的，保险公司应当按照不低于该会计年度实际赔款支出的10%提取已发生未报案未决赔款准备金。

第三十八条 对短期健康保险业务，保险公司应当提取未到期责任准备金。

短期健康保险提取未到期责任准备金，应当采用下列方法之一：

（一）二十四分之一毛保费法（以月为基础计提）；

（二）三百六十五分之一毛保费法（以天为基础计提）；

（三）根据风险分布状况可以采用其他更为谨慎、合理的方法，提取的未到期责任准备金不得低于方法（一）和（二）所得结果的较小者。

第三十九条 短期健康保险未到期责任准备金的提取金额应当不低于下列两者中较大者：

（一）预期未来发生的赔款与费用扣除相关投资收入之后的余额；

（二）在责任准备金评估日假设所有保单退保时的退保金额。

未到期责任准备金不足的，应当提取保费不足准备金，用于弥补未到期责任准备金和前款两项中较大者之间的差额。

第四十条 长期健康保险未到期责任准备金的计提办法应当按照中国保监会的有关规定执行。

第四十一条 保险公司应当按再保前、再保后分别向中国保监会报告准备金提取结果。

第六章 再保险管理

第四十二条 保险公司办理健康保险再保险业务，应当遵守《保险法》和《再保险业务管理规定》等有关规定。

第四十三条 除再保险公司分支机构和外国保险公司分公司以外，保险公司分支机构不得办理健康保险再保险业务。

第七章 法律责任

第四十四条 保险公司违反本办法第八条规定的，由中国保监会责令保险公司限期改正；逾期不改正的，由中国保监会给予警告，处以3万元以下罚款。

第四十五条 保险公司违反本办法第十三条至第十五条、第二十条至

第二十三条有关规定的，由中国保监会责令保险公司停止销售该产品，并对保险公司处以3万元以下罚款，对负有责任的精算责任人、法律责任人予以警告。

第四十六条　保险公司违反本办法第二十四条规定，可能危害保险公司偿付能力的，由中国保监会责令停止销售该产品。

第四十七条　保险公司违反本办法有关销售管理规定的，由中国保监会给予警告，处以3万元以下罚款；对负有直接责任的高级管理人员和其他直接责任人员予以警告，处以5 000元以下罚款。

第四十八条　精算责任人违反本办法有关精算规定的，由中国保监会根据有关法律、行政法规予以处罚。

第四十九条　保险公司分支机构违反本办法第四十三条规定办理健康保险再保险业务的，由中国保监会处以3万元以下罚款，并对高级管理人员和其他直接责任人员处以5 000元以下罚款。

第八章　附　　则

第五十条　本办法施行前中国保监会颁布的规定与本办法不符的，以本办法为准。

第五十一条　本办法施行前保险公司经营健康保险业务不完全具备本办法规定条件的，应当在规定的期限内达到本办法规定的条件。具体办法由中国保监会另行规定。

第五十二条　本办法由中国保监会负责解释。

第五十三条　本办法自2006年9月1日起施行。

参考文献

中文部分

1. 中国精算师协会教育考试委员会：《英汉精算学词汇（征求意见稿）》，2010 年。

2. 尚汉冀、黄云敏：《中国人寿与健康保险市场研究》，复旦大学出版社 2010 年版。

3. 尚汉冀、李荣敏、黄云敏：《中国健康保险与医疗保障体系改革：统计分析研究》，复旦大学出版社 2008 年版。

4. 陈滔：《健康保险精算：模型、方法和应用》，中国统计出版社 2007 年版。

5. 卓志等：《保险精算通论》，西南财经大学出版社 2006 年版。

6. 梁正德、乔治华等：《癌症相关发生率之研究——以全民健保资料为基础》，财团法人保险事业发展中心，2004 年。

7. 张晓、刘蓉：《社会医疗保险概论》，中国劳动社会保障出版社 2004 年版。

8. 卓志：《寿险精算》，西南财经大学出版社 2003 年版。

9. 茆诗松：《统计手册》，科学出版社 2003 年版。

10. 乌日图：《医疗保障制度国际比较》，化学工业出版社 2003 年版。

11. Willam F. Bluhm 等著，傅安平、祁月华等译：《团体保险》，南开大学出版社 2003 年版。

12. 陈滔：《医疗保险精算和风险控制方法》，西南财经大学出版社 2002 年版。

13. 陈滔：《健康保险》，西南财经大学出版社 2002 年版。

14. 杨引根等：《商业健康保险经营管理概论》，中国财政经济出版社 2002 年版。

15. 刘经纶：《重大疾病保险》，中国金融出版社 2001 年版。

16. 卢仿先、曾庆武：《寿险精算数学》，南开大学出版社 2001 年版。

17. 李秀芳：《寿险精算实务》，南开大学出版社 2000 年版。

18. 孟生旺、袁卫：《实用非寿险精算学》，经济科学出版社 2000 年版。

19. 谢志刚：《风险理论与非寿险精算》，南开大学出版社 2000 年版。

20. 祖学亮、李新华、朱宇飞等：《医保、农保患者住院医疗费用影响因素分析》，《中国卫生统计》，2009 年第 3 期。

21. 张英洁、李士雪、李永秋：《医疗保险精算方法研究综述》，《中国卫生事业管理》，2008 年第 8 期。

22. 胡振华、吕广盛、陈恒谦：《职业类别应用于癌症健康保险之危险评估的探讨（一）、（二）》，《寿险管理期刊》，2008 年第 21 期。

23. 赵永恒：《疾病发生率模型及其测量》，《保险职业学院学报》，2007 年第 5 期。

24. 刘云琳：《论信度理论在团体健康保险定价中的应用》，《统计与决策》，2007 年第 4 期。

25. 马绍东：《失能收入损失保险的概念界定》，《保险职业学院学报》，2007 年第 2 期。

26. 黄建始：《什么是健康管理》，《中国健康教育》，2007 年第 4 期。

27. 何林广：《谈谈长期护理保险产品条款的设计》，《上海保险》，2006 年 12 期。

28. 黄建始：《美国的健康管理：源自无法遏制的医疗费用增长》，《中华医学杂志》，2006 年第 15 期。

29. 许志伟：《我国健康管理与健康保险结合的意义》，《中华医学信息导报》，2006 年第 12 期。

30. 汤国权、李荣敏、张群贵等：《核估计在医疗费用分布研究中的应用》，《应用数学与计算数学学报》，2005 年第 1 期。

31. 杨步青、袁智军：《对健康保险法定责任准备金评估标准若干问题的思考》，《上海保险》，2005 年第 6 期。

32. 张侃、冯宗宪：《职工基本医疗保险住院医疗费用影响因素与控制研究》，《统计研究》，2004 年第 5 期。

33. 韩天雄、蒋华华：《保险索赔额的分布及其应用》，《华东师范大学学报（自然科学版）》，1997 年第 4 期。

34.《中华人民共和国社会保险法》，2010 年 10 月 28 日第十一届全国人民代表大会常务委员会第十七次会议通过。

35.《中华人民共和国保险法》，2009 年 2 月 28 日第十一届全国人民代表大会常务委员会第七次会议修订。

36. 中华人民共和国国务院：《关于开展城镇居民基本医疗保险试点的指导意见》，2007 年。

37. 中国保险监督管理委员会：《关于印发〈保险公司非寿险业务准备

管理办法实施细则（试行）〉的通知》，2005 年。

38. 中国保险监督管理委员会：《健康保险管理办法》，2006 年第 8 号。

39. 中华人民共和国卫生部、财政部、农业部：《关于建立新型农村合作医疗制度的意见》，2003 年。

40. 中国保险监督管理委员会：《关于加快健康保险发展的指导意见》，2002 年。

41. 中华人民共和国国务院：《关于建立城镇职工基本医疗保险制度的决议》，1998 年。

英文部分

1. Harriett E. Jones. Principle of Insurance, "*Life, Health and Annuities*", Third Edition, Life Office Management Association. Inc, 2005.

2. Klugman, S. A., Panjer, H. H. and Willmot G. E. Loss Models, "*From Data to Decisions*", 2nd edition John Wiley & Sons, Inc., Hoboken, NJ, 2004.

3. Kaas, R., Goovaerts, M., Dhaene, J. and Denuit, M. Modern, "*Actuarial Risk Theory*", Kluwer Academic Publisher, 2001.

4. John A. B., Elizabeth M. D., Marilyn Finley etal, "*The Health Insurance Primer*", The health insurance association of America, 2000.

5. Alex Bagby, Julie L. C., Nancy M. E, etal, "*Health Insurance Nuts and Bolts*", The health insurance association of America, 2000.

6. Kenneth Black, Jr. and Harold D. Skipper, Jr., "*Life and Health Insurance*", 13th Edition. Prentice – Hall, 2000.

7. Haberman S., Pitacco E., "*Actuarial Models of Disability Insurance*", Chapman & Hall/CRC, 1999.

8. Newhouse, Joseph, "*Free for All: Lessons from the RAND Health Insurance Experiment*". Cambridge, MA: Harvard University Press, 1993.

9. Gerber, Hans U., "*An Introduction to Mathematical Risk Theory*", Huebner, S. S. Foundation for Insurance Education, 1979.

10. Mihaylova B., Briggs A., O'Hagan A., Thompson S. G., "*Review of Statistical Methods for Analysing Healthcare Resources and Costs*", *Health Economics*, 2010 (8).

11. Greg Demars, "*Provider Excess Insurance Contract Considerations*", SOA Reinsurance Section News, Issue No. 61, November 2007.

12. Mark Troutman, "*Employer Stop Loss Insurance Considerations*", SOA Reinsurance Section News, Issue No. 61, November 2007.

13. Pritchard. D. J. , "*Modeling Disability in Long – Term Care Insurance*", *North American Actuarial Journal.* 2006 Vol. 10. Number 4. 48 – 75.

14. Jacques Rioux and Stuart Klugman, "*Toward a Unified Approach to Fitting Loss Models*", North American Actuarial Journal, 2006 (10) 1: 63 – 83.

15. Helms F. , Czado C. , Gschlößl S. , "*Calculation of LTC Premiums Based on Direct Estimates of Transition Probabilities*", ASTIN Bulletin, 2005 (35), 455 – 469.

16. Vasileios Keisoglou, "*Application of Statistical Methods in the Determination of Health Loss Distribution and Health Claims Behaviour*", Technical Report. Department of Mathematical Statistics at Stockholm University, 2005.

17. Claudia Czado, Florian Rudolph, "*Application of Survival Analysis Methods to Long – term Care Insurance*", Insurance: *Mathematics and Economics*, 2002 (31): 395 – 413.

18. Thomas E. , Getzen, "*Health Care is an Individual Necessity and a National Luxury: Applying Multilevel Decision Models to the Analysis of Health Care Expenditure*", *Journal of Health Econimics*, 2000 (19): 259 – 270.

19. Jill Schield, James J. Murphy, Howard J. Bolnick, "*Evaluating Managed Care Effectiveness: A Societal Perspective*", *North American Actuarial Journal*, Volume 5, Number 4, 2000.

20. John D. Dawson, "*Medical Stop – Loss: A Multiyear Design*", SOA Reinsurance Section News, Issue 44, August 1998.

21. Michaell, "*Medical Reinsurance – What Has Happened to This Market?*", SOA Record, Volume 24, No 3, Oct. 1998.

22. David Dullaway, Susan Elliott, "*Long – term Care Insurance: A Guide to Product Design and Pricing*", Presented to the Staple Inn Actuarial Society on 1998, 3.

23. Gary Patrik and Farrokh Guiahi, "*An Extremely Important Application of Extreme Value Theory to Reinsurance Pricing*", 1998 CAS Spring Meeting, Marco Island, Florida May 17 – 20, 1998 .

24. Pitacco E, "*Actuarial Models for Pricing Disability Benefits: Towards a Unifying Approach*", Insurance: Mathematics and Economics, 1995 Vol. 16, 39 – 62.

25. Brue L, Jones, "*Actuarial Calculations Using a Markov Model*", Transactions of the Society of Actuaries, 1994 (46): 227 – 250.

26. "*Reserving of Critical Illness Guarantees. Report of the Society of Actuaries in Ireland Working Part*", 1994, 11.

27. Dash A. , Grimshaw, "*Dread Disease Cover: An Actuarial Perspective*", JSS 1993 (33): 149 - 193.

28. Brue L. , Jones, "*An Analysis of Long - term Care Data from Hamilton Wentworth Ontario*", Actuarial Research Clearing House, 1992 (1): 337 - 352.

29. Shan Cretin, "*Modeling the Effect of Insurance on Health Expenditures in the Peoples' Republic of China*", Health Services of Research, 1990 (25) 4: 667.

30. Manning, Willard G. , Joseph P. Newhouse, Naihua Duan et al. , "*Health Insurance and the Demand for Medical Care: Evidence from a Randomized Experiment*", *The American Economic Review*, 1987 (77) 3: 251 - 277.

31. Waters, H. R. , "*An approach to the Study of Multiple State Models*", JIA 1984 (111), 363 - 374.

32. S. Haberman, Decrement Tables and the Measurement of Morbidity: I. JIA 1983 (110): 361 - 381.

33. James D. Craig, "*Actuarial Basis for Premiums and Reserves in Personal Accident and Health Insurance*", Casualty Actuarial Society Casualty Actuarial Society, Arlington, Virginia, 1930: XVII, 51 - 73.

特别鸣谢

中国精算师资格考试用书《健康保险》得以顺利出版，得到了部分保险公司、高等院校及精算咨询机构的鼎立相助，在此特别鸣谢以下单位与个人（排名不分先后）为本书所作出的贡献：

单位名称：新华人寿保险股份有限公司

个人名单：陈永忠　曾　辉　潘　兴　胡婷华　曲　笛　赵　敏
于丁宁　王　焱　霍　瑞　魏京伟　胡　稚　李　博